昌明文庫・悅讀人物

細說清朝風雲人物

宋璐璐　編著

目次

各具特色的能臣們

被權勢玩弄的親王們

惡貫滿盈的太監們

正直博學的才子們

多才多情的才女們

前言

自愛新覺羅世家策馬入中原的那一刻起，清朝便轟轟烈烈地登上了歷史舞臺，開始了長達二百多年的統治。無論是康乾盛世還是剃髮易服，無論是統一全國還是文字冤獄，我們不褒貶歷史，只敬仰歷史。

這個由滿人建立的偌大皇朝，經歷了從衰敗到繁榮的蛻變，經歷了從強權到滿漢一家的洗禮，經歷了從封建到民主的轉型，它開啟了一個篇章，卻又終結了一個時代。

是誰在推動著歷史前進的車輪？是誰在改寫著歷史冗長的樂章？毫無疑問，是那些在清朝舉足輕重之人，是那些能夠左右權勢、敢於挑戰「必然」之人。

不錯，悠悠大清，的確有太多的先人值得我們喝彩，也有太多的人物讓我們為之惋惜。這其中，有曾站在封建社會頂端雄視疆土的帝王；有傾國傾城、恍若天人的佳麗；有身跨戰馬馳騁沙場的豪傑；有心繫天下、治國齊家的能臣；也有那不可一世、揮毫千古的文人墨客，禍國殃民、萬人斥責的宦官奸佞……。

英雄長嘯，志士悲歌，帝王唏噓，佳人媚國。

我們所敘寫的，就是清朝那些具有傳奇性的風雲人物，他們或權傾朝野、或名動一時、或雄踞一隅、或富甲一方、或才華過人、或國色天香。當然，這其中有好人，卻也不乏壞人，有尚武者，也有尚文者，有官有商，有佞臣有忠良……。

同一片日月下，不同的時空中，你是否也想知道，他們經歷著哪些驚心動魄的事？他們撼動著怎樣的政治和歷史？

如果你真的想要深入瞭解他們，那麼就隨我們一起進入書中去尋找答案吧。本書以人物事件為核心，擺脫了以往歷史讀物刻板沉悶的面孔，摒棄了傳統史學「為尊者飾、為賢者諱」的觀念，秉筆直書一般引導讀者從細節處發掘歷史的真相，力圖通過簡明精練的文字，將帝王將相的性格心理、軼聞趣事，奇人異士的風流俊逸、灑脫風姿，全面地呈現在讀者面前，還原清朝歷史人物的真實面目。

希望廣大讀者在打開我們精心編纂的這套讀史・經典人物叢書時，能夠從歷史的掠影中找到這些知名人物的睿智與愚魯，並在自己的生活中予以借鑒。並希望廣大讀者在閱讀本部叢書的同時，能對我們編輯過程中的缺點、不足給予批評指正。

編者 2012年6月

百態人生的帝王們

努爾哈赤：天命大汗

努爾哈赤出生在蘇克素護部的赫圖阿拉城，是女真部落的後裔，他的始祖命名部族為「滿洲」。其實，要說起女真這個部落，在歷史上也是響噹噹的，還真是專門出英雄的一個部族。歷史上鼎鼎有名的完顏阿骨打就是女真人，雖然阿骨打是女真完顏部的人，跟努爾哈赤不是直系，但他也算是努爾哈赤的老祖宗了。歲月輾轉，女真族的人們在歷史中跌宕起伏，歷經千錘百鍊，走過了南宋、元朝，來到了明朝。

嘉靖三十八年，也就是西元一五五九年，天命之年。人家都說十月懷胎，可是努爾哈赤的母親喜塔拉氏卻足足懷了十三個月，才誕下他。說起來也真是夠傳奇的，許是英雄的出場都要有些與眾不同吧！不過，他後來的作為真是很強悍，他讓女真部榮耀了近三百年的時光。

努爾哈赤出生的那個時候，正是明朝歷史上最荒亂的時候。嘉靖皇帝其實要是按正統繼位元的順序是輪不到他的，但是他的前任武宗正德皇帝沒有子嗣，而正德又是嘉靖的堂兄，選來選去嘉靖最後當上了這個皇帝。嘉靖做了四十多年皇帝，可是他卻有二十多年的時間沒有上朝，這直接導致了明朝末日的到來。在明朝一片荒亂的時候，努爾哈赤卻正在迅速成長著。

雖然，「努爾哈赤」在迴紇文中是「光明」和「朝聖」的意思，但他的成長經歷卻不是那麼的光明和溫暖。在他十歲的時候，生母便早早過世，繼母納拉氏，對他也不是很好。沒有了生母給予的關懷和溫暖，他就過早地獨立起來。他要生存，要養活自己。他經常跟小夥伴們一起到森林裡挖人參、採蘑菇或者是打一些獵物，然後拿著這些東西到撫順參加互市貿易，以獲得維持生活所需的錢財。其中經歷的曲折和艱難，對於少年的努爾哈赤來說都是磨礪。正是這段經歷，讓他迅速地成長起來，也讓他從中學得一身好本領，尤其是在騎射方面，他更是難得一見的能手。同時，在參加貿易的過程中，他受到了漢族文化的影響，認識了漢字和蒙古文。在當時來說，那可是先進的文字和文化，這就為努爾哈赤打開了一扇更為寬廣的窗，那裡的世界與他生長的地方很不同，更大，更遼闊。這大大增長了努爾哈赤的見識和視野，為他以後的事業奠定了基礎。

西元一五八三年，也就是明朝的萬曆十一年，李成梁攻打古勒寨。在攻破古勒寨之後，李成梁的軍隊開始了血腥的屠城，不幸的是，努爾哈赤的祖父和父親也未能幸免。不僅如此，努爾哈赤和他的弟弟舒爾哈齊被俘，但是因為他們儀表出眾、氣度不凡，被李成梁的妻子放走。看來，古往今來，美男計同美女計一樣有效。逃出升天的努爾哈赤，在歸途中遇到其祖父和父親的舊部額亦都，他帶的九個壯士發誓誓死要跟隨努爾哈赤。而努爾哈赤則依靠父輩遺留下來的十三副甲胄起兵，雖然人馬不過十數人，跟其它的勢力相比那是相當的弱小。但是，努爾哈赤正是靠著這十幾個人，開始了統一建州女真各部的征途。雖然，努爾哈赤的願望是遠大的，但是他得不到其它人的認同，這就為他的征途平添了幾多阻礙。他需要一個理由，來為他起兵或是培植勢力找到一個合理的平臺。於是，他在回到建州後，立即派人質問明朝為什麼殺害其祖父和父親，他想通過明朝的關係，來為自己找一個合理的說法。而明朝的態度也很明確，不僅歸還了努爾哈赤祖父和父親的遺體，還給他「敕書三十道，馬三十匹，封龍虎將軍，復給都督敕書」。這樣一個身份，就給了努爾哈赤安身立命的本錢，讓他可以理所當然地培植勢力，為其祖父和父親報仇。

雖然，復仇的過程並非一帆風順，但努爾哈赤還是憑藉著自己的力量一步步強大起來。他先是滅掉了哲陳部和完顏部，統一了建州女真本部。然後，他又奪取長白山三部，即訥殷部、珠舍裡部和鴨綠江部，將整個建州女真收入囊中。最後，父仇得報，努爾哈赤實現了他統一女真的願望。雖然努爾哈赤之前的所有願望，在他的努力下都一一實現，可是他的步伐卻沒有因此而停下。他在統一建州女真後，就慢慢地、有計劃地借助於明朝朝廷的力量繼續擴張自己的勢力。他表面上對明朝臣服，以此來取得明朝廷的信任，在萬曆十七年，他還被任命為都督僉事，這在女真各族中可算是舉足輕重的地位。暗地裡，努爾哈赤一手抓政治，一手抓經濟，讓女真在他的手中逐漸興盛起來。

隨著努爾哈赤對東北大部分地區的控制以及與蒙古各部落結盟的完成，他擁有了足夠的實力和信心與明朝對抗。於是，努爾哈赤在西元一六一六年，於赫圖阿拉稱汗，建立了後金政權，建元天命，顯示出誓取天下霸業的雄心壯志，並且在兩年後實施行動。他發佈了「七大恨」昭告天下，正式宣告發動對明朝的戰爭。此後的數月，努爾哈赤兵鋒指處，所向無敵。他的這一舉動給明朝廷帶來了極大的震動，滿朝皆亂。的確，本來還相處得不錯，表面和和氣氣的，但是一轉眼，努爾哈赤就殺了一個回馬槍，把明朝打了一個措手不及。可是，再驚慌失措，明朝作為一個大國，雖然已經表面腐朽，但其根基還是在的，他們開始籌措兵力，大張旗鼓地發動了征剿後金的戰爭。

西元一六一九年，明朝傾全國之力，開始回擊努爾哈赤。明朝希望能夠速戰速決，一舉擊敗努爾哈赤，並重新掌握在遼東的主動地位。可是，他們的希望很快就破滅了，他們沒有想到，在他們看來很不起眼的努爾哈赤會如此的強悍，由於他們戰前準備不足、戰略戰術錯誤，還有戰鬥力極其低下等原因，最後以完敗慘澹收場。這場戰役在歷史上被稱為「薩爾滸之戰」。這一戰以後金的全勝而完美結束，它在很大程度上改變了明朝與後金雙方力量的對比，明朝軍事力量遭到了嚴重的削弱，後金的實力則大大增強。可以說，正是這場戰役的勝利，奠定了清朝開國的根基。

努爾哈赤在薩爾滸大戰勝利後，趁著明朝政府還沒有緩過勁兒的時候，他又開始磨刀霍霍。這一次，他瞄準了東北的軍事政治中心瀋陽和遼陽。他這邊步步緊逼，明朝那邊也是人心惶惶，社會動盪不安。為了挽救敗局，明朝朝廷任命熊廷弼為遼東經略出關征討努爾哈赤。

熊廷弼，字飛百，是明湖廣江夏人。他出任遼東經略後，還是很有一番作為的。他先是安定民心，嚴肅軍紀，然後採取了對勇敢作戰的將領加以獎賞，對臨陣脫逃者加以嚴懲，又親自祭奠陣亡官兵等一系列的措施。這幾項措施施行得很是恰當，終於逐漸地使得遼東的形勢穩定了下來。平定了紛亂的局面後，熊廷弼開始著手加緊訓練士卒，並且採取穩固防守的辦法來遏制努爾哈赤的步步緊逼。

努爾哈赤在知道熊廷弼出任遼東經略後，深知此人非比尋常，也是具有雄才偉略的人。因此，他避其鋒芒，沒有輕舉妄動地繼續發動大規模進攻，而是採用迂迴蠶食的策略。他利用小股部隊發動襲擊，有點兒游擊戰的意思，打一槍換一個地方，以此對明朝軍民進行騷擾，鬧得明朝軍民是不堪其擾。與此同時，努爾哈赤還整肅軍隊，靜待時機，為進一步發動大規模的戰鬥做各種準備。但是，由於熊廷弼防守穩固，訓練有素，使軍隊的戰鬥力得到了加強，努爾哈赤一時間無法找到進攻的突破口，使得明朝與後金雙方進入對峙階段。而這個局面，還是因為熊廷弼遭彈劾而被迫去職回鄉後才被打破的。這一次，努爾哈赤知道機會來了，怎能輕易放過。養兵千日，用兵一時。他可是精心準備了很久，這就如猛虎出閘，虎虎生威，一舉便攻佔了瀋陽。然後，兵鋒一轉，繼而攻破了遼陽。至此，遼河以東地區盡為後金所得。

遼瀋相繼失陷後，明朝朝廷意識到撤換熊廷弼是一個多麼愚蠢的決定。於是重新起用熊廷弼來抵禦後金的進攻，可是這時已經晚了。熊廷弼再能幹、再厲害，也無法扭轉乾坤，因為努爾哈赤的大軍已經勢不可擋，大局已定。而熊廷弼則成為明軍兵敗的替罪羊，最後含冤而死。他一死，努爾哈赤更是沒有了阻礙，遼東一帶均納入其麾下，實力更加強盛。

努爾哈赤積極地採取多項措施穩固統治，此時的他，怎麼也不會想到，他的宿命對手即將到來。他的對手是誰？他就是棄筆從戎、千里走單騎的袁崇煥。袁崇煥，字元素，廣西人。要說他這匹千里馬，還真是多虧了身為兵部尚書的孫承宗，正是孫承宗這個伯樂慧眼識人，提出讓袁崇煥抵禦後金軍的進攻，才讓明朝一時間守住了江山。

袁崇煥真的是不負眾望，他到任後，積極地採取防禦策略，仔細地視察和研究地形，購置當時最先進的軍備，苦練士卒，最重要的是，他修建了寧遠城作為固守的據點。大力的整頓後，明軍的戰鬥力得到了很大的加強，其面貌大為改觀。可是，他再有能力，朝廷不配合也沒有轍。明朝朝廷最後竟然想撤軍，放棄關外的人民和土地。但是袁崇煥卻沒有聽令，因為他知道，一旦失去山海關外防守屏障，後金的大軍就會立即大舉攻入，後果不堪設想。最後，他親自率領軍民獨守寧遠孤城。

西元一六二六年，努爾哈赤率領著他的八旗軍隊一路奔馳而來，渡過遼河，掃平寧遠周圍的城鎮，最後將寧遠城圍得像個鐵桶，兩個生死宿敵在寧遠城進行了歷史性的會面。一邊，強敵兵臨城下，袁崇煥毫無懼色，從容應戰；另一邊，努爾哈赤面對袁崇煥的嚴密防守，發動了猛烈進攻。可是，這一次明朝軍隊所展現的頑強戰鬥力讓努爾哈赤的軍隊損失慘重，更何況袁崇煥還擁有具有強大威力的西洋大炮，努爾哈赤首次嘗到了失敗的滋味。他屢次想方設法地攻城，皆被擋回。努爾哈赤看到如此情況，知道一時間是無法取得勝利了，為了保住兵力，無奈只好暫時退兵，袁崇煥以此取得了寧遠保衛戰的勝利。

不過，讓人沒有意料到的是，在此戰七個月後，努爾哈赤突然駕崩了。他的倏然而逝，讓人很迷惑，歷史上關於他的死因也爭論不休。不少人都認為努爾哈赤的死是因為他在寧遠之戰中受傷所致，但是這種說法卻缺乏文獻資料的證實，也只能存疑。

無論歷史真相如何，努爾哈赤的所作所為都是不可磨滅的，他創立滿文，建立八旗制度，這兩項對滿族社會均產生了深遠的影響。努爾哈赤作為當時傑出的政治家和軍事家，可謂是叱吒風雲的偉大人物。現在，我們說他的偉大，不僅僅是局限在民族內部，而是站在歷史的高度上來看。他統一女真，逐漸使得滿族迅速發展壯大，為清朝統一全國奠定了堅實的基礎，他開創了一個嶄新的時代。繼往開來，這個時代在中國歷史上可謂是濃墨重彩的一筆，時間長達近三百年，中國的皇朝制度在此期間達到了鼎盛。努爾哈赤，不愧為天命大汗！

順治：江山、愛情、佛緣集於一身

福臨的登基有些偶然性。崇德八年（1643年）八月十四日，清太宗皇太極一命嗚呼，朝中勢力各懷鬼胎，為繼承人的甄選僵持不下。皇太極的長子肅親王豪格和皇太極的弟弟睿親王多爾袞呼聲最高，在這兩個陣營中，豪格繼位名正言順，同時手持兩黃旗的兵權，多爾袞、多鐸、阿濟格三兄弟擁有兩白旗的支持而且戰功卓著，雙方劍拔弩張，看來勢必要爭個你死我活。正當一場流血衝突就要發生的時候，多爾袞想出了擁立先帝第九子福臨繼位、由自己和鄭親王濟爾哈朗共輔國政的提議。多爾袞的這個計謀可謂高明至極，既使兩黃旗大臣無話可說，又籠絡了濟爾哈朗手下鑲藍旗的人心；兩紅旗禮親王代善本沒有爭權之意，自然附議；而且福臨的生母永福宮莊妃，又是先帝最寵愛的妃子；最重要的一點是，福臨年幼，而作為輔國大臣的他就能夠成為朝政的真正把持者。朝中的眾人自然知道他的心思，但不管怎麼說，總比他和豪格僵持不下甚至火拼起來的強，所以多爾袞的這一方案，也算是了了朝中眾人的心事。

而福臨，可以說是陰差陽錯，也或者是命中注定，就這樣因為多爾袞的勃勃野心順利登上了皇位。

福臨即位第二年改元順治，於十月初一在天壇舉行了開國典禮，封多爾袞為攝政王，此時的福臨尚且年幼，多爾袞權勢並加，威比天子，富過君王，在朝中有恃無恐，擅權專斷，霸權專橫，雖沒有登上皇位，但實際上朝野中無人不知他才是當時大清真正的皇帝。順治在北京登基後，多爾袞進一步出兵統一全國，清軍先後剿滅李自成農民軍和南明弘光帝盤踞江南的勢力，血洗揚州。在勝利的光環下他沖昏了頭腦，竟然下令全國推行「剃髮令」，要知道，漢人崇尚「身體髮膚，受之父母」這句話，現在卻突然要依照滿族的髮式習慣將前額的頭髮全部剃掉，人們又豈能甘願？於是，這事件激起了始料未及的全國性的抗清鬥爭，鎮壓了好久才逐步平息。

順治七年（1650年）十一月，多爾袞出獵墜馬受傷後臥床不起，次月去世。此時天下初定，福臨步入少年，注定要成為國家支柱的他飽讀詩書，騎射皆精，關心治國用兵之道。多爾袞死後，朝中大臣紛紛上奏追討多爾袞生前謀權篡位、壓迫朝臣的滔天罪行。福臨雖然年幼，但多爾袞一直以來的惡行他都看在眼裡，於是便下令對多爾袞掘墓鞭屍，既出了惡氣，也給了朝中有野心的朝臣們極大的震懾。多爾袞死後為生前的罪行付出了代價，落得個眾人唾棄、屍骨無存的下場，也算是罪有應得，而十四歲的福臨此時也真正地成為一國之主。

福臨一直努力地學習修身治國之道，擺脫了先輩們的草莽之氣，他不再主張「以武治國」，轉而以「文教」為治國之本。為了消除多爾袞攝政時期實行弊政的惡劣後果，也為了獲得天下的民心，順治決定採取措施緩和民族矛盾，籠絡民心。

首先，他以招撫為主的懷柔政策對待反清勢力，後又對拒不招安的戰場逐一進行擊破。當時滇、桂、川、黔幾省被李定國等勢力分據，江、浙、閩、粵一帶被鄭成功的水師佔領，清軍討伐極其吃力。因此，福臨斷定集中兵力於一處戰場，才是贏得勝利、一統河山的當務之急。八旗勁旅雖善於騎射精於陸戰，但鄭成功的數千艘船隻盤踞在廈門附近的港灣河口，就像洪水猛獸，令清兵無從下手。順治一方面下令極力招撫鄭成功，集中兵力對付西南戰場；一方面任命洪承疇為五省經略負責西南部戰爭。他下令對各地農民武裝不管人數、罪行，只要真心改悔主動投誠，全部赦免，由當地政府安置，並下令張貼文告遍佈各地。

順治還給予他任命的五省經略洪承疇決定地方文武官員升遷和進兵時機的大權，准許遇到緊急情況可以「便宜行事，然後知會」。洪承疇對皇帝的意圖心領神會，他謀略過人，又十分熟悉西南地形，不久便先控制了湖廣，繼而控制了西南。而鄭成功此時仍在堅持抗清。順治得知後，態度來了個一百八十度大轉彎，「敬酒不吃吃罰酒」，他沒了耐心，於是下令對鄭軍大力清剿。鄭成功節節敗退，在極其複雜的形勢下退守廈門，反倒意外驅逐了荷蘭殖民者，收復了臺灣，幫清王朝完成了統一。

順治深深知道治理國家必須以民生為首要。多爾袞當政時實行「圈地」，雖然聲稱只是圈荒地給貴族與官兵，事實上不論土地是否有主，一律強佔，多少人因此被官兵奪去了土地家園，無以為生，而一直以來戰爭不斷，官兵們的土地一直無人耕種，使得國家生產力低下，國匱民乏，順治便下令各地官員將以前所圈土地歸還原主，還下令鼓勵各地努力開荒耕地，並以耕地面積作為各地官員升遷條例，並且免除了民間繁重的賦役，頒佈了「賦役全書」公告天下，獲得了老百姓的肯定，贏得了民心。

順治帝作為一位皇帝，一生經歷動盪變遷無數，但，不得不提的還是他與佛教的緣分。如果說順治悉心治理國家是為了社稷大業，是一份責任，那麼，他對佛事的崇尚，實在是心嚮往之。

身為一朝天子，萬人之上，也許順治是孤獨的，儘管他是皇帝，他也需要一種慰藉自己心靈的力量與意念。關於順治與佛教結下的不解之緣，還要從一件事說起。當時，有一個人在禪門引起了不小的轟動——臨濟寺著名的禪僧玉林繡年僅二十三歲就做了湖州報恩寺住持，實屬罕見。這件事傳到順治耳朵裡，對佛事心懷嚮往的順治便派人幾經周折費盡力氣地將玉林繡請到宮廷講法，待遇優厚，禮數盡至。當時，順治常常到玉林繡的住所佛堂請教佛法，玉林繡一介佛門弟子，自然想借天子的威名發揚佛教，便極力以佛教影響順治，還為順治取了法號叫「行癡」，順治覺得在佛學裡找到了慰藉心靈的信仰和力量，常常被玉林繡的講佛講得異常歡喜，不僅給玉林繡豐厚的賞賜，還先後御封「大覺禪師」和「大覺普濟禪師」的稱號。據傳，順治帝一次在北京的寧波天童寺甚至對住持說：「朕猜想朕的前身一定是個僧人，所以現在一見佛家寺院，就不想再回到宮裡了。要不是怕皇太后惦念，我早就出家了。」

順治雖心繫佛教，但紅塵之事卻也不能免俗。早在十四歲時，他就被太后和多爾袞安排迎娶了親王吳克善的女兒博爾濟吉特氏為皇后，並且轟轟烈烈地舉行了婚禮。但是皇后入宮絲毫沒有給順治帶來幸福美滿的婚姻。這個刻薄奢靡的女人，最後甚至沒能逃脫被廢后的噩運。

順治一生最寵愛的是妃子董鄂氏。董鄂氏原本是順治兄弟襄親王的妻子，但道德界限擋不住心中的濃濃愛意，順治狂熱地戀上了這位女子。當得知襄親王申斥董鄂氏後，順治甚至還給了他一個耳光。自己的兄弟奪了自己的女人，這種窩囊氣哪個人受得了！不久，年僅十六歲的襄親王便怨憤而死，董鄂氏喪期服滿，順治便迫不及待地冊立她為賢妃，一個月後又晉為皇貴妃，頒詔天下。就連董鄂氏的父親也「父因女貴」得到了順治豐厚的賞賜，死後還被追封為侯。

董鄂氏曾給順治生了個兒子，「子因母貴」，順治帝還一度想立為太子，但不幸的是，孩子生下才三個月還沒取名就夭亡了。可憐女子，失去了心愛的骨肉，憂傷過度，過了不久也玉殞香消，僅僅陪伴了順治四年就匆匆離去了。先是沒了兒子，後又失去了寵愛的妃子，面對這種雙重打擊，順治陷入了無法擺脫的痛苦之中。當時按清朝的定制，皇帝及太后之喪，朝政將使用藍筆批本，以二十七天為限。而董貴妃死後，順治竟然用藍筆批本長達四個多月。順治不能再與心愛的妃子共度餘生，悲痛至極，只能以種種殊遇來對待死去的董鄂氏同時也寬慰自己。他甚至親手為董鄂妃書制了洋洋灑灑幾千字的〈董妃行狀〉，追憶與董妃朝夕相處的日子裡的種種甜蜜恩愛。太后見順治這般心如刀割難以自拔，便同意將董鄂氏追封為孝獻皇后。所以，如果剝去皇帝的外衣，順治實在可謂是一位癡心漢。

人死不能復生，儘管順治無比懷念，並以各種特殊待遇對待逝去的愛妃，仍然沒有使他悲痛的心情得到安慰，可憐一代天子，為情所困，情緒日益消沉，本來就虛弱的身體一天不如一天。

順治十八年（1661年）正月初二，順治自知死期將近，立太子便成了眼前的當務之急。皇太后一直用心栽培皇三子玄燁。順治還派人徵詢了寵臣的意見，也與太后相同，於是順治招來眾臣宣詔，立三子為太子，由幾個異姓的功臣索尼、蘇克薩哈、遏必隆、鰲拜四人共同輔政。

關於順治帝最後的歸宿，歷來說法不一，常見的有以下兩種：

第一種說法：出家為僧

話說順治身邊有了董鄂氏之後，對於知書達理、美貌才情俱佳的董鄂氏甚是寵愛，可惜好景不長，柔弱女子懷著對襄親王的愧疚，加上喪子之痛，身體每況愈下，早早便撒手人寰。愛妃的死給順治帶來了無可彌補的傷痛，他萬念俱灰，只一心念佛，不理朝政。雖然皇太后及群臣苦口婆心，勸其念及江山社稷，但也沒能改變順治出家的決心。不久，順治就成了五臺山一個修行的和尚，朝廷對外詔告天子福臨因病身亡。一代君王順治皇帝，遠離紅塵喧囂，晚年就這樣在寺廟的青燈古佛陪伴下度過。

第二種說法：死於天花

董鄂氏病逝後，順治帝念念不忘，無法自拔。許是因念生病，順治帝染上了可怕的天花。天花是傳染性很強的疾病，死亡率非常高，在醫術落後的古代，簡直可以說是必死無疑。

不久，當大臣們向順治皇帝請安時，已經知道他身染重病了，這一消息傳開後沒幾天，順治皇帝就駕鶴西去，無論王公大臣和尋常百姓都不相信這個事實，或者也正是因此，後來的史料記錄才會有順治出家的說法。

順治帝作為一代君王，一舉一動都決定著江山的變化，關於他傳奇的一生、可歌可泣的愛情以及與佛教的不解情緣，都塵封在已逝去的歷史裡。

康熙：雄才偉略

康熙帝玄燁登基時年僅八歲，他是順治皇帝的三兒子，是順治帝與他的漢族佟氏妃子所生。但由於順治一心寵愛董鄂氏，玄燁的生母佟氏備受冷落，所以玄燁也不被重視，順治一心想立寵妃董鄂氏所生的四皇子為太子。後來四皇子不幸夭亡，加上玄燁祖母孝莊皇太后嚴加教誨一心栽培，堅持立玄燁為太子，順治便在病重之時立下玄燁為太子的遺詔。

玄燁登基後，由孝莊皇太后輔佐，按順治遺詔，由索尼、蘇克薩哈、遏必隆和鰲拜四大臣輔政，太后也一心教導玄燁為國為民，繼承祖先基業。

起初大臣們忠貞不貳，一心輔導朝政，但慢慢的，鰲拜就開始野心擴張想要專政了。

鰲拜是鑲黃旗人，擁有顯赫的門第，他心狠手辣老謀深算，加上朝中群臣權益鬥爭的傾斜，鰲拜很快就掌握了局勢，變成了一人專政。他不僅重演了多爾袞圈地的手段，還殘害朝中反對他的大臣。鰲拜在朝中黨羽眾多，朝臣的侍衛多半也受他控制，年輕的康熙眼看著鰲拜把持朝政隻手遮天卻力不從心，於是便暗地裡打起了主意。康熙信不過宮中侍衛，便從各個王府挑選親王子弟組成善撲營，日日令其摔跤弄拳舞槍弄棒，不出多長時間個個練得武藝高強。鰲拜認為少主年少貪玩並不放在心上，卻不知大器早成的康熙已把他引入圈套，康熙還加封鰲拜以迷惑他，暗地裡便制訂了捉拿鰲拜的計劃。他召鰲拜單獨進宮議政，毫無疑心的鰲拜進殿後，便被少年侍衛們捉拿，成為階下囚。隨後，鰲拜受審，並為其定下三十餘條罪行，念其有功免去死刑，但餘生將在牢獄中度過。康熙下達諭令重理朝政，清除鰲拜的影響，鰲拜的黨羽們也受到了懲治，被陷害的朝臣得以昭雪。

年輕的康熙在剔除權臣的計謀中，展現了過人的才智與魄力。智除鰲拜之後，朝權便完全落入康熙手中，他便開始了他的治國大業。

康熙親政之後，馬上就開始著手清理江山隱患，他隨時提醒自己，應當盡快解決「三藩、河務、漕運」的問題，明朝降將吳三桂、尚可喜、耿仲明三個藩王分別盤踞在雲南、廣東、福建三個省區，是康熙的心頭大患。這三個藩鎮的頭領各懷鬼胎，蓄謀造反，康熙深知此乃國家的大威脅，便力排眾議，不顧朝中大多廷臣反對，下令撤藩。

康熙十二年（1673年）冬，吳三桂叛亂，各地黨羽紛紛響應，一時間四處告急。康熙馬上下令出兵平息戰亂，下令全力攻打叛軍頭子吳三桂。吳三桂軍兵戰鬥力不及，在康熙周密的部署下倉皇落敗。吳三桂此時匆忙修建簡陋的皇宮自立為帝，他和他的兒子只做了幾個月的土皇帝，便一命嗚呼了。叛軍在清軍的猛烈攻勢下連連潰敗，兵敗如山倒，歷時八年的三藩之亂終於被平定。

眼見三藩之亂平定後，康熙片刻不想停息地決意收復當時由鄭成功孫子鄭克爽統治的臺灣。當時臺灣政局動盪，鄭氏家族光輝不再，康熙任命鄭成功舊部施琅任福建水師提督率水師收復臺灣。康熙二十二年（1683年）七月，施琅率領兩萬多名官兵，二百三十多艘戰船，直搗澎湖，怎料初戰失利，過後，施琅進行了短期整頓，修改了策略，與鄭軍展開了決戰。此戰鄭軍主力幾乎全軍覆沒，康熙下令招撫了殘餘敗將，臺灣歸回中國。康熙還派遣了兵力駐守臺灣，全力促進臺灣發展。

十七世紀，沙俄侵略東北，康熙又開始寢食難安了。在沙俄政府無意和解加進侵略後，康熙下令武裝討伐，到康熙二十二年（1683

年），黑龍江流域中下游地區的沙俄侵略者基本肅清。

康熙依然沒有放棄和沙俄侵略者餘下部分的和解談判，在沙俄無意和解後，康熙下令彭春大將軍率領英勇的藤牌軍夾擊沙俄佔領城池，沙俄軍大敗，後殘軍雖又捲土重來，但很快也被肅清。康熙二十八年（1689年）沙俄第二次侵略同樣失利，九月七日，沙俄同意和解，雙方簽署了著名的《尼布楚條約》。在這之後，康熙立即著手平定漠西厄魯特蒙古準噶爾部頭領噶爾丹製造的動亂，噶爾丹佔領了青海和新疆天山以南的廣大地區，並且與沙俄勢力勾結謀反。在康熙規勸無效的情況下，英勇的康熙毅然親征塞北，指揮大軍進攻噶爾丹。八月，噶爾丹軍布下自以為堅不可摧的「駝城」戰陣，誰知清軍人馬直殺得叛軍橫屍遍野，大敗而逃。噶爾丹殘兵敗將突出重圍，經過康熙二次親征，全殲其軍，平定了為時十年的噶爾丹叛亂，粉碎了沙俄分裂陰謀，鞏固了西北邊疆。

為了清王朝的長治久安，聖明的康熙帝開始整治處置「國家毒蟲」——腐敗官吏。可悲當時官場上，清廉者寥寥無幾，康熙對於貪贓枉法的官吏深惡痛絕。山西巡撫莫爾賽，大學士勒滿洪，湖廣總督蔡毓榮等典型的貪官污吏，都受到了康熙的嚴懲。與此同時，康熙還大力頌揚清官廉吏，被康熙譽為「天下廉吏第一」的清官于成龍。于成龍賑災救民，氣節高尚，當時江南在他的管轄下風氣大好，他也深受百姓愛戴。康熙對他不僅大加賞賜，還親自題字褒揚，後來于成龍去世，康熙還一度十分痛心，足見康熙對清官的器重。康熙堅持不懈地整頓官場風氣，改變了某些地區和某些時期的官場面貌，但卻沒有在根本上改善官場中混濁的風氣。

作為滿族人，康熙深知解決民族矛盾是國家和諧的重中之重，於是他便從民族文化入手，全力籠絡漢族知識分子，爭取消除民間的反清情緒，以減少對清王朝的潛在威脅。

康熙知道人心的力量最可怕，於是他首先通過親近漢族傳統和儒家文化入手，並且在招賢考試中故意放寬對漢族文人學士的要求，十分遷就，百般照顧，從感情上籠絡漢族文人的心，並借助他們的名氣影響社會民眾。

對於一些堅持對康熙的親漢行為表示不屑和反抗的著名學者，康熙也百般遷就，即使是對於他們的不敬也盡都寬恕。康熙固然英明，籠絡了一大批人才為清王朝所用，但作為滿族人，對於漢族人的猜疑還是無法消除的。康熙時期發生了十幾次文字獄。戴名世一案便確係康熙所為。戴名世整理記載了南明諸王的史事《南山集》一書，被告發為誹謗朝廷之書，戴名世被判淩遲處死，族中男子滿門抄斬、女子終身為奴，剝奪族人所有職銜，受到案件牽連的多達三百多人。

順治在位時，對國家治理的各個方面都幾乎考慮與顧及，在農業上，受當初圈地影響，加上戰亂連連，廣大農村還是滿目瘡痍，農民不得溫飽，國家財政入不敷出，順治決心整改。

鰲拜入獄後，康熙再次重申了永遠停止圈地與要求將已圈土地還給農民的命令，其它阻礙農業生產的活動也被明令制止。同時，康熙也以各種獎勵措施積極鼓勵墾荒，以促進農業生產。

康熙還免去了許多省份的錢糧，總額達九千多萬兩白銀。減輕了農民們的負擔，促進了農業生產。

康熙還修改了賦役制度，於康熙二十六年（1687年）完成了《簡明賦役全書》。康熙五十一年，他又對賦役制度進行了重大改革以清除弊端，充分照顧到了農民們的各種情況。

康熙在興修水利、發展治河和漕運上下了不少心血，著重治理黃河、淮河和運河。康熙為了根治黃河，變水害為水利，傾注諸多心力，他任命水利專家靳輔和家陳潢進行了大規模的治河工程，使得飽受水患之苦的州縣土地重新可以耕種。為了更好地進行龐大的改造工程，康熙還不辭勞苦地親自視察和參與鑽研方案，經過長期努力，變水害為水利，使得運河兩岸繁榮昌盛。

康熙傾注的眾多心血，終究沒有白費，後來收成增加，儲備飽滿，國富民強。

康熙吸取歷史教訓，一生節儉，出行縮減大部分人數，減少寺廟修建費用。修繕宮廷時，也特別吩咐不必使用昂貴材料。康熙為政講求實效，從不浮誇虛飾。他多次拒絕了臣下請求為他上「尊號」的提議，即使是大家為他的政績建設舉行大規模請上「尊號」活動時他也斷然拒絕。而且，他還謝絕臣子們為他送壽禮，從來都堅決反對奢侈浪費。

康熙六十一年（1722年）十一月，康熙帝病逝，死後葬於清東陵景陵。

康熙帝一生勤懇，為國為民，全心理政，是一位不可多得的英明君王。身為一代君王，自幼登基，大器早成，一生為鞏固大清江山鞠躬盡瘁，奠下大清興旺的根基，自己卻簡約樸素，實在值得後人思考與敬佩。

乾隆：多才多情

當時還是皇四子弘曆的乾隆於西元一七三五年，按照雍正帝駕崩時的遺詔，在太和殿即位，第二年改元為乾隆。

乾隆那時還是個二十多歲的青年，剛剛即位便遇上了叫人頭疼的問題。當時，朝中分為以功臣鄂爾泰和張廷玉為首的兩方勢力，朝中大臣歸於這兩個派系下，雙方明爭暗鬥。而兩方勢力為首的鄂爾泰與張廷玉又都功勳卓著，無法治罪，自雍正帝在位時就對此束手無策。乾隆即位後，不急不躁，首先明確表示自己痛恨私立黨羽，其次對所有朝臣一視同仁，賞罰分明。不論是誰，有功即賞，有過即罰，對於朝中事務的探討，也不偏向於任何一方的意見，而是要詢問許多人的建議，倘若發現有人欲蓋彌彰虛假誇大，定嚴懲不貸。乾隆這樣的處理態度便讓朝中勢力都不敢放肆，即使有勢力對立，也都各自兢兢業業為朝廷效力。乾隆這一明智的處理方式，不但沒有使朝廷因此亂了規矩，反倒更進一步地促進了朝臣們爭相立功。

乾隆對待朝臣的態度是堅定明確的，賞罰分明，恩威並施。乾隆不吝褒獎，為國立功的可以加官晉爵，遇到將領凱旋歸來，乾隆還親自在紫光閣宴勞。他還命畫工為功臣們畫像，按功勞大小排位，乾隆在位時期的將領多能英勇善戰，這跟乾隆的英明慷慨是離不開的。乾隆是個儒雅風流的人，但睿智的他從來不輕易把權力放他人手裡。乾隆每天都到軍機處理政。無論大小事情一一過問，毫不懈怠。乾隆對於有關朝權的事都十分敏感，他擔心宦官通文墨後會像明代那樣舞勢弄權，危害朝政，所以他將教授宦官學文義的內書堂廢掉。乾隆還命所有當差奏事的宦官全部改姓王，使人無法分辨，以避免宦官們相互勾結。他規定宦官們由內務大臣管理，凡在外面胡作非為的，立懲。他對後宮也嚴格規定，下令皇后貴妃只可理會六宮事不得干涉朝政，當時的不少後宮妃子春風得意深得寵愛，但都沒有人敢過於弄權。乾隆善於汲取歷史教訓，很好地消除了宮廷內部的權利鬥爭隱患。

乾隆在皇帝的位子上坐了幾十年，他對自己的武功是十分得意的，他還親自編寫了《十全武功記》，命人建造碑亭，以滿、漢、蒙、藏四種文字銘刻碑上，以昭示他的武功。這其中還包含了一些乾隆對自己在軍事上的勝利成就沾沾自喜的心情。乾隆在位期間，大小戰亂有許多，六十年間，多次對邊疆和屬國進行征討，這成了他政治生涯中極為重要的內容。清軍總體經歷了漫長而曲折的討伐平定歷程，多次對各地動亂用兵，雖損失慘重，但總算都取得了勝利。乾隆即位初期發生了苗族因土地問題爆發的大規模叛亂，他先後任命了張廣泗等幾位將領，對策略不合、平定無功的將臣是毫不留情嚴懲不貸的。他重用英明的將領，對動亂地區分等級力度來進行清討，同時對動亂地區的人民採取安撫政策。乾隆十二年，大金川首領薩羅奔和索諾木先後兩次叛亂，清朝勞費了龐大的人力物力，用兵數年，卻損失慘重，乾隆賜死了在第一次動亂中平反無功的訥親、張廣泗，重賞了後來成功平反的傅恒與岳鍾琪，在第二次動亂中損兵折將的阿勒泰同樣被乾隆處斬，後來乾隆派遣阿桂將軍出征，成功剿匪，叛軍頭目率家族投降，乾隆重封了阿桂將軍。乾隆對待軍將無論賞罰，可謂毫不手軟。

乾隆二十年（西元1755年），準噶爾部叛亂。乾隆命班第和歸附的阿睦爾撒納分兩路向準噶爾部進攻。兵力孱弱的準噶爾軍紛紛投降，清軍兵未血刃便進入伊犁。南疆維吾爾族也紛紛擺脫了準噶爾的統治。叛軍頭目達瓦齊見勢不妙，撒腿就逃，在烏什被維吾爾人民擒獲，解送到了北京。按理說這樣的罪行早已該被處斬，但乾隆只是痛斥了達瓦齊的叛國罪行，為了照顧民族關係而赦免了他的罪過，封他為親王，讓他住在北京，好吃好住地招待著。後來，乾隆為了避免地方勢力割據，就把厄魯特四部封為四汗，各管所屬。但是，阿睦爾撒納仗著自己當初平叛有功，一心想當總汗，乾隆當然沒有答應他的要求，但是為了安撫他躁動的心，封了他雙親王，吃雙份俸祿，但貪心的他毫不滿足，於乾隆二十年發起叛亂，班底將軍被殺。隨後，乾隆任命了兆惠為將軍，一路討伐，阿睦爾撒納兵敗逃亡，最後患天花病死在俄國邊界，屍體被俄國人送了回來，這場叛亂就此平息。接著南疆又發生了以維吾爾族宗教首領大小和卓木霍集占兄弟發起的叛亂，乾隆派遣兆惠將軍前往平反，後來又命駐守烏魯木齊的將軍富德赴南疆增援，歷時三個月的叛亂最後被平息。之後乾隆為了更好地治理當地，於乾隆二十七年（西元1762年）在惠遠城設伊犁將軍，總轄新疆南北兩路事務，從而加強了中央政府對新疆的統治。

乾隆年間清朝與周邊國家也有戰事發生。乾隆曾命阿桂與雲貴總督李侍堯與緬甸勘定邊界，還向緬甸索要當初逃亡緬甸的叛軍人物，緬甸懾於大清軍威，經過了一些商討，乾隆也給了緬甸一些恩惠，並且下達暹羅，不可與緬甸刀槍相對。從此以後，緬甸和暹羅二國都臣服清朝，不敢輕易發動戰爭。乾隆二十六年（1761年）八月，廓爾喀侵略軍進犯西藏，燒殺搶掠，還將六世班禪遺留的金銀財物、法器珍寶搶劫一空，西藏僧俗人民遭受了極大的災難。乾隆刻不容緩地派遣福康安為將軍攻擊入侵的敵軍，很快就將廓爾喀侵略軍逐出西藏，乾隆感到西藏地方政府存在的不少弊端，便制訂了後來著名的《欽定西藏章程》，加強了清朝對西藏地區的管轄。

乾隆在位期間，兩平準噶爾。兩定大小金川，定回部，靖臺灣，服緬甸、安南，兩服廓爾喀，他憑藉清初發展起來的國力東征西討，以英明獨到的帝王氣魄，使乾隆年間的清朝國勢達到了極盛。

乾隆一心捍衛國家，他對當時已經叩響中國大門的西方殖民主義者有著很大的警惕心。當時，清朝開四口與外通商，但當時許多外國商人與中國奸商勾結幹一些違法牟利之事，乾隆便封了廈門、泉州、寧波三個通口，只留下廣州給外商交易。他還命臣下制訂了《防範外夷規條》，禁止外商在廣州過冬；外商必須接受中國行商管束稽查；禁止外商雇用役使中國人；外商不得雇人傳遞信息；外商不得在廣州自由出入等。還規定許多貨物不能出洋，外國人來中國要保商局擔保等，後來人們常說的清代的「閉關鎖國」，也多指乾隆帝頒行的這些法令措施。

當時，英國人對華貿易量最大，占主導地位，後來英王遣馬戈爾尼以為乾隆皇帝祝壽為名出使中國，帶來了天文、地理儀器、鐘錶、圖像、軍器、音樂、器皿等貢禮，但後來發生了一些文化衝突問題，乾隆要求英國使者行「三跪九叩」禮，而馬戈爾尼等認為這不合英國禮俗，拒絕接受。乾隆就認為英使「妄自驕矜」，最後達成折中辦法，許英使跪一膝行禮。當年農曆八月初十正式覲見時，英使向乾隆帝呈遞了表文，奉獻了禮品，乾隆也厚贈了英王禮物。後來，英使提出要求擴大貿易，增加通商港口，允許英國人在廣州居住，請允許佔用一小島貯存貨物，允許傳教士在各省傳教。乾隆為了維護中國的主權和尊嚴，斷然拒絕了英國人要求，英使便無功而返。乾隆十八年（1753年）與乾隆六十年（1795年），葡萄牙和荷蘭分別派遣使者來訪，乾隆對使者都頗為友好，但關於通商諸事隻字不提。對待外國殖民者，敏感的乾隆十分小心翼翼。

但無論其功績如何，愛新覺羅的子孫彷彿都對「文字獄」頗有興趣，所以這位多情帝王在位期間也不能免俗，他大興文字獄，竟將抄家、滅門看做家常便飯，製造了多達一百三十多樁的文字獄案，占整個清朝文字獄的百分之八十。在這驚人的數字中，有四十七案的案犯被處以死刑，而文字獄的死刑不同一般，一旦處死就意味著淩遲、戮屍、男性親族十五歲以上者連坐立斬等。儘管其中好多是捕風捉影，但乾隆帝仍舊樂此不疲。

除此之外，乾隆還有對漢族知識分子的一系列籠絡政策。乾隆在位期間召集名流學者編纂了大型典志書《續通典》、《續通志》、《續文獻通考》與中國歷史上最大的一部叢書——《四庫全書》，在中國文化史上佔有很重要的地位，但與此同時，乾隆對中國古代文化典籍也進行了大規模清查和銷毀，造成了很大危害。乾隆同時籠絡了許多文人學者，與他們關係良好，使他們埋頭於學問，好免於他們參與國家政事的機會。

乾隆在位期間出了中國第一號大貪污犯，便是我們眾所週知的和珅。

和珅本是個地位很低的差役，後來人生得意平步青雲，驟升要職，成為乾隆身邊的第一寵臣。他十分盡心地跟在乾隆身邊侍奉乾隆，口齒伶俐且辦事幹練，處處迎合乾隆心意，常常討得乾隆格外高興，似乎少他不得。如此，和珅成了皇帝身邊大紅人，便為所欲為。他貪婪成性，利用職務私吞了大量財物，雖然受到很多大臣彈劾，但乾隆全然當成耳邊風，甚至還把他當一家人，晚上一起在書房睡覺，還把自己的女兒嫁給和珅的兒子。這樣一來，哪怕和珅再貪贓枉法，眾人也只是敢怒不敢言。

乾隆對和珅的無比寵信，使得和珅更加有恃無恐，橫行無忌。朝中大臣，也多是和珅黨羽。他家中的積蓄比皇帝家裡還多，一直到乾隆駕崩，和珅才被即位的嘉慶皇帝抄了家，賜死了和珅。和珅被抄時，家產達八億多兩白銀，朝野上下無不震驚。當時還流行一句諺語：「和珅跌倒，嘉慶吃飽。」

關於乾隆，比較著名的還有他和他的寵妃香妃的故事。傳說香妃生得傾國傾城，難得的是身有異香，進宮後受到了皇太后的喜愛和乾隆帝極大的寵幸。當然也有傳說香妃是被擄進皇宮的。而後她矢志守節，意圖刺殺乾隆帝報仇，落了個被皇太后賜死的悲劇結局。然而這些都不重要。我們需要知道的是，乾隆與他的父親雍正大不相同，他一生多情，嬪妃眾多，最寵愛的除了香妃還有寵冠六宮的容妃。

到了嘉慶四年正月初三，乾隆也終於走到了人生的盡頭，享年八十九歲。

乾隆帝是一位多才而又多情的皇帝，也是文治武功都非常出色的君王，他執政的一生，使清王朝達到了巔峰盛世，實乃中華民族的一代傳奇人物。

道光：走入歷史轉折處

嘉慶二十五年（1820年），嘉慶皇帝駕崩，次子旻寧奉遺旨即位，第二年立為道光元年。道光登基後，胸懷大志，十分想有一番作為。想當初先祖東征西討、戎馬天涯打下了大清江山，如今朝廷眾臣卻是奢靡腐化，良好習性消失殆盡。想到這裡，道光覺得眼前最重要的是從矯正人心風俗入手，宣導節儉，戒除奢靡，宣導淳樸的社會風氣。他認為當朝為官的一人為聲色貨利所誘，便會危害到朝廷上下。他要求為官從政者嚴格要求自己的身心，節儉處世，杜絕奢靡，體會一分一毫都乃民脂民膏，不可為利欲所迷惑。其實這在他統治階段是收效甚微的，但道光在這件事上的確是身體力行的，別的皇帝平時至少二十多樣菜，道光覺得這樣太過浪費，就要求最多只能做四道菜，有時甚至只要一道菜。道光這簡樸的飲食習慣可真是苦了一直以來從皇帝鋪張的御膳裡撈油水的御膳房的官員們。有一次皇后生日，道光只命人宰了兩頭豬，用打鹵麵宴請群臣，搞得赴宴的文武官員哭笑不得。還有一次大學士長齡平定回疆叛亂班師回朝，道光在萬壽山玉瀾堂擺宴慶功，可桌子上只擺了幾樣小菜，弄得群臣都不敢動筷，害怕飯菜馬上因為人多一掃而光，就草草喝了兩杯酒敷衍了事。道光宣導節儉的力度十分強盛，當他詢問大臣平日的飲食花費時，群臣也捏造誇張的謊言欺騙他好免於怪罪。道光在服飾上的節儉，在歷代君王中也屬罕見。他不穿內務府為他準備的華貴皮衣，覺得過於華麗花費太大。當時的內務府官員們都想在皇帝身上撈點油水，但道光皇帝簡樸的作風讓他們無從下手。道光服飾從不求華美，連新衣都少穿，褲子有些地方磨破了就打補丁。當時官員們深感道光節儉有加，便也都紛紛效仿，一時之間衣物打掌之風盛行。道光的節儉深入到細微之處，他不用四十方的御用大硯臺，就連御筆的毛也選用常見的羊毫。他躬行節儉，力戒奢靡，雖然表面上影響了一些人，但始終無法實現他當初「返本還淳」，重立祖宗盛世舊觀的願望，他雷厲風行地實施節儉之風，但並沒有改善當時的衰敗局勢。

道光在位時，一心想要振興江山基業，處處尋求國富民強之法，但外國列強還是破門而入，將大清王朝踐踏在腳下。

中國歷代都有一個捐納制度，有錢就能買到官做，但最初只是授予虛銜，沒有職權。自從嘉慶年間開始，國庫日漸空虛，而國家處處需要巨大的開銷。於是，花錢買官的風氣越來越猛，不管是誰，只要有錢就能買到官做，其中不乏奸惡小人，花錢買官走馬上任之後，便連本帶利瘋狂地搜刮民脂民膏，貪污賄賂，這一捐納制度極大地加速了清廷吏治的腐敗。道光充分認識到了這一危機，便意圖下旨杜絕捐納之事。但朝臣多以國庫空虛開支巨大入不敷出上奏反對，道光也深感此言不無道理，只好做出讓步，下令各地捐納之事需謹慎為之。雖沒有杜絕這一風氣，但道光對於花錢買官的人一直深感厭惡，嚴加防範。

道光也一直大力整治腐敗吏治，企望起弊振衰。他清楚認識到，「官官相護」、「賄賂公行」是朝廷腐敗的根源。所以對於澄清吏治，道光一直堅守不渝，即使是宗室貴族，皇親國戚貪贓枉法，道光也一樣毫不手軟地嚴加懲治。

道光繼位後，面對的最大也最致命的問題是鴉片的輸入。自從英國人建立了東印度公司，開始對亞洲地區的資產進行掠奪和殖民活動之後，早期的中外貿易中中國人是很受歡迎的。由於中國的絲茶陶瓷等商品深受西方人喜愛，所以貿易量巨大。而英國人運來的毛紡織品不合中國人的穿著習慣，因此無人問津。英國人當時不僅沒有從中國的國庫裡挖走白銀，反而每年要從海外運來大量銀兩補空。就在無法打開中國缺口的時候，英國商人找到了鴉片這種精神藥品，試圖逆轉中英貿易逆差，在精神與肉體上摧殘中國人。自從鴉片進入中國之後，一發不可收拾，轉眼間便氾濫起來。就連海關與各級文武官員都袒護包庇鴉片走私，從中獲取利益。道光對鴉片的可怕危害有了深刻瞭解後，決心根治鴉片危機，於是他立即頒發了禁煙令以及鴉片販賣治罪條例，嚴禁民間進行鴉片的種植與傳播。由於懲治條例嚴格，加上施行力度強，初期的禁煙行動初有成效。但英國人絲毫不放鬆自己的鴉片侵華政策，在廣州澳門等港口盤查甚嚴之時，他們想方設法地以各種狡猾的方法走私鴉片進入中國。在中國政府吏治與軍備的腐敗下，演變成後來各國公然武力保護走私，使得中國的鴉片總量從道光元年的六千箱激增到道光十八年的四萬餘箱。不斷氾濫的鴉片嚴重侵蝕著當時的中國人民，國庫進一步虧空，百姓窮苦，一日不如一日。

眼看著國家越來越千瘡百孔，鴉片蔓延遲早要毀了大清江山，道光憂心忡忡。後來還加重了對吸食者的刑事處罰力度，提出吸煙論死之說。道光先將一批吸煙的官吏革職，同時詔令禁煙卓有成效的林則徐進京商討禁煙大計。他們一起制訂了《欽定嚴禁鴉片煙條例》，頒發全國施行。一時間禁煙活動如火如荼，舉國上下熱潮響應，讓道光欣喜異常，以為國家多年頑疾終於要被根治。但事情遠沒有他想得那麼簡單，英國人為了維護鴉片貿易，悍然發動了大規模的侵華戰爭，大清帝國開始蒙受外國列強的劇烈打擊。

自從林則徐在虎門大規模銷煙之後，本以為清王朝禁煙之事做做樣子的英國商人們亂了陣腳。在林則徐奉旨切斷了中英貿易之後，英國人為維護鴉片貿易，掠奪清朝資產，於道光二十年（1840年）五月，派遣了四十艘軍艦封鎖了珠江水面，挑起了第一次鴉片戰爭。英軍在廣東停留之後，進犯福建，但未能得手，轉而進攻浙江，攻陷定海，後又北進至天津白河口。清軍毫無抵抗之力，面對敵人堅船利炮無從抵禦，朝中一些奸臣為求早早結束戰爭，便散佈謠言污蔑林則徐銷煙措施不當引起英軍進犯。道光耳聽各種流言，難辨是非，對林則徐也開始懷疑。面對英軍步步緊逼的威脅，他便將林則徐收押待審，意圖以此暫緩英軍進攻。

可憐清軍上上下下，連一尊合用的大炮都沒有，談何抵禦敵軍。當時正值深秋，英軍轉而南下，奸臣琦善污蔑完林則徐，又以此向朝廷渲染自己退敵有方。眼見英軍轉移，道光更是深信不疑，認為是林則徐銷煙不當才引此衝突。於是他命琦善為欽差，赴廣東進行中英交涉。

琦善到了廣東後，一意媚外求和，想勸退英兵，報功邀賞。英軍一面與清廷交涉提出過分要求，一面調兵遣將。琦善毫無戰備，竟然答應了英軍的所有要求，後來不等答覆，英軍就出兵進攻，並單方面發佈所謂的《川鼻草約》，強佔了香港。道光本想一心求和，免得勞師動眾。他意圖派琦善赴廣東商談，並以懲辦林則徐來換得英國撤軍。而一方面也在籌練軍隊，以應對英軍的再次進攻。後來英軍攻佔沙角與大角炮臺後，道光下令對英開戰，徵集各路大軍一萬七千餘人開赴廣東意圖掃清強敵。而奸臣琦善卻一意阻撓。直到道光二十一年（1841年）二月英軍攻陷虎門，廣東水師提督關天培及數百守軍壯烈犧牲，此時廣州城危在旦夕。道光派遣奕山前往平定，奕山毫無戰意，與該年四月夜襲英軍失敗後，一路潰敗，廣州要塞盡失，奕山攻守無術，只得投降並簽訂了屈辱的《廣州和約》，賠償英國軍費六百萬元，撤出廣州城，率軍屯駐離城三萬米以外。奕山戰敗不敢上報，謊稱廣州停戰，此時昏了頭的道光深信不疑，竟然還認為的確是林則徐等當初辦事不當引起事端，還下令將林則徐、鄧廷楨發配。就在奕山謊報軍情後不久，英軍接連攻陷了廈門定海、鎮海、寧波等地，整片國土硝煙四起，百姓在鐵蹄踐踏下偷生。

道光後來還派了吏部尚書奕經為武將軍，侍郎文蔚、副都統特依順意圖奪回失地，也以失敗告終。道光深感局勢嚴重，心灰意冷，而英軍繼續攻取乍浦、寶山、上海、鎮江。道光走投無路，只得派人赴南京議和。

道光二十二年（1842年）七月二十四日，道光簽訂了中國近代歷史上第一個屈辱的不平等條約《南京條約》，包括賠償英軍二千一百萬元，割讓香港，開放通商口岸，協定關稅等。此時清廷已經全然破敗，戰亂加上列強掠奪，吏治腐敗，清廷國庫掏空，一敗塗地，道光自感迴天無力，只能默許官吏搜刮民脂民膏。在這樣壓迫民眾的情況下，各地起義不斷興起，天下大亂。

道光自知深陷水深火熱之中，只得自生自滅。

道光三十年（1850年）正月十四日，節儉一生的道光，在外憂內患國家滿目瘡痍下，空有一腔偉大報負，在祖先的土地上逝去，死後葬在河北易縣的慕陵。

可憐一代天子，因為這種種說不清道不明的原因，在歷史的滔滔洪流中，將滿腔熱血終究空空灑落在地。

舞動政事波瀾的皇后們

皇太極的皇后：善良敦厚的哲哲

明朝末年，不只中原內部紛爭，就連蒙古草原也是四分五裂。這時的蒙古被分裂為漠西蒙古、漠北蒙古、漠南蒙古三大部。孝端文皇后就來自於漠南蒙古的科爾沁部，那是一個美麗富饒的地方，便孕育出了她這位美麗的草原女兒。

當時，蒙古三大部只有漠南蒙古與後金接壤，也正是因為如此，後金也最先與漠南蒙古建立政治聯繫。漠南蒙古作為一個大部族，其中也分佈了許多部落，如科爾沁、察哈爾、紮魯特、喀爾喀等。其中，以察哈爾部最為強盛。而科爾沁部，地處嫩江流域，戰略地位並不顯著，為了改變部落局面同察哈爾對抗，身為部落首領的莽古思，就聯合勢力較強的葉赫部、烏拉部等九部，組成九部聯軍，使得科爾沁部落逐漸興盛起來。

說起哲哲和皇太極之所以能結成秦晉之好，還要源於莽古思和努爾哈赤的不打不相識。當時，莽古思聯合九部聯軍合攻努爾哈赤，可沒想到鎩羽而歸。努爾哈赤當時可謂所向披靡，金戈鐵馬。莽古思一看，就知道大事不妙，建州兵強馬壯，自己這些兵力猶如蚍蜉撼大樹，便主動撤兵請盟，希望能聯姻結好。努爾哈赤恩威並施，從長遠利益出發，同意結盟修好。而聯姻作為最快最好的結盟方法，就被雙方提上了日程。這時，不僅努爾哈赤接連娶了兩位科爾沁的美女，他的兒子們也不甘落後，相繼娶了科爾沁的美女回家。

在此情況下，年方十五歲的哲哲，於明朝萬曆四十二年也揮別了養育她的父母，告別了美麗的科爾沁，踏上了聯姻之旅。她嫁給了努爾哈赤的兒子皇太極。成婚時，努爾哈赤為了彰顯誠意，還下令讓皇太極親自前往輝發扈爾奇山城，迎接哲哲的送親隊伍。之後，努爾哈赤還準備了宴席，舉辦了婚禮，場面極為隆重，可見他對此事的重視。

皇太極，哲哲的丈夫，在當時被稱為四貝勒。他自幼從軍，很是驍勇善戰，頗得其父努爾哈赤的賞識。說起來哲哲並非皇太極的第一位妻子，在她之前，皇太極娶過兩位妻子。不過，因為後金對蒙古各部的重視，使得哲哲的地位水漲船高，竟後來者居上。努爾哈赤去世後，皇太極被幾個兄弟推舉為汗，即後金國大汗。哲哲也因此由一個貝勒的福晉晉升為後金大汗的妻子，成為後金的「第一夫人」。西元一六三六年，皇太極在盛京稱帝，正式改國號為清。與此同時，為了突出皇權至高無上的地位，皇太極還對後宮制度進行了改組。他舉行了冊封大內五宮后妃的典禮，冊封哲哲為皇后，哲哲也成了清朝的第一位皇后。

哲哲身為皇后，後宮之主，自然是要主持後宮事務的。史書上有記載，哲哲仁淑端莊，能識大體，顧全大局，頗得賢名。當時，皇太極剛剛登基，正想提高皇權，建立起一整套強有力的宮廷禮儀的制度。賢慧的哲哲就積極輔佐皇太極做好後宮內部的事務，她治理後宮，講究公平與和諧，與人誠心相待，寬厚仁慈。皇太極的后妃人數可是不少，但是他的「後院」安靜，沒有出現什麼爭風吃醋的情況。這讓皇太極十分的滿意，哲哲在此表現出了端莊、雍容大度的皇后形象。這讓她以後十幾年間，一直穩坐中宮。可是，也正是因為她的善良大度，讓她看似精明十足，其實精明不足。因為再正常的女人，看到自己的丈夫對自己的侄女寵愛非常，多少也會表現出些許不滿，可是哲哲皇后，卻表現得十分得體、賢慧，還主動為其忙前忙後，唯恐皇太極不滿意。如此看來，這個皇后要不就是根本不在乎皇太極，要不就是沒心沒肺，根本沒有意識到自己還要爭寵這一說。

不過，哲哲這樣賢慧，使得皇太極也對她愛屋及烏，哲哲的母族受到了很好的照拂。天聰年間，哲哲的母親科爾沁大妃曾多次來朝，皇太極每次都是親自前去迎接，以示尊重，並且每次的賞賜也非常的豐厚。她的父親莽古思雖然去世了，但還是被追封為和碩福親王，並在他墓前立碑：封皇后母親大妃為和碩福晉，命大學士范文程等行冊封禮。可以說，哲哲一家，因她而榮耀無比。

哲哲與皇太極，從她十五歲開始，可以說是夫妻多年，但令人遺憾的是，哲哲沒有生下一個男孩兒。她先後為皇太極生下了三個女兒。而她的女兒們最後的結局也同她一樣，走上了聯姻的老路。她們帶著她們的使命又回嫁到蒙古的各個名門望族，說起來榮耀，其實更多的是無奈。

西元一六四三年八月初九，皇太極在清寧宮病逝，莊妃的兒子，年僅六歲的福臨繼承皇位，這就是後來的順治皇帝，清世祖。哲哲被尊稱為孝端文太后，她的母親莊妃尊為孝莊太后。這時候，清朝的都城遷到了北京，住進了紫禁城內。孝端文太后在此過了幾年輕鬆自在的悠閒生活，直到順治六年病逝，終年五十一歲。順治帝為她舉行了隆重的喪禮，以示哀悼。次年，她的梓官運回盛京，與皇太極合葬在昭陵。雍正、乾隆時期還屢次為她增加謚號，稱「孝端正敬仁懿哲順慈僖莊敏輔天協聖文皇后」，簡稱為孝端文皇后。

善良敦厚的孝端文皇后終於在最後，完完全全地擁有了她的丈夫皇太極，不用在與大玉兒和海蘭珠分享她的丈夫了，也許此時才是她最幸福的時刻。

孝莊皇后：名垂千古

孝莊此人，野史中有叫她大玉兒的，這種稱呼在正史中並沒有記載，現今更是多見於影視作品。歷經幾百年，孝莊還是經常的「瀟灑走人間」，時常客串，為我們的茶餘飯後平添幾多談資。其實，真正的孝莊在皇太極生前，在後宮的地位並不顯赫，甚至可以說是當時地位最低的一個。當時，後宮是她姑媽孝端文皇后在把持，而最受寵的是她姐姐海蘭珠，也就是宸妃。後來，還是因為她憑藉聰明才智勸降明朝敗將洪承疇，使得她在政治上開始嶄露頭角，從而受到了皇太極的關注。她一共給皇太極生下一男三女，後來正是這個兒子在皇太極去世後登上了皇位，也因此改變了孝莊的一生。她憑藉著非凡的膽識和超人的智慧，成為清初歷史舞臺上的一枝獨秀，對中國歷史的發展進程均產生了巨大的影響。

要說起順治帝登基，那就不得不提到一個人，那就是多爾袞。這個人對順治的登基起到了關鍵性的作用，後世的人們更是把他和孝莊兩個人聯繫起來，多加揣測。皇太極其實並不是就只有福臨一個兒子，他的長子肅親王豪格當時已經三十四歲，曾跟隨父親南征北戰，勢力龐大，可以說豪格繼位更是名正言順。此外，更有擁立努爾哈赤十四子睿親王多爾袞，皇太極兄長鑲紅旗旗主代善和鑲藍旗旗主濟爾哈朗的人，他們也是皇位的競爭人選。一時間，儲君之位爭得是天昏地暗，僵持不下。後來，還是多爾袞想到了一個折中的方案，就是立皇太極的皇子，六歲的福臨嗣位，兩黃旗天子親兵的地位保持不變，使得劍拔弩張的氣氛緩和了許多。於是，還是奶娃娃的福臨被扶上了龍椅，改元順治。

對於多爾袞，此人對皇位可算是覬覦已久，說他垂涎三尺也不為過。可是，他最後為什麼會主動放棄這個大好機會呢？這讓人多少想不通。其實，仔細觀察，會發現所有的事情都會留下孝莊的活動痕跡。孝莊在幕後默默地為了自己的兒子謀劃了許久，她雖然在之前不顯山不露水的，之後雖小露鋒芒，但那並不是她的全部。她深知豪格、多爾袞等人之間的矛盾，她權衡利弊，深思熟慮後決定與多爾袞合作。孝莊把多爾袞召到宮中，以其極佳的口才終說服了多爾袞。於是，多爾袞從大清的根本利益出發，選擇了福臨，退出了競爭。通過此舉，孝莊不僅把兒子推上了皇位，還化解了一場內戰的發生，為滿族入關奠定了基礎。母憑子貴，她也被稱為孝莊太后。

孝莊雖然成功地說服了多爾袞，但是無疑是與虎謀皮。多爾袞從來不掩飾他對於皇位權力的渴望，雖然不能當皇帝，但是他可以掌控皇帝。皇帝年幼，作為攝政王，他掌握大清軍政大權，根本就如皇帝一樣，就連順治都要稱其為皇父，出入宮廷，來去自由。一時間，朝堂上只知有攝政王，而不知有皇帝。而此時的孝莊，在這種情況下，也只能採取隱忍、退讓、委曲求全的辦法，避其鋒芒，曲線救國。她不斷地給多爾袞戴高帽、加封號，使得多爾袞更加舒坦自由，以此不興廢帝自立之事。遇到重大的慶典，多爾袞還與順治帝一起接受文武百官跪拜。不過，關於孝莊太后下嫁攝政王一事，史學界一直有爭議，也是清史研究中的一大疑案。

史書上記載，孝莊最後並沒有與皇太極合葬，與皇太極合葬的是孝端文皇后。沒有合葬的原因是她病危時曾對康熙皇帝有所囑託。民間也有記載，清末刊行的明朝遺臣張煌言《蒼水詩集》，其中〈建夷宮詞〉有一首詩就是影射太后下嫁的。張煌言作詩的時間大概是順治六、七年間，當時清宮有兩位太后，一位是正宮孝端文太后，那時候她已年近五十，是不可能嫁給三十多歲的多爾袞；而另一位就是孝莊文太后，她小多爾袞兩歲，年紀正合適。以此看來，詩中所指的太后下嫁，應該就是孝莊。不過，這只能算是一種推測，並不能作為史證。不過，從當時的情況發展來看，孝莊下嫁多爾袞也不是不可能。相信隨著考古的進一步發現，我們終會等到真相大白的那一天。

不過，不論太后有沒有下嫁，多爾袞的結局都是慘澹收場。為了手掌乾坤，殫精竭慮，可是卻在一次出獵中死於喀喇城，讓人不能不感喟命運的安排。雖然，多爾袞死後被迫尊為「誠敬義皇帝」，並且用皇帝喪儀。但是，在順治親政還不到兩個月的時候，就以多爾袞「謀篡大位」等罪狀，削去其爵位，毀墓並撤去太廟牌位，籍沒家產，多爾袞的黨羽也受到清洗，朝堂內外重新洗了一次牌。少年天子在母親的輔佐下，開始讀書、理政。順治帝在大膽使用漢官的同時，還開始整頓吏治，開創了清初政治的新局面。

有人的地方，就有江湖，就有爭鬥。朝堂那方剛唱罷，後宮這邊接著唱起。一輪接著一輪是好不熱鬧，這裡當然也少不了孝莊太后。滿蒙聯姻，可以說是清朝的國策，身為皇家兒女不可避免地要遇上。順治帝在繼位後不久，孝莊就冊立自己的侄女，蒙古科爾沁貝勒吳克善的女兒為皇后，打算在順治皇帝親政當年就舉行成婚大禮。可是，順治帝卻不喜歡這位皇后，兩人時常吵架，順治不堪忍受，便以無能為理由提出廢后，大臣們紛紛勸諫，可是順治帝卻十分固執己見。孝莊十分瞭解自己的兒子，知道事情已經沒有轉還的餘地，只好同意，將皇后降為靜妃。雖然這次聯姻十分不成功，但是孝莊太后沒有氣餒，出於政治上的考量，她又為順治帝選了一個蒙古的女子立為皇后。這次，順治帝也不感興趣。

要說他喜歡誰，當然是大名鼎鼎的董鄂妃了。當時，順治帝對接連的兩位蒙古皇后都沒有愛，他獨獨迷戀上了同父異母的弟弟博穆博果爾的福晉，她就是董鄂氏。董鄂氏是滿洲正白旗，父親鄂碩，為內大臣，封三等伯。董鄂氏性格很溫順，不像草原女兒大大咧咧，還精通詩文，一言一行，舉手投足間很有風采，這樣富有個人魅力的女性自然深得順治帝的喜愛。雖然，順治曾把她許配給博穆博果爾。但是，因為博穆博果爾經常從軍出征，而董鄂氏又時常出入宮苑侍候后妃，與順治帝兩人日久生情，進而墜入情網。兩人的事情，很快被孝莊察覺到了，孝莊也採取了緊急措施，可是兩人之間的感情卻因為這些波折而變得更加濃烈炙熱。最後，博穆博果爾羞憤自殺，在二十七天喪服期滿後，董鄂氏就被接入宮中，被順治帝封為賢妃，而後，又晉封她為皇貴妃。此時，董鄂氏在後宮的地位僅次於皇后，不過順治帝並不滿意，因為他認為董鄂氏才是皇后的理想人選。他又開始琢磨著廢后，孝莊當然不同意了，母子之間逐漸地出現了隔閡。但是，也多虧了通情達理的董鄂氏從中斡旋，母子間才緩和了許多。順治十四年十月，董鄂妃產下一子，不過不久之後就夭折了，喪子之痛讓董鄂妃抑鬱成疾。三年後，董鄂妃病故。這對於深愛她的順治帝來說，如晴天霹靂、世界末日。遭此打擊，順治帝沒出半年，也因患痘症而逝（有關順治歸宿的說法之一）。

孝莊雖然心痛兒子的離去，可是經過大風大浪的她，此時就如一根定海神針，穩住了大清的江山，按照順治的遺囑，由玄燁繼位，年號康熙。年幼的康熙由四位滿洲老臣索尼、遏必隆、蘇克薩哈和鰲拜輔政。孝莊太后以祖母的身份被尊為太皇太后。

順治的眼光實在是不好，他所託非人。顧命大臣鰲拜很快在把持朝政中暴露出了其專橫暴戾的本性，他看皇帝年幼無知，便廣植黨羽，排斥異己，儼然又是一個多爾袞再生。面對咄咄逼人的鰲拜，年幼的康熙無力抵抗，只有老將出馬。於是，孝莊太后採取了一系列措施，鞏固了自己的地位，孤兒寡母在後宮中也保留著一片天。玄燁八歲即位，十歲時生母佟佳氏就去世了，照看他的只有祖母孝莊太皇太后，因此祖孫兩人之間的感情很好。孝莊努力地為他在夾縫中撐起一片天，讓康熙得以在安全的環境下健康成長。孝莊不僅關心他的生活，就是學業上也要求得十分嚴格。在她的教導下，玄燁逐漸地擁有了一個未來傑出帝王所應有的特質和才能，為以後的發展打下了堅實的根基。在康熙逐漸成長的這段歲月，他要拼命地學習，還要對鰲拜等朝臣百般忍讓，這讓康熙忍耐得十分辛苦。而孝莊太后也在有意識地用鰲拜來磨煉自己的孫兒。在她看來，鰲拜是康熙很好的一塊磨刀石，刀不磨不鋒，寶刀出鞘的那一刻就是鰲拜淪為踏腳石的時候。康熙的忍耐沒有白費，他在麻痹鰲拜的同時，也在暗地裡精心策劃著自己的行動。最後，竟沒有費一刀一槍，就收拾掉了權傾朝野的鰲拜及其死黨。智擒鰲拜後，皇權重新回到了皇帝手中。康熙親政後，孝莊更是放手讓康熙理政，實踐出真知。康熙逐漸地成為一個合格的帝王，清王朝也從動亂不安走向穩定，經濟從蕭條走向繁榮。清王朝在康熙朝形成第一個黃金時代——康熙盛世，也包含了孝莊太后的功勞和心血，可謂是勞苦功高。

孝莊太后的生活十分儉樸，不喜奢華，她經常把節省下的銀兩拿出來犒賞出征的士兵。每逢荒年歉歲的時候，她還總是把積蓄拿出來賑濟災民，全力地支持和配合孫子的帝業。康熙對她是十分敬重，事事關心。康熙二十六年十二月，孝莊太后病危，康熙皇帝更是晝夜不離左右，親手侍奉湯藥，並親率王公大臣們步行到天壇，祈告上蒼，希望減少自己的壽命，以增延祖母的壽數。然而，生老病死，自然法則，誰也不可改變，即使是身為帝王的康熙。孝莊太后以七十五歲的高壽走完了她的人生之旅，走得很安然。康熙皇帝給祖母上了尊崇的諡號「孝莊仁宣誠憲恭懿翊天啟聖文皇后」。歷史上鮮有如孝莊太后般的人物，她能輔佐兩代帝王，可見其政治手腕之厲害，可是她又甘於在其身後，從來沒有過走到臺前的想法，如武則天般，說她是千古名后一點兒也不為過。

乾隆的皇后：名門之女富察氏

孝賢皇后出生在滿洲八大姓之一富察氏的一個官宦世家，屬於名門之後。她所在的是滿洲八旗中，由皇帝親統的上三旗首旗鑲黃旗，地位很高。她的祖輩為大清江山立下了不少功勳。她的祖先旺吉努曾經率族眾歸順了努爾哈赤，追隨其征戰多年戰功赫赫。她的曾祖父哈什屯也在太宗時期因為軍功官至禮部高官，她的祖父米思翰也任過深受康熙器重的議政大臣，死後都被追封為一等承恩公。她父親當過察哈爾總管，兩個伯父分別是三朝大學士和一品內大臣。孝賢皇后出生在這樣的官族世家，從小就接受了良好的教育，無論文化、禮儀、修養都出類拔萃。端莊文靜的她，於雍正五年（1727年）十六歲的時候被雍正選中，指配給後來的乾隆帝弘曆，乾隆帝即位後，於乾隆二年（1737年）十二月立她為中宮皇后。

乾隆帝與孝賢皇后夫妻兩人相敬如賓，恩恩愛愛。孝賢主管後宮事務，她從不揮霍，十分節儉。她從不佩戴金玉首飾，覺得用金銀線縫製荷包香包是暴殄天物，所以孝賢皇后帽子上插的只是草絨線花。有一次，乾隆帝告訴她祖父康熙帝御製的《清文鑒》一書中提到滿洲舊俗有用鹿尾絨毛線縫製袖口的做法，於是孝賢皇后便每年都用蘆葦絨毛代替金線為皇帝縫製香包。她的簡樸與不忘本，使得乾隆對她又喜愛又尊敬。孝賢皇后孝敬公婆，極力做好為人之婦的職責。有一次乾隆生病後，為了聽取醫生意見靜養百日不受干擾，孝賢皇后就搬到了皇帝寢宮的外屋居住，日夜服侍直至乾隆康復如初。孝賢的賢淑使得皇太極與太后十分喜愛，雙方關係非常好。她對乾隆更是呵護有加，關心備至。

作為一個皇后，她主管後宮事務。在一堆爭名奪利的女人群體裡，孝賢皇后不偏心誰也從不袒護誰，深明大義，得到了其它妃嬪的尊敬。作為一位皇后，她是非常完美的，既擁有高高在上的地位，也深得皇帝寵愛，同時還擁有管理後宮的卓越能力。但這樣完美的孝賢皇后卻遭遇了不幸的打擊，這直接影響了她的一生。

孝賢皇后於雍正八年（1730年）六月二十六日為乾隆生了一個皇子，雍正帝賜名叫「永璉」。這永璉天生就聰巧，深受父母及祖父母喜愛。乾隆元年（1736年）七月初二日，乾隆將七歲的永璉秘定為皇太子。可是僅僅過了兩年，九歲的永璉就因為患了寒疾夭折。這對乾隆帝和孝賢皇后打擊巨大。乾隆帝只好將立永璉為太子的密旨取出，並追謚為「端慧皇太子」，於乾隆八年（1743年）十二月十一日將永璉葬入了在遵化清東陵陵區西側朱華山下為其修建的規制很高的端慧皇太子園寢。但即使是乾隆這樣厚葬永璉，可憐的孝賢皇后作為一名母親，失去了心愛的皇子，還是悲痛欲絕。孝賢皇后遭受的打擊巨大，還因為她有可能在妃子們爭權奪利的圈子裡失寵。失去了立為皇太子的永璉，在這妃子個個爭寵的宮廷裡，她長期受寵甚至當上皇太后的可能就化為烏有了。

乾隆皇帝之所以立皇二子永璉而不立藩邸庶妃富察氏所生的皇長子永璜，還因為清朝四代皇帝都是庶出，沒有一個是嫡皇后所生，所以乾隆想從他這一代開始就改變這種情況。孝賢皇后知道自己所生的永璉是深受皇上器重的，所以永璉的死不僅讓孝賢皇后傷感至深，也讓乾隆有一些怨憤。

永璉死時孝賢皇后二十七歲，幸運的是她還依然青春，生育力強，所以孝賢皇后還是借著希望從傷心中走了出來。乾隆十一年（1746年）四月初八，永璉死後的第七年，孝賢皇后又生下了皇七子，乾隆帝與她都極其高興。這永琮聰慧機靈，乾隆帝十分寵愛，還給他賜了個暗寓承繼宗社的名字「永琮」，聰穎的孝賢皇后領會到，看來乾隆是又想立她這嫡皇后所生的皇子為太子了，因此心裡感到無比慰藉。

可惜好景不長，永琮二歲時因為患天花，在乾隆十二年（1747年）十二月二十九日的除夕深夜夭亡。這時的孝賢皇后已經將近三十七歲，已經不能再生育。她所有的希望都隨著永琮的夭亡而消失殆盡了。第一個兒子立為皇太子後夭亡，好不容易挺了過來，盼星星盼月亮地苦盼了七年又再生下永琮，可僅僅兩歲就早早去世，可想而知這對孝賢皇后打擊有多大。這不僅僅只是親生骨肉的消亡，還代表著她將母因素貴和當上皇太后的夢就破碎了，日後可能受盡冷落也難以預料。失去了一個寵愛的嫡皇后所生的皇子，乾隆帝也十分哀傷。他為永琮寫了祭文，稱讚了皇后的賢德，派大臣為永琮在遵化東陵的勝水峪乾隆吉地附近選址造了端慧皇太子園寢，將喪禮辦得很隆重，既安慰了孝賢皇后，也撫慰了自己的不甘與心傷。

但即使是這樣，面對這巨大沉重的打擊，孝賢皇后整日鬱鬱寡歡，無法走出心理陰影，日漸憔悴。看著孝賢皇后這樣的痛徹心扉，乾隆皇帝便一心想撫慰她令她開心。於是在乾隆十三年（1748年）二月初四日過完元旦不久，奉皇太后偕孝賢皇后一起出遊。隊伍二月二十四日到了山東曲阜遊覽了孔廟，還舉行了釋奠典禮，同時還去了孔林、少皋陵、元聖周廟行禮致祭，五天後又去了泰山，三月初四到了濟南遊覽趵突泉。怎料三月三十一日晚上孝賢皇后就因為患了寒疾死在了山東德州境內回京的船上。乾隆帝悲痛良久，本想帶著孝賢皇后出來散散心，好撫慰她的喪子之痛，誰知道竟然長眠在了這宮廷之外的土地上。乾隆帝忍著悲痛的心情，命大臣先護送太后回京，自己留在山東料理後事。三月十四日梓宮到了天津，皇長子永璜迎駕。三月十六日到了通州，朝臣聚集舉哀行禮。戌刻到京城，滿朝文武、公主王妃全部縞服跪迎，三月二十五日，孝賢皇后梓宮由其寢宮長春宮奉移到景山觀德殿暫時安放。

由於兩個皇子的夭亡，孝賢皇后遭遇了巨大的打擊，終日憂愁，身體狀況也因此越來越差，最終導致在外遊途中悲痛憂鬱地病死在了船上。

雖然關於孝賢皇后離奇猝死的說法不一，不過中國第一歷史檔案館的清史專家劉桂林先生研究了大量史料證實，孝賢皇后的確是因為患寒疾而死。

孝賢皇后的賢慧，也體現在死後乾隆皇帝對她的懷念。

乾隆十三年（1748年）三月二十二日，乾隆帝不按照慣例由禮臣們擬字，親自寫了賜謚諭旨，賜謚「孝賢」，並給了孝賢皇后高度評價。嫡子的死與賢後逝世使乾隆帝悲哀不能自己，變得脾氣暴躁，因此許多大臣官員都遭到斥責治罪。翰林院在翻譯孝賢皇后謚文時出現一處錯誤，乾隆就斬了管翰林院的刑部尚書。孝賢祭禮，供桌不乾淨，乾隆就處罰了光祿寺的幾位官員。工部製作的孝賢皇后冊寶比較粗陋，乾隆便將工部侍郎降職。有一位伯爵李坦多次在孝賢祭祀禮上都不來，乾隆便將李坦革職。當時每次重大的祭祀活動，乾隆都要求每位王公大臣都要參加。國喪期間百日不准剃髮，乾隆一發現違規剃髮的就下令處斬。當時的朝廷風聲鶴唳，群臣處處如履薄冰，一不小心便會遭到處罰，就連皇親國戚也不例外。皇長子永璜在孝賢皇后死後禮節不夠周到，乾隆十分不滿，嚴厲呵斥，還懲罰了他的各位老師。皇三子永璋也因為在孝賢百日祭時禮節未盡至而遭到乾隆斥責。

當時乾隆一改往日的寬大，對於朝廷各地存在的問題嚴加整治，如此這般，一部分原因就是乾隆因為孝賢皇后去世而心煩意亂，可見皇帝對其何其情深意切。

當時的乾隆裕陵尚未完工，孝賢皇后的靈柩無法按照慣例合葬在皇帝陵，只得暫時停放在靜安宮殯宮。由於靜安宮規模級別不夠大，乾隆特地命人改建，擴大規模，並且將孝賢皇后生前親同姐妹的哲憫皇貴妃和慧賢皇貴妃的靈柩也安放在一起，讓她們一直相伴。裕陵竣工後，孝賢皇后梓宮要選個吉日移至裕陵。乾隆十七年（1752年）十月二十二日，乾隆帶領滿朝文武皇眷參加孝賢皇后的入葬禮。當時孝賢皇后的地宮中，石雕佛物眾多，豪華講究史上罕有，足見乾隆對她的深厚感情。

當年孝賢皇后病死在山東途中，由御舟運回京城。乾隆帝便命人將大御舟費盡周折運回京城保存，這樣的舉動，滿是緬懷之情。

孝賢皇后死後，想著這位溫柔體貼的賢慧妻子不能再朝夕相見，乾隆常常感懷良久。他一直留著孝賢皇后生前用過的物品，睹物思人，寄託哀思。孝賢皇后生前的寢宮一直還遵照乾隆的意思保存著原來的陳設。孝賢皇后生前的頂冠和朝珠也供奉在長春宮，連續四十年乾隆都親往憑弔。乾隆帝還為孝賢皇后寫了一篇感人肺腑、真情之至的〈述悲賦〉，句句含情，字字含淚。

乾隆覺得，孝賢皇后的早逝都是因為連生兩個皇子雙雙夭亡，所以深受打擊，後來他寫了一首詩，其中某些字句表達了他願意不要皇子而保留孝賢皇后性命的意願。乾隆每次看見跟孝賢皇后有關的物品和地點，或者每逢佳節，都對孝賢皇后倍感思念。幾十年如一日，直到他八十六歲當上太上皇，每次到裕陵都酹酒並親筆作詩悼念，還做成掛屏保存著。這樣深刻、這樣濃厚的感情，大概孝賢皇后在九泉之下感覺到也會幸福地潸然淚下。

一位溫淑賢德的帝后，人生遭遇如此不幸，長眠地下，但有乾隆這樣的深情，也算有了個美滿的歸宿。

慈安太后：卓有政績

慈安是滿洲鑲黃旗人，鈕祜祿氏。她的祖輩都曾在朝廷任職，她的父親穆揚阿曾是廣西右江道，也因為這樣的身家背景，慈安才被選入宮中。

慈安入宮後，在咸豐二年（1852年）二月被封為貞嬪，是與英嬪（後來的坪常在）、蘭貴人（慈禧）、麗貴人（麗妃）、春貴人等人同時入宮的，她們都是由秀女選中後入宮的嬪妃。慈安從小受到良好的教育，無論是姿態氣質和人品修養上都出類拔萃，她賢淑知禮，文思過人，因此受到咸豐帝的極大寵愛。慈安於咸豐二年（1852年）二月被封為貞嬪後，連冊封禮還沒舉行，就在三個月後又被封為貞貴妃。過了十三天，竟然又被立為皇后。這在美女成群，每個人都爭先恐後的皇宮裡實在是罕見的。當然，這也是因為慈安本身超群的容貌和人品。諸多史料裡有記載，說她「工文翰，嫻禮法，容色冠後宮」還有說她「德、容、言、工俱全」。可見慈安的確是與眾不同的。

慈安在成為皇后之後，也很好地扮演了一個溫良恭儉讓的賢內助角色，連咸豐帝都常常誇讚她。清朝祖制，后妃是不准干涉朝政的，當時的慈安很好地遵守了祖訓。但除了盡心服侍夫君以外，對於皇帝的懈怠，深明大義的她從不願袖手旁觀。當時英法聯軍侵入北京時，咸豐帝逃到熱河避暑山莊避難，面對國家的外憂內患，苦悶低落的咸豐帝親手寫了「且樂道人」四個字掛在宮殿內。看著咸豐帝這樣消沉，慈安馬上就坐不住了。她立刻向咸豐進諫，力勸咸豐作為天子不可有此懈怠逸樂之心，咸豐於是就命人取掉了字。咸豐壓力巨大，脾氣暴躁起來常常會懲罰下人。慈安體諒咸豐，也憐憫下人，於是每當太監宮女們遭到無辜的譴責，她便出面講勸咸豐要心平氣和，她還補償遭罰的下人家眷，以表慰藉。這樣賢善知禮的女人，當上皇后是當之無愧的。

慈安本是個一生伴君左右的賢內助，但咸豐十一年（1861年）七月十七日，咸豐帝駕崩，她的人生境遇便開始發現急劇的變化。

咸豐死前下旨立了皇長子載淳為太子，命御前大臣載垣、端華、景壽，大學士肅順和軍機大臣穆蔭、匡源、杜翰、焦祐瀛八人為贊襄政務大臣輔政。同時為了權利制衡，他分別授予慈安「御賞」印章和載淳「同道堂」印章，大臣所擬的旨要經過這兩道章才可下發。當時的「同道堂」印章是在慈禧手裡的，那麼這樣一來，兩位太后便開始了共同掌權。

歷史上的慈安，因為慈禧的爭權奪利風生水起，讓人多半以為慈安只是一個默默無聞的小女人形象。但事實並非如此，其實慈安政德服人，在政治上是頗有建樹的。

當時咸豐皇帝的遺命是讓八位大臣輔政，由兩位太后來進行相互制約。但八位輔臣仗著人多勢眾，認為兩位太后又是女流之輩無可作為，就在朝中隻手遮天，胡作非為。雙方這樣的矛盾衝突，最終引發了著名的「辛酉政變」。

這場政變是慈禧領導策劃的，但慈安作為皇太后，在其中的作用也至關重要。當時深謀遠慮的慈禧知道自己是因為生下皇子才當上了皇太后，所以她費盡口舌將慈安勸說歸到自己這一邊。這樣一來，朝中的勢力鬥爭就分成了兩派。一派是兩位太后和恭親王奕訢為首的皇族，一派是咸豐臨終前任命的輔政大臣。當時的許多朝廷大事是要經過慈安的，也就因為這樣，政變計劃和局勢的發展才能按照如此的方向進行。

慈安在處理朝政上是有一手的。當時的她和慈禧還親密配合，重用能臣為國效力。像奕訢、奕譞、文祥、倭仁的重用，都是經過慈安考量並同意的。曾國藩、左宗棠、李鴻章等，也是在慈安的點頭下才能一步步為國效力的。而誅殺臨陣脫逃的兩江總督何桂清以及奸臣勝寶等，也都出自慈安之意。這些人才的重用與責罰，使得同治年間出現了「中興之象」，為當時清朝的發展注入了不少新鮮血液，掃清了一些障礙。當時的慈禧雖然與慈安共同垂簾聽政，但野心巨大的她還是意圖有一天能獨攬朝權。慈禧身邊的太監安德海仗著慈禧寵愛肆無忌憚胡作非為，連同治帝都恨他入骨。在同治八年（1869年）八月，安德海獲得慈禧許可秘密出宮後，得知消息的同治帝一意誅殺。由於慈安避開慈禧一意袒護，才使得這一個惡宦官在山東巡撫丁寶楨所殺，大快人心。事後慈禧大怒，但也不敢如何。同治十一年（1872年），慈安還為十七歲的同治立了賢淑的阿魯特氏為皇后。當時的同治選擇了慈安的意見，而沒有聽取慈禧選擇員外郎鳳秀之女富察氏為後。當時慈安在朝中大權在握，以德服人，影響力大且深受尊重，對當時的慈禧霸權有很大的制約作用。

慈安太后在政治上德才兼備，但好景不長，光緒七年（1881年）三月初十戌時，四十五歲的慈安太后在鍾粹宮猝逝，使得慈禧開始了她的獨權人生。

在史料的記載中，對於慈安的情況和死因是說法不一的。但慈安的確死得蹊蹺，從生病到後事都不合常理。話說慈安一直身體健康，中年之身又不曾因年老體弱而多病。可就在三月初九患小病後第二天就去世了，實在令人費解。而大臣翁同龢得知的這一消息，竟然是由宮中兩位雜役通知的。大臣們得知消息前往時，還被堵在乾清門，一直到日出才被召進宮。按照清朝慣例，皇帝太后等病危前就當召親臣進宮探望並交代後事，而慈安病重後，一切程序都沒有進行，因此疑點眾多。

對於慈安的死因，清廷官方自然是宣佈因病而逝。而作為與慈安共同聽政的慈禧太后，權勢欲極強的她也常有與慈安鬧翻的傳聞，因此她自然會遭到人們懷疑，認為慈安是被她害死的。

在民間傳說中，有許多慈禧害死慈安的說法。《崇陵傳信錄》、《清朝野史大觀》、《述庵秘錄》、《十葉野聞》等書中記載，由於慈安愛吃小點心，所以常常隨身攜帶。慈禧便在點心裡放了毒藥，慈安吃後，中毒而死。《清末權監李蓮英》一書中記述，慈禧是命傳膳太監途中在湯裡下了藥，慈安喝後中毒而死。但當時的宮廷御膳把關是很嚴格的，不僅有測毒銀針，還由太監事先嘗膳，因此種種說法也是疑點眾多。《清朝野史大觀》記載慈禧是秘密命人為慈安開了錯藥而致死的。一般藥方要經過軍機大臣與御前大臣審視，而大臣們在慈安死後第二天才看到藥方，慈安生病當天的藥方一個也沒有。等等類似的說法還有很多。

雖然種種說法都不完全可信，但慈禧與慈安共同聽政二十九年之久，慈安也跟慈禧基本站在同一立場上，這慈禧應該沒有必要害死慈安。但縱觀慈禧後來長年的專權獨政與心狠手辣的手段，也不是完全沒有可能。歷史遺留的謎團是矛盾混亂的，清史專家徐徹先生經過大量考證研究，認為慈安是因為身體欠佳不堪操勞而引發腦出血致死的。

說不清道不明，人們分析猜測慈禧害死慈安的仇恨大概還有以下幾點：

（1）慈禧為報慈安當初揭露她與某金伶人奸情之仇；

（2）慈禧為報慈安當初當著皇帝的帝面責令她之仇；

（3）慈禧為報慈安擅自下令殺害自己寵愛的太監安德海之仇；

（4）慈禧為報慈安責罰她與李蓮英過度親密之仇；

（5）慈禧為報東陵祭祀因地位高低爭吵之仇；

（6）慈禧本就想除掉慈安獨攬大權，但因慈安手中握有把柄一直心有餘悸。待慈安在燒掉先帝生前制約慈禧的密詔後，慈禧再無威脅，因此下了毒手；

（7）慈禧為同治帝選妃時，欲立富察氏，但因與慈安意見不同而落空，記恨在心。

慈安死後，慈禧開始一人垂簾聽政，獨攬朝權，站在了清朝統治的頂端。關於慈安太后的死，迷霧重重。但我們更應該關注的，是慈安太后的賢德和她在清朝外憂內患的年代裡所展現出來的出色的政治才能。

慈禧太后：改寫中華歷史的女人

不管她的身世如何，究其本身都讓我們產生好奇。試想，一個二十多歲年紀輕輕就守寡的女人，竟然統治滿清王朝達半個世紀之久，這究竟是一個怎樣的人呢？

第二次鴉片戰爭時，侵略軍攻佔大沽，佔領天津，直接威脅京師。清政府是一片忙亂，當八里橋戰敗的消息傳到京城後，咸豐更是丟棄了龍椅，帶著后妃、皇子和部分大臣倉皇逃亡去了。他將殘局留給恭親王奕訢來主持。在承德行宮，咸豐皇帝因為過度憂勞而患病，慈禧就代咸豐批閱奏章，處理政事，其執政能力逐漸變強。之後，咸豐在承德行宮病逝，他的兒子載淳繼位，為同治帝，皇后鈕祜祿氏尊稱為母后皇太后，慈禧尊稱聖母皇太后。按照咸豐皇帝生前的遺命，由顧命八大臣處理朝政。如果要下諭旨還要加蓋兩太后圖章，方才可以發佈，這就確定了顧命大臣與皇太后共同輔政的政治體制。

雖然這樣的做法在一定程度上保全了皇權的集中，但是同樣也存在著很大的弊端。它忽視了另外一個政治集團，那就是恭親王奕訢集團。奕訢是洋務派的領頭羊，他在清朝末年那也是叱吒風雲的領軍人物。他在咸豐當政時期並不受重視，長期被閒置不用，如北京城大多數的王公貴戚們一樣，無所事事。不過，奕訢與那些紈絝子弟不同，他是一個擁有謀略和見識的人，他雖然表面上無所事事，但是私底下卻在積極培植自己的勢力。辛酉政變前，他剛好被留守京師，處理議和善後的事宜。咸豐病逝以後，輔政大臣中雖然沒有奕訢，他也感到非常氣憤，可是理智戰勝衝動，他暗中秘密聯合了慈禧、慈安兩宮太后，決定聯手發動政變。奕訢在與慈禧密談後，立即回到京城，加緊實施政變計劃。奕訢先是讓自己的七弟醇郡王奕譞掌握北京的軍隊，奕譞此人不僅是奕訢的弟弟，同時也是慈禧太后的妹夫。這樣的關係掌握軍隊更加可靠，對奕訢和慈禧來說都有保證。軍權在握後，慈禧先帶著小皇帝回到京，留下八位輔政大臣陪著咸豐的靈柩回京。先期回朝的慈禧一回到京城後，就著手安排準備政變的事宜。

一切準備就緒，就差東風一到，就能掀起狂風巨浪。恰好，有大臣上了一道奏摺，他彈劾肅順等輔政大臣專橫跋扈，肆意妄為，請求慈禧太后垂簾聽政，並另簡親王輔政。這些話句句都說到了慈禧的心坎裡，她聽得非常高興。借著這股東風，慈禧頒發了上諭，只見上面赫然有兩枚鮮紅的印章。這鮮紅的印章結束了八大臣的輔政之路，之後慈禧還賜死載垣、端華，肅順也被推出午門斬首，剩下的五大臣也被治了罪，不成氣候。這次政變被稱為「祺祥政變」，也因這年是夏曆辛酉年，也被稱為「辛酉政變」。祺祥其實是八大臣為同治制定的年號，辛酉政變以後祺祥被棄用，改為同治。

辛酉政變後，慈禧終於實現了她的政治願望，她與慈安一同垂簾聽政，更加接近了清朝的權力中心。可是即便如此，也並不能說明她們是一個合格的政客。雖然她們手裡有了一些權力，可是畢竟她們長期處在後宮之中，所接觸到的也無非是一些後宮女人們的爭鬥，再大了說也就是朝堂上的芝麻蒜皮的事情，真正走到政治核心後，她們才發現自身都非常缺乏政治經驗。她們面對清政府的內憂外患，心有餘而力不足。不過，好在兩人還能夠齊心協力，同心同德地共同治理國家。兩人比較起來，慈禧顯然要比慈安更具有政治家的特質，慈禧雖然沒有上過學，但她才思敏捷，對一切問題常常有自己的獨到看法。在與大臣們商討政務時，也能夠侃侃而談，殺伐果斷。看到慈禧的表現，一心想過安靜日子的慈安就主動把所有的事情都推給了慈禧一人主持，自己樂得清閒自在。慈安交權後，慈禧起初還很尊重她，有什麼大事還會通知一聲。可是，隨著慈禧的權力越來越大，她漸漸地對慈安表露不滿，越來越針鋒相對。慈安雖然看起來隨和，但作為曾經統領後宮的皇后，現今的太后，她雖不願處理政事，但這並不代表著別人可以挑釁她的尊嚴，那邊輔政大臣剛解決，這邊兩宮又開始了明爭暗鬥。不過，結果顯而易見，慈安並不是慈禧的對手，幾次「遭遇戰」皆敗下陣來，最終，在西元一八八一年四月七日突然去世。對於慈安的死因，直到今天仍然是個未解之謎。人們對她的突然死亡感到震驚，調查一番後無果，只能不了了之。不管慈安太后是因何而死，總之她的去世進一步加強了慈禧在清政府中的統治地位。

光緒二十年十月初十是慈禧的六旬慶典，為了這次慶典，慈禧早在兩年前就已經開始籌備了，並且派世鐸和奕劻兩人一同辦理萬壽大典，同時還命令江南、蘇州、杭州三個皇家織造部門準備彩綢十萬匹，以備慶典之用。就在慈禧太后忙活著自己的萬壽典禮時，隔海相望的一個島國——日本，竟以朝鮮問題為藉口從而挑起了中日戰爭。其實日本早就對中國覬覦已久，這次抓住了機會，一下子把戰火燒到了中國境內。戰火初起，以慈禧為首的清政府還不以為意，慈禧原來幹什麼現在還幹什麼，一副悠哉遊哉的模樣。可是，沒想到日本的戰火一下子就燒到旅順和大連，兩城失陷的消息傳來，讓慈禧的萬壽慶典草草收場，這讓慈禧非常不滿，很不高興。於是，她的這把怒火燒到了光緒皇帝的身上，她把光緒皇帝的寵妃珍妃打了一頓，又數落侮辱了一番這股氣才算順了過來。可是，慈禧的怒火消了也不能解決清政府的外患。西元一八九五年二月七日，隨著劉公島的陷落、北洋水師的全軍覆沒，慈禧不得不派李鴻章前去日本議和。兩個月後，李鴻章在日本簽訂了著名的喪權辱國的《馬關條約》。條約一經簽訂，消息很快就傳到北京，舉國震動。因為此條約割地之廣、賠款之巨，史無前例。全國的愛國人士和有志青年紛紛要求廢約再戰，可是政府無力，首先就是慈禧太后的堅決反對。慈禧為了安穩，不顧上下的一致反對，堅決執行不抵抗政策，割地賠款求和。這一條約的簽訂，開了喪權辱國的口子，之後，李鴻章又同俄國簽訂了《中俄密約》，希望能通過聯合俄國抵制日本。可是此舉非但沒能夠防止日本的侵略，反而喪失了東北的大量權益。

光緒看到國土淪喪，憂心忡忡。這個被慈禧囚禁了一生的皇帝，想為自己的國家做點兒什麼，於是他想到了變法。如此，轟轟烈烈的戊戌變法運動就此揭開了序幕。可是，慈禧卻發現光緒帝的變法從根本上觸及到了她的切身利益，所以這次變法遭到了慈禧的強烈鎮壓。「戊戌六君子」在菜市口被斬首，光緒皇帝的所有變法也全部廢除。光緒皇帝的最後掙扎也沒有挽救清政府於水火之中，反而為他自己帶來了麻煩。政變發生不久，慈禧就對外宣稱光緒有病，企圖進一步害死光緒帝。然而，此時山東爆發了義和團運動，慈禧忙著圍剿義和團，就暫時把光緒帝放在了一邊，讓光緒帝得以喘息。

義和團提出了「扶清滅洋」的口號，深受迫害的廣大勞苦大眾深以為然，便紛紛響應。一時間竟釀成全國之勢。而與此同時，帝國主義侵略的腳步也進一步加快加深，慈禧開始感到懼怕。要說她這個人也是典型的「窩裡橫」，對自己人橫行霸道，可是一旦面對侵略者卻膽小如鼠。慈禧一面大肆鎮壓義和團，又一面利用義和團來阻擋外來的侵略者，她想「刀切豆腐兩面光」，可是她的功夫不到家，最後功敗垂成。八國聯軍以無可抵擋之勢由大沽登陸以後，迅速佔領天津。之後，八國聯軍一鼓作氣又攻陷了通州。慈禧驚慌失措地接連五次召見軍機大臣，可是最後只有剛毅、王文韶、趙舒翹入見，其它軍機大臣見勢不妙早已逃跑了，整個北京城陷入一片恐慌之中。慈禧見此，也決計出逃，她不能坐著等死。於是，慈禧帶著光緒帝和大阿哥倉皇出宮，奪路西逃。

逃亡路上哪能如皇宮裡舒服，他們飽嘗了奔走之苦。慈禧到達西安後，就發佈諭旨，將所有的責任過錯全部推到了義和團的身上，同時下令各地督撫嚴厲鎮壓義和團。慈禧在西安待了一段時間，最後雖千辛萬苦地回到了北京城，可是歷史發展的潮流已經不是慈禧所能掌控的了。她雖然也進行了一系列的改革，可是她的步伐太小，見識又短，已經不能跟上時代的發展。

慈禧站在權力的頂峰，她是成功的，可也是失敗的。不過，死者已矣，作為同治、光緒兩朝的實際統治者，最後也不過是棺槨一副，黃土一堆。她被葬在了定陵東普陀峪，世人稱其為定東陵。

隆裕太后：末日悲歌

自從清朝統治後，共有十位皇帝，從嚴格意義上來講，中國歷史上最後一位皇后是第九帝光緒的孝定皇后，也就是之後的隆裕太后。因為第十帝宣統帝溥儀三歲登基，在革命運動中的翻覆下只做了三年皇帝就退位了，當時年幼尚未大婚立後，後來雖有婉容皇后，但並不是真正意義上的皇后。

隆裕太后的故事要從她成為孝定皇后開始講起。孝定皇后，葉赫那拉氏，慈禧胞弟副都統桂祥之女，是慈禧娘家侄女。話說當時光緒十四年（1888年），光緒帝已經十八歲，風度翩翩，但當時的光緒還未成婚。而順治帝、雍正帝都是十四歲成婚，嘉慶帝和同治帝十七歲成婚，只有光緒十八歲了還遲遲沒有結果。慈禧很清楚婚齡這件事，只是嗜權如命的她擔心光緒成婚後便理所當然要親政，那麼大權在握的她就要退居幕後了。當然，深謀遠慮的慈禧十年前就安排好光緒的婚事了，把未來的皇后作為她把握權利的籌碼。

慈禧十年前就準備好的籌碼便是她的娘家侄女——未來的孝定皇后葉赫那拉氏。

慈禧巧妙安排過她這娘家侄女與光緒見面，但光緒帝看了一眼就很不高興。慈禧這一安排顯然沒有效果。但是為了權力，慈禧絕不是輕易就放棄的人。況且從小在慈禧嚴厲管教下的光緒性格軟弱，慈禧決定的事，他根本沒有辦法改變，只能任由擺佈。慈禧想將自己的侄女立為皇后放在皇帝身邊，這樣他就有了一個最忠實可靠的耳目。光緒帝的一舉一動她都能瞭解，為她的幕後掌權提供了很大的保障。

於是，慈禧就於光緒十四年安排了一場空有其表的「選秀」，可嬪妃人選早就由慈禧定好，光緒帝根本不能選擇自己喜歡的江西巡撫德馨家的姐妹花，還差點反抗了慈禧。但是最後還是選定了孝定，於光緒十五年（1889年）正月二十六日開始操辦婚禮。

在婚禮舉辦前月，一場大火將太和門、貞度門和昭德門焚為灰燼。在那個迷信的年代，大家紛紛認為是不祥之兆。慈禧還下令頤和園工程除佛宇殿座外一律停止，以表示敬畏之意。

光緒十四年（1888年）十月初五，慈禧下發懿旨宣佈立後人選和理由。次年正月二十六日宮裡大張旗鼓地舉辦了隆重的婚禮，這一年光緒十八歲，孝定二十一歲。

毫無意外，這門婚事最終是不如意的，兩人形同陌路。葉赫那拉氏皇后是慈禧「後黨」的重要成員，事事幫著慈禧，與光緒帝作對。本來兩人的婚姻就毫無感情，這一來幾乎都要成了政敵。

慈禧太后專橫跋扈，自私自利，為了霸權奪利，以自己的親侄女為棋子，活生生毀了兩個人的幸福，使其一生痛苦。光緒對孝定極度冷淡，只寵溺珍妃，而無才無德的孝定只能每天向慈禧訴苦，詆毀珍妃，後來珍妃冤死，孝定便被世人視為進讒者和幫兇。

孝定作為皇后，是缺乏政治才幹的。光緒三十四年（1908年）十月二十一日，光緒帝駕崩，次日，慈禧也薨逝了。三歲的宣統帝溥儀即位，孝定成為太后，徽號「隆裕」，時年四十一歲的孝定想效仿慈禧垂簾聽政，使自己大權在握。但她是一個庸庸碌碌無才無識的女子，遠遠不如慈禧手段卓著。慈禧臨終前命溥儀生父載灃攝政監國，其中便有對孝定無才無德的顧慮。不過她也保留了一定的權力，凡有重大事件，都要報由太后懿旨，然後施行。但是心腸狹窄的隆裕由於不能全權涉政，便對攝政的載灃處處干預。

西元一九一一年十月十日辛亥革命爆發，全國各省紛紛宣告獨立，無力的清王朝統治眼看著即將土崩瓦解。當時被任命為內閣總理大臣的袁世凱，一面與革命黨人談判要求共和大總統位置，一面借助革命勢力逼宣統帝退位。墮落的清廷亂成一團，毫無主見的隆裕太后只抱著宣統帝溥儀大哭。西元一六二年二月十二日，在袁世凱的優待條件承諾下，軟弱無知的隆裕連發三道懿旨，宣佈大清宣統帝退位，改制立憲共和體。第一道懿旨為「退位詔書」，宣佈皇帝退位，上面附有袁世凱等十一位各部大臣簽字；第二道懿旨勸諭大清臣民；第三道懿旨公佈《關於大清皇帝辭位之後優待條件》、《關於滿族待遇之條件》、《關於滿、蒙、回、藏各族待遇之條件》。

三道懿旨頒佈下來，標誌著滿族大清王朝二百六十八年的統治結束，也標誌著中國兩千多年封建帝制社會的結束。隆裕太后成了這一歷史性時刻的毫無榮耀的見證人。

根據退位前制定的《優待條件》，溥儀退位之後，仍然居住在紫禁城從乾清門往北的東西十二宮、慈寧宮、寧壽宮等處的內廷（後寢）區域，瞬間淪為清朝罪人，權利盡失，加上袁世凱的欺騙，隆裕太后一直到死都鬱鬱寡歡，終日憂愁在目。

西元一九一三年二月二十二日淩晨，年僅四十六歲的隆裕太后病死在長春宮。作為一代大清王朝的最後一位太后，她死時身邊只有溥儀、內務府大臣世續還有兩三個宮女。當天，隆裕的屍體在皇極殿入棺。民國政府對隆裕太后的死全國下半旗致哀三日，許多軍政要員也致電清室表示哀悼，並為隆裕舉行了清式的皇后葬禮。當然，這也是新時代的革命軍人對舊時代遺族最後的同情與慈悲。

西元一九一三年三月三十一日，溥儀尊諡隆裕皇太后為「孝定隆裕寬惠慎哲協天保聖景皇后」。

有趣的是，孝定皇后往西陵下葬，是從北京永定門火車站出發的。她是大清國首次乘火車謁陵的人員之一，也是死後唯一用火車運往陵園的皇后。

當然，這一切都是過眼雲煙，無論如何都改變不了隆裕生前的庸碌無為，改變不了她毫無建樹的一生，更改變不了大清朝覆滅、封建帝制破碎的歷史進程。

輝煌疆場的武將們

洪承疇：一生轉變，只因紅顏

要說這洪承疇，在歷史上的「複雜」程度可不亞於吳三桂。這主要跟他叛明投清有著分不開的關係，也因為此事，人們對他的評價也褒貶不一。剛開始他是明朝重臣，可是松山之敗後他又降清，繼而淪為人們眼中的漢奸，這樣的人歷來為人們所不齒。可是，站在清朝的角度來說，他又是清朝開國重臣，對清朝又有著舉足輕重的作用，他對清朝的統一、社會的安定、經濟的發展、民族的和睦起了十分重要的作用，這樣來說他又是個功臣。這真是歷史紛紛，公說公有理，婆說婆有理。那究竟是什麼原因，讓一個明朝皇帝所倚重的重臣輕易地叛變了呢？這個人又有著什麼樣的故事呢？讓我們回溯歷史，一一看來。

洪承疇這個人的出身也是不錯的，他是望族的後裔，是武榮翁洪氏的第十二代孫，屬東軒五房，也是書香門第。不過，這樣的豪門生活，洪承疇並沒有享受到。因為，到了他的曾祖父輩，家道就已經中落，生活過得並不富裕。到了他父親洪啟熙時，家境更加貧寒，此時，已經需要他們外出謀生了。父親洪起熙是個秀才，性格穩重，在鄉里享有孝名。他的母親傅氏也是名門閨秀，因家境窘迫，曾被疼愛她的父母接回娘家居住過一段時間，洪承疇就是出生在豐州錦田村外，祖父傅員外家。

傅氏教子極嚴，洪承疇從啟蒙初始就是在傅氏嚴厲的教導下成長起來的。他童年就入溪益館讀書，讀書很用功。可是，由於家庭條件的關係，洪承疇並沒有享受到多少讀書時光，十一歲就無奈地輟學了。輟學之後的他，每天在家幫助母親做豆干、賣豆干，以維持家計。每日清晨，洪承疇就要把做好的豆干拿好，然後走街串巷地叫賣。當時，西軒長房才子洪起胤在水溝館辦了一個村學，洪承疇喜歡讀書，每次賣豆干時總是上這邊溜一趟，有時還會按捺不住地在學館外聽課。時間一久，洪起胤就發現了這個總來偷聽的洪承疇，叫過來一詢問，發現其極有天賦，而且還抱負不凡，遂起了愛才之心。打聽到洪承疇家裡的境況後，更是免費收他為徒，洪承疇終於又重新返回了課堂，拿起了他心愛的書本。在讀書之餘，他還如饑似渴地博覽群書，因為他發現書裡的世界更加有趣，更加廣闊，讓他能夠忘記世事的艱難。《史記》、《三國志》、《孫子兵法》、《資治通鑒》等書都被他認真地研讀過，並且還做了不少筆記。看過大量的書籍後，他立下了治國平天下的願望，而他也為這個願望而奮鬥了終身。他在水溝館愉快地度過了五年時光，之後，他又到了泉州城北學館讀書。西元一六一五年，萬曆四十三年，此時洪承疇二十三歲。他赴省參加了鄉試，考中了第十九名舉人。第二年，他又赴京會試，捷報發來，考中二甲第十七名，賜進士出身，洪承疇就此走入仕途。

洪承疇最開始是在刑部供職，先後曾任刑部的主事、員外郎、郎中等職。在刑部任事六年後，因為其才學被朝廷所器重，所以擢升為兩浙提學道僉事，江西兵備道按察副使。天啟七年，任陝西督糧道參政。之後，洪承疇的官運可謂是一路亨通。崇禎三年，洪承疇被任命為延綏巡撫，征剿農民起義軍。崇禎四年，陝西三邊總督楊鶴被罷官入獄，洪承疇繼任陝西三邊總督，於隴東晉西追剿義軍。崇禎七年，由於洪承疇在治軍上的不凡表現，朱由檢讓他仍任陝西三邊總督，並以功加太子太保、兵部尚書銜，總督關外五省軍務，成為明朝鎮壓農民起義的主要軍事統帥。崇禎十一年，洪承疇率兵於潼關南源大破起義軍，李自成敗走商洛山中。十年之間，洪承疇轉戰北國沙場，戰功彪炳，他為明王朝立下了汗馬功勞。洪承疇也因此成為明末重臣，被皇帝倚重，百姓信賴。正當洪承疇還在為明王朝殫心竭慮的時候，改變他一生的重大轉折即將到來。

就在明王朝鎮壓起義軍的時候，關外的皇太極繼位了。後金覬覦中原已久，在皇太極繼位後，進行了一系列的改革措施，使得清政權日益完善，國力軍力都有了長足的增長。長久以來在山海關外的盤旋生活，讓皇太極終於下定決心要攻克山海關和錦州，要拼盡全力地打通去往關內的道路，繼而佔領北京，將明王朝趕出歷史舞臺。

崇禎十三年，皇太極率兵包圍錦州，邊關告急。洪承疇臨危授命，被調任薊遼總督，率領陝西兵東上，與山海關的馬科、寧遠的吳三桂兩鎮合兵，互為犄角，共同抵禦清軍。可是清軍來勢洶洶，銳不可當，塔山、杏山先後淪陷。為了挽救遼東的局勢，洪承疇集合八總兵的兵馬，共計精銳十三萬軍隊，出山海關馳援寧遠，與清軍在錦州交鋒。

皇太極圍攻錦州，他的戰略意圖是通過長期圍困使得明朝放棄錦州，從而就在明朝的關防上撕開了一道口子。作為軍事統帥，洪承疇十分明瞭皇太極的想法，他也想到了應對之策。那就是且戰且守，步步為營，令敵自困，然後解圍，這樣就能夠暫時解決錦州的危機。可是，願望總是美好的，具體實施起來卻上令下行。洪承疇不想出戰，可是兵部尚書陳新甲卻別有用心地極力主張速戰解圍，並派張若麟任監軍，從中作梗，洪承疇束手束腳，一人難以支撐。再加上屋漏偏逢連夜雨，糧草這時又被劫了，前有強敵後無援軍，一時間軍士鬥志低迷。皇太極得知此情，趁機出兵，總兵王樸率先逃跑，大家本就存著去志，此時看到領頭的都跑了，於是各軍紛紛疲於奔命，還沒等清軍攻打呢，明朝軍隊先是自潰不成軍了。可是，那些逃跑的明軍也沒有逃出昇天，他們遭到了周邊清軍的伏擊，損失慘重。洪承疇也被清軍圍困在松山城，孤軍作戰長達半年之久，沒有糧、沒有援兵，處境異常艱難。崇禎十五年二月十八日夜，松山城守副將夏承德看到明朝已經無力指望，為了生存，他向清軍秘密地投降了。有了他做清軍的內應，松山城輕而易舉地被攻破，洪承疇被俘。洪承疇被俘後，全軍無首，再加上此時的錦州明軍已經被圍困得筋疲力盡，無力再戰，在錦州守將的領導下全部降清了。就這樣，明朝的錦寧防線不復存在，明朝的滅亡指日可待。這就是歷史上有名的「松山之戰」，它不僅改變了明朝的歷史，同樣也改變了洪承疇未來的命運。

清軍俘獲洪承疇後，知道他是個重要的人物，當即就被送往盛京。到達盛京後，皇太極多次命人對其勸降，可是洪承疇寧死不屈。皇太極惜才也不忍心將他殺死，只能將他囚禁著。可是，這樣寧死不屈的洪承疇到後來還是投降了清朝，這裡面到底有什麼故事呢？

歷史上，人們對洪承疇投降的原因說法很多，到底是哪一個也無人得知。在《清史稿・洪承疇傳》中記載，是皇太極接受范文程、張存仁的意見，親自到三官廟中的囚室看望洪承疇，還解下身上的貂裘披在他的身上。洪承疇受到如此禮遇，感慨萬千，心裡明白明朝已經大勢已去，可是作為明朝的重臣，他不能做出不忠的事情。直到崇禎十七年三月，李自成攻進了北京城，崇禎在煤山上弔自殺，洪承疇徹底清醒了，他為了拯救中華民族於水火，減少生靈塗炭，才決心歸順。除了這正史之外，野史之中關於他投降的版本還有很多，其中有一個版本說的是「莊妃勸降」，這可是史上最具「桃色」的勸降故事。而一代寧死不降的明朝重臣，也因為莊妃這個女人敗下陣來，轉而投靠了清朝的陣營。

此事還要從洪承疇被俘後開始說起。洪承疇被抓後，因為寧死不降，就被囚禁了起來。囚徒生活本就清苦，更何況是俘虜。他每天在囚室中苦苦地挨著，飢寒交迫，只希望清朝能夠讓他快快死去，也算死得其所。莊妃，也就是大玉兒，也是後來的孝莊。她在得知皇太極俘虜了洪承疇，並且還未勸降他而苦惱的時候，她就主動請纓勸降。一天，洪承疇正在囚室中閉目養神，他聽見囚室的門響了，然後看到一位梳著高高的旗頭，妝容華麗的滿洲貴夫人站在了門口。洪承疇一時納罕，不知這位貴夫人所來為何事。莊妃走進囚室，也沒有馬上對洪承疇進行勸降，而是像朋友聊天似的問起洪承疇的母親、妻子等家人，問他們現在在哪裡，過得好不好。洪承疇在囚室裡，哪裡能知道外面的事情，可是被莊妃一問，他不禁想到他要是死了，不知道家人們該怎麼辦，之前光想著殉國了，從未想過自己的高堂和妻兒，如今莊妃這一問，也是徹底把他問住了。莊妃的攻心之計，初見成效。不過，她沒有再說話，她在給洪承疇思考的時間，她從帶來的食盒中取出酒菜，還為他盛了一碗濃濃的人參湯。等洪承疇轉過神后，莊妃就告訴他，她來不是來勸降的，而是作為一個敬仰他的人為他送點兒吃的。洪承疇喝著人參湯，想著家人，再想到整個事態的發展，他的心動了。莊妃走後，洪承疇徹夜難眠，多方面考量後，對清朝伸出了歸降之手。

歸降後的洪承疇，被皇太極安排在了鑲黃旗漢軍中，表面上對其禮遇有加，其實從未對他放鬆過防範，這也是人之常情，降將大多都會碰到這樣的事情。於是，在皇太極時期，洪承疇大多待在家中，除了偶而有人來諮詢外，他沒有獲得任何的官職。這樣的情況到了順治後，有了明顯的改善。那時，清朝已經進京，順治帝登基時尚年幼，莊妃就為他請了一個漢學老師，就是洪承疇。順治帝對洪承疇十分器重，任命他為太子太保、兵部尚書還兼任都察院右都御史，入內院輔佐整理軍務，授秘書院大學士，至此成為清朝第一位漢人宰相。洪承疇也沒有辜負順治帝的信賴，他採取了以撫為主、以剿為輔的策略，實施了一系列減輕百姓負擔、振興經濟發展的措施，使得清朝得到了初步的安定。在實施過程中，他都是盡可能地避免武裝衝突和流血事件的發生，這對清朝迅速統一和安定社會起到了至關重要的作用。洪承疇於康熙四年去世，諡「文襄」。

可以說，洪承疇的降清，為他招來了罵名，成為「大節有虧」的人，也因此被乾隆皇帝說成了「貳臣」。可是，「忠君」與「氣節」這一標準，我們如何衡量？作為一個歷史人物，我們評價他應該是客觀的、實事求是的。他的功還是大於過的，他的降清對中華民族的統一和對社會的安定、百姓的安居，做出了不可磨滅的貢獻，於國、於民皆利。就為了他捨得一身清譽，為國家和百姓求得安定的這種精神，他也是一個響噹噹的英雄，值得我們敬仰。這樣的人並不多，也正因為不多，才更為珍貴。

鰲拜：功高震主的「逆臣」

鰲拜出生將門，他的祖父索爾果在清太祖努爾哈赤時期，統領鑲黃旗；他的父親衛齊在清太宗皇太極時任盛京八門提督；他的叔父費英東是努爾哈赤手下將領，清朝的開國元勳；他的哥哥卓布泰在順治時授征南將軍，弟弟巴哈在順治時為領侍衛內大臣。出生在這樣的家庭，鰲拜從小就騎馬射箭，長大後技壓群雄。一開始，他只是皇太極身邊的一個小護衛。

鰲拜的步步高升，跟他一路為清廷立下的戰功緊密相關。

崇德二年（1637年），皇太極派兵攻打明將毛文龍守衛的皮島，這個皮島一直是清廷的心頭大患。當時鰲拜從征軍中，在武英郡王阿濟格制訂兵分兩路的計策後，鰲拜主動請纓，率部攻打皮島，並立下軍令狀，視死如歸。在明軍的猛烈炮火襲擊中，鰲拜第一個衝向敵軍陣地，一時間士氣大增，清軍奮勇爭先，明軍大敗，皮島被攻克。皇太極眼看解決了一個心頭大患，大喜，下令重賞了士兵們，一戰過後，鰲拜就立下了頭等功，晉升三等男，賜號「巴圖魯」（勇士）。

崇德六年（1641年），松錦會戰，錦州是明朝的軍事重鎮，清軍不可避免地需要攻下錦州，以連接各地軍事樞紐，入主中原。這一年，鰲拜跟隨鄭親王濟爾哈朗進圍錦州。而這時明薊遼總督洪承疇率領大軍入駐松山，猛攻清軍。鰲拜率領鑲黃旗護衛軍纛，在路上遇到明軍騎兵，迎頭給予痛擊。不等軍令下來，鰲拜又率兵乘勝追擊，一直打到明軍步兵陣地之前，帶領部下下馬肉搏，再次大敗明軍。鰲拜衝鋒陷陣，五場遭遇戰全部大捷，晉升了一等梅勒章京。八月，在皇太極親軍隊支持錦州之戰的情況下，鰲拜率兵沿途追殺沿海邊撤退的明軍，直殺得明軍丟盔棄甲，橫屍遍野。這一次松錦會戰，直接擊垮了明軍的殘餘力量，為清軍入關統治打下了基礎。鰲拜也因戰功赫赫，一路升為護軍統領，升遷頻頻。

清軍入關以後，鰲拜也沒有閒著，順治元年（1644年）十月，鰲拜跟隨阿濟格進攻守衛西安的李自成農民軍，一路攻陷四城，降三十八城，又與多鐸一起瓦解了大順軍，攻克了六十三座城池。順治三年（1646年）正月，鰲拜隨肅親王豪格率軍進攻張獻忠大西農民軍。鰲拜一馬當先，身先士卒，率領軍隊勇猛擊殺。清軍攻破多處堡壘，繳獲大量戰馬，殺敵數萬，鰲拜繼續一路進發，除雲貴的大西軍餘部孫可望、李定國外，基本上肅清了四川的農民軍。一路大小戰役，鰲拜軍功卓著，為清初開國征戰立下了汗馬功勞。

這樣的一員忠臣驍將，一直深得皇太極信任。在崇德八年（1643年）皇太極病逝後，肅親王豪格與多爾袞開始了帝位爭奪。作為鑲黃旗護軍統領的鰲拜與兩黃旗大臣索尼、譚泰誓死效忠先皇，極力擁護先帝之子肅親王為帝，抵禦多爾袞的奪位勢力，甚至不惜準備武力相抗。後來雙方各自讓步，擁立了幼子福臨即位。多爾袞利慾薰心，老奸巨猾，在鰲拜等人極力擁護先帝之子，使他無法即位後懷恨在心。成為攝政王後，他先後三次迫害誓死不屈服於他的鰲拜。第一次是在順治元年，鰲拜跟隨阿濟格征討大順軍立功後。由於阿濟格沒有及時奉旨班師回朝，且謊報戰功受到處罰。話說這阿濟格，他是順治的叔父，藐視小皇帝，私下呼順治為「孺子」。後來，多爾袞便使清廷下令鰲拜與固山額真譚泰回朝傳示此事，但兩人袒護阿濟格沒有照辦，結果戰功不可被論述，還被罰銀百兩。再後來，鰲拜還因為庇護譚泰等人，幾被革職。

第二次，順治五年（1648年）。部下冒領戰功，鰲拜也被處「革職罰銀」。後來鰲拜等人當初謀立肅親王之事被告發，懷恨在心的多爾袞便藉此事大肆囚禁審訊眾人。鰲拜被論死，後被判自贖。次月，鰲拜又被告發在皇太極死時「擅自發兵丁守門」，再次被多爾袞革職為民。第三次，順治七年（1650年），多爾袞生病，想要順治探望他，他就請貝子錫翰傳達，然而轉臉卻又責罪貝子褻瀆令規，還把鰲拜治了個包庇罪，再次論死，所幸後來被罰為降爵自贖。直到十一月多爾袞墜馬身亡，順治親政，鰲拜才不再受多爾袞迫害。雖然戰功赫赫，但在多爾袞執政時期，鰲拜也是受盡迫害，吃盡了苦頭，但始終未曾屈服多爾袞勢力，忠心為主，實屬高風亮節。

苦盡甘來，順治親政後，自然對忠心的鰲拜等人極其器重，鰲拜也全心全意參與處理各複雜煩瑣的朝事，表現出色。孝莊太后病了，鰲拜也不辭辛苦侍奉左右，順治看在眼裡，讚賞有加，因此對鰲拜也是十分關心信任。鰲拜舊傷復發臥床在家，順治也親臨探望，噓寒問暖。

以上看來，鰲拜實在是個忠心赤誠的好臣子，但可惜的是，如果他沒有在後來貪心專權，他與順治的君臣之事本應是一段沒有污點的佳話。

順治十八年（1661年）正月初八，順治帝福臨英年早逝。由於順治信任鰲拜，便立下遺詔由皇三子玄燁即位（即康熙），索尼、蘇克薩哈、遏必隆、鰲拜四異姓大臣輔政。此時，大權在握的鰲拜開始野心蔓延，一個受盡多爾袞迫害的人卻步了多爾袞的後塵。

四位輔政大臣一開始都合力輔佐小皇帝玄燁，但慢慢地局勢就發生了變化。年老的索尼無心過問朝事；蘇克薩哈是多爾袞舊部，靠告發多爾袞贏得順治信任，與鰲拜政見不和；遏必隆沒有主見，附和鰲拜；鰲拜軍功卓著，氣勢奪人，漸漸走上了專權奪政的道路。

康熙初年，清廷實行各種政策促進經濟生產與改善各地吏治，加強統治。而此時，朝廷內部的矛盾鬥爭也正在上演。黃、白兩旗的爭鬥從皇太極時便存在，眼下更越演越烈。兩旗分地不均，鰲拜挑起的「換地事件」加深了輔政大臣之間的意見分歧。在這樣複雜混亂的情況下，鰲拜野心蔓延，他不再像對皇太極與順治時那樣對康熙忠心耿耿了。他藐視小皇帝，在朝堂之上，鰲拜常常頂撞小皇帝，當著皇帝的面呵斥大臣。新年時，他還穿件僅跟皇帝帽結不同的黃袍。小皇帝康熙看在眼裡，但由於自己年幼，鰲拜在朝中黨羽眾多，也只能忍氣吞聲。但面對機智靈巧的康熙，鰲拜如此囂張，日後定會遭遇不測。

當時鰲拜大權在握，他挑起黃白旗積怨的「換地事件」，意圖打擊政敵——白旗的蘇克薩哈。內大臣費揚古之子倭赫是康熙身邊的侍衛，對鰲拜不夠禮貌，鰲拜不忿，以「擅騎御馬、取御用弓矢射鹿」的罪名將其處死，還心狠手辣地迫害費揚古一家家破人亡。戶部尚書蘇納海、直隸總督朱昌祚、巡撫王登聯三人違拗他換地的要求。大怒的鰲拜給他們強加了罪名就要處死，康熙深知三人無罪，全是因為得罪了鰲拜，但年幼的自己面對老奸巨猾的鰲拜卻不能全然反對，於是只是下令鞭打並沒收家產。但隻手遮天的鰲拜最後卻矯旨將三人處死，陰謀得逞，強行換地。小皇帝無法阻止，為這場冤獄痛心疾首。康熙六年（1667年）索尼病死，當時小皇帝玄燁年滿十四歲，聽取索尼上書開始親政。蘇克薩哈請求卸去輔政大臣之任守護先帝陵寢，以此誘導同為輔政大臣的鰲拜也按理辭職。鰲拜被擊中要害氣急敗壞，強加了眾多莫須有的罪名在蘇克薩哈身上，並強行處死。康熙極度痛心，幾乎忍無可忍。鰲拜藉此除了反對他的大臣，更進一步加強了自身勢力，但也加快了他被康熙滅亡的腳步。

康熙面對鰲拜的霸權奪政，忍無可忍，但鰲拜黨羽遍佈內外，於是機智的康熙想出了一個妙招。他召集了許多親貴子弟組成「善撲團」，放在身邊成為自己的心腹。這些少年每日練習武術，不出一年個個武功高強。鰲拜看在眼裡，以為小康熙年少貪玩，不僅不擔心反而還高興，心想朝廷必將落在自己手裡。康熙八年（1669年）五月的一天，康熙將鰲拜黨羽派往各地離開京城，使自己的親信掌握了京師衛戍權。一切準備妥當後，開始捉拿鰲拜。他派人召鰲拜進宮，鰲拜便大手大腳地來了，康熙事先布置了眾多武藝少年在宮中躲藏，鰲拜入宮後，康熙一聲令下，少年們一擁而上，鰲拜猝不及防，束手就擒在一幫少年手下。捉拿鰲拜後，順治派人審訊，給其定下了三十條重罪，本應斬立決。但念及鰲拜戎馬生涯，歷經三代，為清廷下了汗馬功勞，免除死罪，打入了大牢。鰲拜的黨羽們也按罪狀或死或囚。不久，鰲拜死在牢中，但康熙念及他戰功卓著，追贈一等阿思哈尼哈番，爵位世襲。

鰲拜一生南北征戰，身先士卒，拋頭顱灑熱血，歷經三代皇帝，功勳卓著。最終卻因為權慾薰心，敗在了年幼的康熙手裡。若不是他晚年貪權求勢，也能落個流芳百世。這一切與他自身的貪念有關，同時，古代封建主義王朝的不合理吏治制度，也是加重君臣權力鬥爭的罪魁禍首。

吳三桂：倒行逆施食苦果

「衝冠一怒為紅顏」的吳三桂，在明末清初的歷史交匯時期，著實扮演了重要的角色，他是幕後的推手，使得清朝進入北京的歷史進程大大提前。像他如此毅然決然地背叛自己的國家，然後又公開背叛自己的新主之人，歷史罕有。

吳三桂出身於遼東之將門望族，自幼習武，善於騎射。他在父親吳襄和舅舅祖大壽等人的教誨和薰陶下，一手抓文，一手抓武，文武雙全的他不到二十歲就考中了武舉。至此，他跟隨在父親吳襄和舅舅祖大壽的身邊，開始了軍旅生涯。等到明清在關外進行兵馬對峙時，吳三桂已經成為一個明朝的軍事將領。不過，正當各方人馬粉墨登場的時候，吳三桂出人意料地向闖王李自成投了誠，然後，轉身又打開了明朝的大門山海關，引得清軍入關。他在各種政治勢力之間左右逢源，一夜之間成為政治舞臺上的一顆閃亮的新星。

等到清軍入關後，各方政治勢力開始發生劇烈的變化。清政府對明朝官員實行高官厚祿收買政策，許多明朝官僚紛紛向清朝表示歸降。本來，吳三桂已經向闖王投誠，暗地裡還想擁立明太子，現在也徹底放棄了這個想法，他又向清朝表示臣服歸降。可是儘管吳三桂向清朝表示了誠意，可是清政府對吳三桂還是存有懷疑，兩者之間的信任度很低。這主要是因為吳三桂原來打的旗號是「復君父之仇」，雖然這個旗號在清朝入關之初，起到了鎮壓李自成起義軍的作用。可是，長久以往確實是不允許的，因為對於清政府來說，這不符合他們的根本利益。再有就是吳三桂的態度很有問題，一邊降清，一邊又與明朝殘餘勢力保持著密切的聯繫。這不得不讓人懷疑他是身在曹營心在漢，這樣的人怎麼能給予信任呢？最後，也是最重要的一點就是，他與其它明朝的降官不同，他擁有一支自己獨立統率的武裝力量。這臥榻之側，豈容他人安睡？這樣一來，吳三桂更不可能被清政府所信任和重用。

在這樣的情況下，清政府就派他四處圍剿南明餘黨。之後的十幾年間，吳三桂是率領部眾從西北打到西南邊陲，可以說是為清朝的全國統一立下了汗馬功勞。因為他的突出表現，贏得了清政府的信任，對吳三桂的政策也從原來的控制使用改為放手使用。清政府不但在李國翰死後讓他獨攬一方重任，還讓他擁有在一切軍事活動中便宜行事的權利。同時，吳三桂在職務上也是一再升遷。順治十六年，清政府攻下雲南，當即委任吳三桂在此開藩設府，鎮守雲南，總管雲南軍民一切事務。康熙元年十一月，吳三桂又因擒斬桂王有功，而被康熙晉爵為親王，權利也擴大到了貴州。吳三桂的兒子吳應熊也被選為公主的駙馬，號稱「和碩額駙」，加少保兼太子太保。就這樣，吳三桂終於攀上了他人生中權勢的頂峰。

可是，就在吳三桂忙於在雲南開藩設府，鎮守一方的時候，他與清朝政府之間的矛盾也越來越激化。對於清朝政府的統治者來說，他們能夠任用吳三桂攻打南明政權，這是為了清朝的建國大業。可是，當光陰輾轉了十數年後，這時的清政府已經不是剛剛入關時的清政府了，他們已經坐穩江山，並且在吳三桂的幫助下，各地的南明政權已被逐一消滅。舉國上下相對平定之後，此時的清政府就需要在政治上對自己的統治區行使他們的統治權。於是，為了國家的安定和恢復國家經濟，清政府就裁減了大量的軍隊，用來減輕國家財政上的壓力。無疑，清朝政府實施的這一系列措施，都是當時社會所需要的，非常正確。但是，清朝政府的這一舉措卻大大地觸動了吳三桂本人的根本利益。

十幾年來，吳三桂通過剿殺南明政權，使得他不管是政治上還是軍事勢力上，都得到了迅速的增長。本來吳三桂也就想著只要自己拼死作戰，那麼清朝政府就能給他一個很好的前途。可是，在雲南開藩設府後，他便做起了世世代代鎮守雲南的美夢。於是，他處心積慮地想把雲南變成自己的領地。在雲南，他為了鞏固自己的勢力和地位，對於自己管轄之下的各級官吏，都由他自己任意選用。除此之外，他還用重金收買了在京做官的各省官吏為自己效命。這樣，他就做到了手耳通天，朝堂上有個什麼風吹草動，他這裡也能第一時間得知。同時，吳三桂還利用手中的特權大肆兼併土地，對雲南各地的百姓進行殘酷的剝削和壓迫。他還壟斷了鹽、礦山等民生軍用物資，用以為其斂財。吳三桂憑藉著自己擁有的龐大財富，大肆豢養賓客，收買能人。在清朝政府裁軍的情況下，他反而招納李自成和張獻忠的殘餘部隊，收為他用，並且秘密地加緊訓練。種種事實證明，吳三桂已經成為分裂割據勢力中的領頭人。

其實，對於吳三桂的這些舉動，清朝政府是洞若觀火，早已知悉。康熙二年，清政府便以雲貴軍事行動已經停止為理由，收繳了吳三桂平西大將軍的印信。康熙六年，清政府又乘著吳三桂上疏請辭總管雲貴兩省事務的機會，下令兩省督撫以後要直接聽命於中央。同時，還剝奪了吳三桂在兩省的司法特權。對於清政府的打壓，吳三桂心知肚明，他也以擴軍索餉報復於朝廷。兩方之間的矛盾更加尖銳了。康熙十二年春，鎮守廣東的平南王尚可喜向清政府上疏請歸，說是要去遼東養老。早有謀算的康熙皇帝，乘勢作出了撤藩的決定，他先是撤了尚可喜的藩。然後，又對鎮守福建的靖南王耿精忠下令，讓其撤藩。被形勢所逼的吳三桂，也只好演戲似的上疏朝廷，請求撤藩。其實，康熙皇帝非常清楚吳三桂的真實意圖。但是，他知道這藩撤也是反，不撤也是反。既然，怎麼都是一個反，那麼就來個先發制人。於是，康熙力排眾議，毅然決定答應吳三桂撤藩的請求，並且還專門派使臣到雲南執行各項撤藩事宜。

清朝政府的這一舉動，要同撤三藩，徹底粉碎了吳三桂鎮守雲南的美夢。吳三桂怒不可遏，他怎麼可能輕易地讓清政府觸及他的領地呢。他在暗中給死黨去信，讓他們向撤藩的使者請求停止撤藩，拖延些時日，為他們之後的行動贏得準備時間。同年十一月底，吳三桂氣急敗壞地決定鋌而走險，跟清政府作對，他先是殺了巡撫朱國治，然後在雲南公然叛變。吳三桂為了給自己的反叛找一個合理的理由，在投降清朝三十年後，又扯起了反清復明的大旗。於是，一場大規模的三藩叛亂就此展開了。這場叛亂，其實吳三桂已經謀劃已久，畢竟他並不是一個忠心的人。他在雲南專制十四年，其黨羽紛紛響應，人數眾多，一時之間，竟形成全國之勢。吳三桂對此甚為滿意，在他看來，自己軍隊的戰鬥力遠勝於清朝的八旗軍隊。再說，他打的是反清旗號，這可以為他最可能地爭取到廣大漢族同胞的支持。他相信，這個年輕的康熙皇帝絕非是自己的對手。吳三桂覺得自己是穩操勝券，只等把清政府攆出關後，他坐皇帝了。但實際情況是什麼樣子呢？恰恰與吳三桂的美好願望相反。吳三桂的兵力看似強盛，人數眾多，但都不具備真正的作戰實力，可以說是烏合之眾。並且，此時的清朝已經入關三十年了，滿漢之間的民族矛盾早已在清統治者的懷柔政策下化為了次要矛盾，老百姓都是希望和平的，只要誰讓他們有好日子過，誰當皇帝對於他們來說沒有多大的意義。吳三桂此時的舉動就是倒行逆施，老百姓罵的多，回應的少。

最重要的是，吳三桂輕敵了。他也太小看這個智擒鰲拜的康熙皇帝了，康熙雖然年輕，但卻不蠢不笨，相反，極為聰明。康熙早在撤藩之初，就已經對撤藩之後可能產生的後果有所準備。因此，在康熙得知吳三桂公然反叛後，一點兒也沒有驚訝，反而指揮若定。他一步步地施行著事先規劃好的戰略部署。首先，他在政治上孤立了吳三桂，然後，又將他的心腹羽翼一同剪掉，這一次是狠狠地打擊了吳三桂的囂張氣焰。與此同時，康熙對吳三桂的部下採取了分而化之、各個擊破的辦法，將其餘黨一網打盡。雖然在吳三桂叛亂之初，清朝看似失利，但就在康熙的巧妙安排下，格局逐漸地發生了變化，清朝逐漸扭轉了在軍事上的失利局面，使得吳三桂的叛軍不敢跨越長江一步，雙方在戰場上出現了暫時僵持的局面。

康熙十五年，雙方的軍事形勢出現了重要轉折。吳三桂是在康熙三年起兵叛亂，到此時已經過去了十幾年，無論是兵力還是財力上，吳三桂都深感不足，仗打得是越來越吃力。並且在此期間，他的黨羽也各有心思，「同床異夢」。年輕的康熙，舉全國之力，跟吳三桂打了一場曠日持久戰。當康熙看到吳三桂消耗得差不多的時候，便傾全國之兵、全國之財，分數路出兵，進行大反攻。疲憊的吳三桂軍隊，一下子手忙腳亂地開始防守。可是，大局已定，他們接連敗退，最後，福建的耿精忠被迫投降，盤踞廣西的孫延齡和據守廣東的尚之信也紛紛表示降清。

康熙十七年，吳三桂在得知耿精忠和尚之信降清的消息後，他自己在衡州稱帝，年號昭武。不過，他也沒有當上幾天皇帝，同年八月就病死了。他的孫子吳世璠繼立為帝，後兵敗自殺。到了康熙二十年時，吳三桂的叛軍被全部肅清，他的子孫後代也被徹底殺光。吳三桂忙了一世，到最後什麼都沒留下，並且禍連自己的子孫。

年羹堯：雍正帝的左膀右臂

說起年羹堯的仕途之路，就一定要先提提他的父親。年羹堯的父親可不是小官，曾任河南道御史、刑部郎中、工部侍郎、湖廣巡撫等職，還是八旗子弟，所以年羹堯也算是個有靠山的「官二代」。康熙三十九年，年僅二十一歲的年羹堯考中了進士，被授予庶起士職務（即當時的中央一般職員）；之後，他奉命出任四川、廣東各地鄉試的考官，升遷為內閣學士；康熙四十八年，他憑藉著優秀的政績被擢為四川巡撫，風光上任；康熙五十七年，又升任四川總督兼巡撫。應該說，年羹堯的仕途是十分順利的。

但是，這平步青雲一般的感覺還是遠遠不能讓他滿足。年羹堯是個十分有志向且功名心極重的人，一心想著能夠有個機會讓自己大展宏圖，權傾朝野，所以這樣的「芝麻官」全然不對他的胃口。

然而，不知是他的大幸，還是他的大不幸，夢寐以求的機會終於來了。

野史有載，康熙帝在駕崩前，曾將太子的名字用詔書寫下，之後封在一個金匱中，上好鎖，命幾個親信太監把金匱藏在正殿的頂樓上，一天二十四小時輪流看守。而當康熙帝駕崩後，眾人打開金匱一看，上面赫然寫著：「傳位於四皇子。」於是雍正帝即位。

看起來平平的登基故事，卻為何和年羹堯起了瓜葛呢？

原來，當時康熙帝共有十四個皇子，其中四皇子胤禛（即後來的雍正帝）和十四皇子胤禎最得康熙帝寵愛，是繼承皇位的兩個人選。許是怕出現皇權紛爭，所以到底立誰為皇太子，康熙帝一直守口如瓶，對誰也沒有透露。但在眾人心中，都傾向於未來的皇帝是十四皇子，因為《清史稿・本紀・世宗傳》和《清史稿・列傳・隆科多傳》中都有這樣一句話：「皇考昇遐，大臣承旨者惟隆科多一人。」也就是說，當康熙帝駕崩後，眾人看到遺詔中讓四皇子接替皇位的時候，除了四皇子胤禛的親舅舅隆科多之外，沒有人接旨。

笑話！抗旨可是大罪，這是要滅九族的勾當，滿朝文武為何會幹這種傻事？而且不止一個，幾乎是所有文武大臣都抗了旨，這個問題就值得我們好好想想了。很顯然，在大臣的心目中，繼承皇位的不應是胤禛，而應是十四皇子胤禎。

這也不是沒有原因的。當時的雍正帝，刻薄寡恩，心狠手辣，而且心思極重，他想要繼承皇位的欲望呼之欲出，卻由於其性格所致，大臣權貴們都不願與他為伍，這就導致了他在朝中孤立無援的尷尬處境；而他的弟弟十四皇子就不同了，胤禎為人謙遜，重情尚義，能文能武，重要的是舉凡有重要的大臣擺酒，他都會前去助興，所以在大臣們的心中，這個「體恤下官」的胤禎才應該是最為理想和合適的皇位繼承人。

雍正帝也不是傻瓜，他看得出朝中並沒有援手，而人心就是今後上位的本錢，所以在康熙帝病重之後，他也開始遊走拉攏，卻由於臨時抱佛腳，收效平平。怎麼才能打敗自己的弟弟，坐上皇帝的位置呢？他將視線盯在了自己的親舅舅，時任吏部尚書、總理事務的隆科多身上。他許諾舅舅，一旦事成，就拜他為朝中太師、太保，授一等公爵，而且子孫世襲。

見是自己的親外甥求援，隆科多爽快地答應了他的請求，並且還向胤禛建議說：「我們兩個人的力量還是小了，還要找人幫忙。」經過千挑萬選之後，隆科多看上了一個年輕有為且膽大心細的人，而這個人就是時任朝廷都尉的年羹堯，自此，文武雙全、足智多謀的年羹堯正式進入了胤禛的視線。

胤禛、隆科多、年羹堯組建起了一個三人「奪位」小集團，由隆科多負責遊說和拉攏朝中官員，而年羹堯就負責研究怎樣竊取詔書。看到這兒，也許有的讀者會很納悶，為何好端端地要偷詔書呢？其實，胤禛心裡也明白得很，以現在的情況，康熙帝一定會將皇位傳給年輕有為的弟弟，那時自己的處境就不妙了，於是年羹堯就給他出了個主意，讓胤禛找高手躲過太監的耳目去偷詔書。胤禛聽從了年羹堯的計策，找到當時名儒呂留良的侄女、素有俠客之稱的呂四娘。偷到金匱後打開一看，康熙果然是傳位十四皇子胤禎。但這點小事難不倒他們，隆科多大筆一揮，把「十」字改成「於」字，然後又把金匱放回原處。這一切，神不知鬼不覺，做得是滴水不漏。

沒過多久，統治了大清國六十餘載的康熙帝駕崩了，大臣們忙取下金匱，只見上面是康熙御筆親題的「傳位於四皇子」幾個大字，眾人大嘩！這時胤禛就已經升級為了新皇帝，為了避免騷亂，穩固基業，他令年羹堯以京都兵馬都尉的身份，指揮軍隊進行戒嚴，以備非常，同時傳令京城各處：沒有皇帝的手諭，任何人不能隨便離開京城。

發生了這麼大的變故，雍正的弟弟在哪裡呢？時運不濟，此時的胤禎還在遠征青海的途中，一聽說京城有變，他連忙火速撤軍往回趕，想以武力逼雍正讓出皇位。年羹堯收到消息後，並不以為然，找雍正要了二十個隨從就出城迎敵去了。

出到城郊，年羹堯讓手下都提上美酒，以新皇帝犒勞兵士的名義大搖大擺地走到了胤禎的先鋒部隊中，這支部隊的指揮官毫無提防，以為雍正膽怯了，於是大吃大喝起來。結果在談笑時，年羹堯突然拔出寶劍架在指揮官的脖子上，喝道：「如降，高官厚祿可保；不降，我與你同歸於盡。現皇上即位已成事實，天下皆知，何去何從，你考慮吧！」

就這樣，年羹堯幾乎沒費吹灰之力就降服了胤禎的部隊，為胤禛皇位的鞏固立下了汗馬功勞。雍正元年，新即位的清世宗胤禛為酬年羹堯的功勞，撤換了撫遠大將軍允禵（胤禎在雍正繼位後改名為允禵）之職，將這個職位御筆親題，送給了年羹堯，後又加二等哈達哈哈番世職，一個月後，又加太保銜。短短幾個月，年羹堯這個不起眼的小官就成了滿清王朝舉足輕重的大人物。

年羹堯加官晉爵之後，對雍正更是盡心盡力。雍正元年夏天，有青海羅卜藏丹津，糾集阿爾布坦溫布、藏巴札布等部落首領反叛清朝，西北人心惶惶。年羹堯主動請纓，以平逆將軍之銜率軍開拔，不到兩個月，青海叛逆就被擒住，天下太平。到了雍正二年，羅卜藏丹津又捲土重來，年羹堯奉命追討。他率兵兩萬，翻山越嶺，將羅卜藏丹津逼退至山谷中，殺賊六千餘人。至此，青海全省悉平。

待青海叛亂平定後，年羹堯並沒有閒著，他馬上上書雍正皇帝，提出鞏固青海的方略：以青海諸部編入清朝版圖，由地方佐領。又設立諸多府衙、管束，讓岳鍾琪率四千人進駐西寧鎮守，為下一步進軍西藏作準備。可以這麼說，日後乾隆能長驅直入進入西藏，把西藏歸入中國版圖，年羹堯功不可沒。

至此，我們所講的都是他的「功」，那麼下面我們就來說說他的「過」。

在清朝乃至整個封建統治時期，五六十歲才踏入「議政大廳」的人大有人在，比起來，年羹堯實在是過於年輕了，而年輕就難免浮躁，更何況他政績卓越，又是皇上面前的大紅人，所以為人就顯得囂張跋扈，高人一等。平定青海之後，雍正賜年羹堯雙眼花翎、四團龍補服，黃帶、紫轡、金幣，授一等阿思哈尼哈蕃世職，並令其子年富世襲。同時，還加封已退休在家的年羹堯的父親年遐齡以太傅閒職。不管他有何請求，皇帝基本上都滿足他，這種超乎常人的待遇使得他幾乎登上了清朝權臣的頂峰，而他自己也愈發飄飄然起來。

起初，眾臣們都是敢怒而不敢言，但慢慢地，年羹堯越來越過分。按清代官場的規矩，一般的公文都只能稱對方的官銜，不能直呼其名，否則是被認為藐視別人，大為不敬。可年羹堯對自己的下屬、各省督撫的行文都直呼其名，絲毫不加避諱。出入遊玩之時，也是前呼後擁，排場比雍正不小，甚至還要朝廷侍衛為自己開路。這還不算，他平定青海歸來之時，總督李維鈞、巡撫范時捷均是跪地迎送。縱是如此，他也不屑一顧，就是蒙古王公大臣見他，也一定要跪地以迎。

這些事慢慢傳到了雍正的耳朵裡，雍正是什麼樣的人物？拿他比越王句踐恐怕都有過之而無不及，他見自己的皇位已經鞏固，像年羹堯這樣的人已經沒有多大利用價值了，年羹堯又知奪位內幕，宣揚出去，雍正皇帝豈不成了謀篡嗎？所以，雍正正好藉此機會除去年羹堯。囂張跋扈也好，知道太多也好，反正年羹堯的好日子，已經到頭了。

從青海剛剛長途跋涉回到北京，年羹堯就被打入了大牢，雍正以什麼理由治了他的罪呢？說來也可笑，竟然是因為這樣一件小事：《清史》有載，雍正三年二月，年羹堯上呈奏章之時，把《易經》裡的一句話：「朝乾夕惕」寫成了「夕惕朝乾」，這幾個字的大概意思是要皇帝勤勉持政，勵精圖治。本來是小到不能再小的筆誤，可雍正偏偏抓住不放，故作生氣地說：「年羹堯這樣寫定然不是粗心之過，而是有意嘲笑朕沒有學識，如此對待當朝天子，豈非忤逆？」就這樣，剛剛得勝歸來的年羹堯莫名其妙地就被打入了大牢。

聰明人一看，就知道這是雍正要整年羹堯了。而大臣之間本來對年羹堯的作為就積怨已久，現在有了皇上撐腰，誰不趕忙上前表現？於是牆倒眾人推，「忠臣們」大義凜然地將一些陳穀子爛芝麻的事情都翻了出來，竟然定了年羹堯九十二條大罪：大逆之罪五，欺罔之罪九，僭越之罪十六，狂悖之罪十三，專擅之罪六，忌刻之罪六，殘忍之罪四，貪黷之罪十八，侵蝕之罪十五。這些嚇死人的罪名，犯一條那都是滅九族的罪過，更別說如此之多了，殺他一百次都嫌不足。但這個時候，寬厚仁慈的雍正站出來了：「念在其昔日平青海之功，免車裂極刑，賜自盡吧。」最後，年羹堯獄中自盡還成了雍正寬以待人的表現。真是應了那句「飛鳥盡，良弓藏，狡兔死，走狗烹」。

短短不到三年的時間，名重天下、功在社稷的年羹堯，一朝位極人臣又一朝淪為階下囚，一朝富貴又一朝喪命，終於為雍正做了嫁衣。年羹堯的死雖然與他恃才傲物、過分輕狂有關，但更重要的是他知道得太多太多了。他在一日，雍正都是如鯁在喉，如若不是這樣，雍正又怎會忍心將如此良將送到閻王殿當差呢！

福康安：戎馬一生的「私生子」

關於福康安，其實讓人們更為關注的並不是他做出了如何多的成就，是其神秘莫測的身世之謎。幾經傳說，都把福康安說成是乾隆帝的私生子，這可是一個好的噱頭。皇帝的兒子，還有什麼比這個更讓人好奇的嗎？福康安的父親是大學士傅恒，他的親姑姑就是乾隆皇帝的嫡妻孝賢皇后，要是按照輩分來說，福康安應該稱乾隆為姑父，可是這麼一傳說，就從姑父變成了父親。那這個傳說到底是不是真的呢？

生活在這樣一個富貴之家，福康安從小就過著錦衣玉食的生活，優渥的生活也把他養成了眉清目秀、粉雕玉琢的可愛模樣，真是人見人愛。乾隆皇帝見過之後，更是把他帶入宮中撫養。要知道，皇家別看表面富貴，其實親情更是淡薄。可是，福康安硬是把乾隆皇帝心底那殘存的點點父愛給激發出來了。說來，還是福康安的模樣長得好，他與乾隆皇帝早年夭折的兩個兒子長得有幾分相似，那時乾隆對這兩個兒子很是寵愛，可是無奈早夭，心裡傷痛萬分。在看到福康安後，更是把他當成了那兩個兒子，這對他來說就如同找到了精神寄託，對他是如同親生兒子一般地教導培養。兩人的感情更是日漸增長，情同父子。正是因為乾隆對福康安不同尋常的態度，讓眾人紛紛猜度，這裡面是不是有什麼隱情，要不然一個皇帝放著那麼多的兒子不去教養寵愛，偏偏把妻子的侄兒放到身邊，這太讓人匪夷所思了，讓人想不通。於是乎，民間便調動自己所有的想像力，想來想去終於找到了一個合理的理由。那就是福康安是乾隆的私生子，也只有這一理由，才能解釋乾隆為什麼會對福康安這麼寵愛。

野史中有傳，傅恒的夫人也是滿洲有名的美人，一次入宮覲見皇后，沒曾想遇到了風流皇帝乾隆。乾隆作為一個皇帝，擁有後宮佳麗三千，可是在他看到傅恒夫人的那一刻，頓時覺得三千粉黛無顏色，為眼前人所傾倒。之後，他經常找機會「遇見」傅恒夫人，兩人之間也慢慢地有了感情，再後來就有了福康安。兩人之間的這種曖昧關係持續了很長時間，可是再嚴密的防護措施也有疏漏的時候，他們的事情終於還是被孝賢皇后發現。當孝賢皇后知道後，震怒、吃驚、傷心……百感交集，她如何也想不到自己的丈夫會與自己的弟媳發生這樣不倫的事情，讓她難以接受，一口怒氣湧上心頭，生生被氣死了。當然，這些野史記載並不足以讓人相信，但是乾隆與福康安之間的關係好卻是有目共睹的。

且不說福康安從小就被乾隆接到宮中親自培養，就是長大後也是對他極為器重。不過，福康安也沒有辜負乾隆的一番細心培養，真的是很爭氣。乾隆三十二年的時候，剛滿十三歲的福康安就承襲了雲騎尉；四年後更是當上了御前侍衛；在當上御前侍衛一年後，又升任了戶部侍郎，不久之後又升遷為滿洲鑲黃旗副都統，並且受命趕赴四川軍中任平叛將領。雖然這一路暢通的升遷背後都有乾隆在做幕後推手，可是那也是因為福康安本人有這份本事。福康安在軍中初從阿桂，在其手下得到了很好的訓練，對於軍務更是有自己的一套方法。乾隆看到福康安的表現深感欣慰，對他多次嘉獎，曾先後任其為兵部尚書、總管內務府大臣、太子太保等，恩寵可謂是盛極一時。乾隆也曾想要封給福康安王爵，但是朝臣們均紛紛表示不合禮制，讓他未能如願。但是，這個願望乾隆始終記在心裡，既然不能直接封，那就繞道，多多地積攢軍功，等到軍功夠多夠厚夠高的時候，自然而然也就能封王了。可以說，乾隆為了福康安的王爵可是絞盡了腦汁。但是，軍功可是說拿就拿的，那是要拿命去拼的，有的時候命丟了，也不見得能撈著個軍功。所以，在福康安每次出征之前，乾隆都竭盡全力地為他挑選精兵強將，希望能夠讓他既安全又能得軍功，出則必勝。

乾隆三十七年，清兵再次進攻大小金川，福康安跟隨阿桂一同平叛。乾隆四十九年，甘肅伊斯蘭教徒起義，他再次跟隨阿桂一同去鎮壓，攻破石峰堡，事後被封為一等嘉勇伯。乾隆五十二年，臺灣林爽文起義，乾隆命他同海蘭察共赴臺灣平定民變，起義平息後，論功行賞，福康安再次被晉封為一等嘉勇侯。雖然福康安始終沒有被封王，但是乾隆皇帝始終對他寵愛如一。不過，有件事情讓大家很好奇，也正是這件事情，更加讓人懷疑福康安就是乾隆的私生子。要說福康安在乾隆那裡可是大大的紅人，什麼好事兒乾隆總是會給他留一份兒，可是在選駙馬這件事上，卻沒有福康安什麼事情。清朝的時候，其實也不光是清朝，縱觀整個歷史，皇家公主下嫁朝中權貴大臣家裡的事情是數不勝數。乾隆的女兒長大了，自然要選駙馬了，乾隆心裡的駙馬人選自然是那些年輕有為的青年，這裡就有福康安的大哥福靈安和二哥福隆安。大哥福靈安被封為多羅額駙，為正白旗滿洲副都統；二哥福隆安被封為和碩額駙，歷任兵部尚書和工部尚書。福康安的兩個哥哥都做了額附，可是福康安卻沒被選上，這沒理由啊？估計福康安自己都想不明白，自己一個大好青年，文武雙全的，怎麼就連一位公主也不給他？這是為什麼啊？為了這件事情，傅恒還曾入宮找過乾隆，希望乾隆也能把公主許配給福康安，但乾隆未許。之後，此事不了了之，而福康安也另取了賢妻。這件事情不得不讓人深思，這到底是為什麼呢？難道說乾隆對福康安還另有安排，還是福康安真的就是龍子呢？也只有他是皇子，乾隆才那麼肯定地不讓他娶公主，否則以乾隆對福康安的寵愛，怎麼會不讓他成為自己的半個兒子呢？

不管福康安到底是不是乾隆的兒子，兩位當事人都沒有公開承認過，至於私底下是怎樣的情況就不得而知了。時間一轉眼就到了乾隆六十年，此時福康安的父親傅恒早已去世，而福康安還在為大清的江山四處忙碌著。這一次，他奉命帶兵鎮壓苗民起義，採用了剿撫並用的措施，初戰告捷。乾隆大悅，破格封福康安為貝子，這可是天大的榮耀。因為，福康安是第一個宗室之外，活著被封為貝子的人。許是，榮耀太盛，福康安有些承受不起，他病倒了。長途跋涉和緊張的作戰，讓他精疲力竭，可他仍繼續督戰，終於不敵，於五月在軍中病逝。乾隆皇帝得知後，萬分悲痛，淚水長流。這時，再也沒有人攔著他想給福康安封王了，他的願望實現了，福康安被追封為嘉勇郡王，配享太廟，並建立專祠以致祭。

在清朝的歷史上，外姓能夠封王的，除了清朝剛入關時封的三藩異姓王和少數的蒙古貴族之外，也只有福康安一人了。這樣的至尊榮耀可以說是絕無僅有，很難用正常的角度來考量此事，但是不能不說福康安一生，於國真的是勞心勞力，於民也是保得一方平安，其功績是永遠不可磨滅的。

各具特色的能臣們

于成龍：一代廉吏

說起于成龍這個人，想來大家都不會陌生。清朝類的電視劇中或多或少都有他的影子，而電視劇《一代廉吏于成龍》，則讓他成為主角被人耳熟能詳。歷史中清正廉潔的官員不少，在清朝近三百年的歷史中，以廉潔著稱的官員也不算少，但其中最著名的還要屬于成龍。因為他被「千古一帝」的康熙譽為「天下廉吏第一」，這是在清朝歷史中絕無僅有的殊榮。

于成龍受家庭薰陶，自幼讀書、好書，還立下了遠大的志向。雖從小立志、讀書，但他成名卻很晚，是一個真正大器晚成的人。其實，他在明崇禎十二年就曾參加過鄉試並且還是考中副榜的貢生，但是因為家中父親年邁需要照顧，就沒有出去做官。直到順治十八年，已經四十五歲的于成龍，才懷著滿腔熱血遠赴邊荒之地的廣西柳州羅城縣當知縣。羅城縣那時被清朝統治還不到兩年，局勢並不穩定，前兩任知縣一死一逃。于成龍初到羅城時，看到的是遍地荒草，城內也只有居民六家，茅屋數間，縣衙也只是三間破茅房的淒慘境況。他不得已，只能寄居在關帝廟中，生活異常艱難，更何況他還想開展工作，這更是難上加難。跟隨他一同前來的還有五名僕人，在不久後就或死或逃，可是于成龍卻始終堅持著，困境並沒有把他壓倒，他以堅強的意志，扶病理事，邁開了他宦海生涯的第一步。此後，他輾轉各地任職，一直做到藩臬二司督撫大員，其所到之處，皆有政績，頗有好評。他始終清廉自守，多行善政，深得百姓們的愛戴。

于成龍律已甚嚴，可以說是苛刻，他從不帶家屬赴任，也不許僕從揮霍，生活異常清苦。不過，他對百姓卻如春天般的溫暖，體恤有加，百姓有所求，竭盡全力他也要辦到、做到，說他「愛民如子」一點兒也不過分。可是正因為他凡事以百姓為念，以百姓為先，就得罪了不少同僚，包括他的上司，更有甚者，有時還會與朝廷的意見相左，但于成龍並不怕。在四川合州任知州的時候，當時那裡的戰亂剛剛結束，老百姓生活淒苦，他體恤生活困頓的百姓，就停止了以往百姓給府上送魚的慣例，並上疏陳述地方百姓的境況。上峰知府得知此事後，汗顏之，於是裁革擾累民間的事情十餘件。朝廷有旨要讓四川各地採伐楠木以供「欽工」之用，可這是勞民傷財的事情，更何況老百姓的生活剛剛穩定，就這樣大興土木實在是於民於國皆不宜，於是他毅然上書巡撫反對此事，並建議由文官衙役負責修路，武官兵丁負責伐木，這樣就可以不徵調民間夫役，老百姓就可以得到休息。他在湖廣黃州府任職時，剛巧趕上災荒之年，他自己就以糠代糧，把節餘下來的口糧、薪俸都拿出來救濟了災民，甚至把僅剩的一匹供騎乘的騾子賣了，換糧給餓著的老百姓。城中有富戶，他還親自上門勸富戶能夠開倉解囊，以賑濟災民。他是想老百姓之所想，急老百姓之所急，這樣的官讓百姓如何不愛、不敬。

于成龍當官有一個特點，就是治事勤謹，不管是大小政事都要親自處理，這樣勞心勞力的結果，就是透支了自己的生命力，再加上他的生活極為簡樸，健康更是不容樂觀。有人就勸他要注意保養休息，可是他卻回答，自己知道這樣做對身體不好，可是看到百姓、想到國家就想再多做點事情，他多做點，老百姓就少受些苦。肺腑之言，令人聞之動容。自古就有「當清官易，當好官難」，一個為官者能清正廉潔不貪污就算是清官，可是能讓人讚一聲「好」，說這官是個好官，那麼在清官的基礎上還要加一個「能」，就是要能為百姓多做好事。別看這一個簡單的「能」，能真正做到的屈指可數，那不是人人都有本事做到的。恰恰于成龍就是一個能吏，他一生崇尚實幹，能文能武，革弊鼎新，所到之處多行善政，不僅是一個清官更是一個能吏。康熙皇帝就曾贊其為「素有才能，足以辦事」。

康熙十九年十月，此時于成龍已經升任直隸巡撫，他視察過直隸境況後，就上疏奏請宣府所屬四處地方的荒地錢糧自康熙二十年起全部豁免，這讓數千貧民無不感恩戴德。十一月，宣府與萬全、懷安、蔚州、西陽等地夏秋接連受災，災情異常嚴重，這些地方每天都會發生餓死人的事情。于成龍焦急萬分，他考慮到即使平價出售糧米也只能救那些稍有財力能夠買糧的人，於大多數的勞苦百姓多無益，可正是這些人才是災民的絕大部分。即使他上疏請求賑濟，朝廷能允，可等到批准實行，時間也過了一個月甚至更長時間，災民的情況一天都等不了更何況這麼長的時間，這一個月的時間災區不知要餓死多少人。在這緊急的情況下，于成龍沉著冷靜，他先是派遣屬員趕赴災區，在未經批准的情況下，就先動支平糶倉糧進行賑濟，凡確屬饑困不能謀生的百姓，每人賑給二斗。這一舉動讓大多數的窮苦饑民得以存活。于成龍擅自開倉，先斬後奏的做法其實是冒著很大的危險的，要知道，這些糧可是國之命脈，一般輕易動不得的，輕則受罰丟官，重則可是要掉腦袋的。可是，于成龍權衡利害之後，還是毅然決然地做了，這樣能夠置個人安危於不顧的官員，在封建官場中真可算得是鳳毛麟角了。

于成龍為官二十餘年，多次向朝廷舉薦賢能官員，而這些人之後大多被朝廷重用。不僅舉薦官員，他還竭盡全力整肅吏治。于成龍對朝廷里吏治的腐敗有很清醒的認識，這是歷朝歷代都不可避免的，他看到不合理的情況，總是盡自己的所能予以革除或規避。康熙二十年十二月，康熙考慮到江南是財賦重地，為了朝廷的財政就必須派一個清廉的能臣前往料理，而于成龍就成了不二人選。康熙特旨授予于成龍兩江總督，前往江南。江南大省，政務繁多，于成龍到達目的地後廢寢忘食地工作。總督衙門重門洞開，有事的官員可以直接入內找到于成龍，毫無阻擋。他還時常微服走訪民間，問百姓疾苦，察吏安民。他的到來，頗讓一些品行不端的人膽戰心驚，就怕被于成龍抓住。可是，黑的就是黑的，再敷衍也成不了白的。在江南幾個月的時間，于成龍興利除弊，政化大行，使得江南的吏治在很長一段時間得到了整肅。

眾所週知，于成龍是一個文官，但他卻屢建武功，其武略也不遜於武官，事實可以證明這一點。康熙十二年冬，當時吳三桂起兵叛亂，從雲南揮師北上，接連攻陷湖南諸州縣，兵鋒直逼岳、荊等州。吳三桂大軍一路挺進湖廣後，到處散佈謠言，煽動蠱惑老百姓叛亂。在這種情況下，麻城、大冶、黃岡、黃安等地的山寨都紛紛響應，勢力日盛。

當時的巡撫張朝珍深知于成龍在黃州一帶深受老百姓的愛戴，在當地很有威望，於是派于成龍前去招撫。于成龍知道這些人雖然起兵叛亂，但眾心未齊，叛軍仍處於搖擺不定的狀態。於是，他就在距離叛軍營寨十里左右的地方宿營，張榜告訴百姓，凡是脅從者只要自首就可免罪，如過三日之內不自首，那麼就以從賊論處。沒想到此榜一貼，數日之內前來投誠的人就數以千計，局勢一下子就得到了扭轉。于成龍乘勢又讓當地鄉老宣諭叛亂部眾，凡降者可以免死。他還親自騎著騾子直闖敵寨，別看叛軍兇狠，但平素他們對于成龍都十分畏懼。叛軍頭目見他闖來，倉皇間逃往山中藏匿。其它的叛軍手執兵器更是嚴陣以待，于成龍視若無睹，鎮定自若地揮著鞭騎著騾直入山寨內堂，升堂而坐。這些叛軍哪見過這等凜然氣勢，皆被震懾，紛紛拜伏在地。其實他此來並無惡意，之後他勸降眾人歸順朝廷，眾叛軍也紛紛歸降。之後，于成龍又擒斬了黃金龍等叛亂頭目，此次黃州的叛亂算是平息了。

沒曾想一波剛止，數波又起。何士榮在永寧鄉反叛，陳鼎業在陽邏，石陂有劉啟業，泉畈有周鐵爪、鮑世庸，這些人各自聚眾數千人，在東山集合叛亂，人稱「東山賊」。當時，湖北各鎮駐軍皆在湖南征剿吳三桂叛軍，于成龍所在的黃州也不例外。州中只剩下包括官吏在內的寥寥數百人，以百敵千，勝算難定，人們心中惶恐不安。於是，有人就建議放棄黃州退保麻城，這樣還有生存之機。但是，于成龍認為這個建議不可行，堅決反對。因為黃州作為戰略要地，如果放棄黃州，那麼荊、嶽兩地皆不戰而瓦解，得不償失。寧可拼死也要守住黃州，不能將戰略要地拱手讓人。他率領黃岡知縣李繼政、千總李茂昇等人，募集鄉勇兩千人，仔細慎重地分析敵情後，首先集中兵力對付何士榮部。雙方展開激戰，終於將何士榮等頭目生擒，大敗叛軍。接著，他們又乘勝追擊，先後將石陂、白水叛軍擊潰，東山大定。此次，于成龍平叛從出師到告捷，可謂是迅速勇猛，僅用了短短二十四天，就將叛軍剿滅。

這樣看來，于成龍也是文武雙修的人。文官則清正輔國，武官則謀略安邦，清代歷史上這樣的人物少有。不過，這樣剛正不阿的人物，做起事情來鐵面無私，不善逢迎，因而容易被一些權貴所忌，所不喜，他晚年就曾遭彈劾受到降級處分。康熙二十三年四月，于成龍病逝，訃告至京，康熙為朝廷失去一柱石而悲痛萬分，他親下諭旨讓于成龍官復原級，祭葬如禮，諡號「清端」，並賜予御製碑文，以示褒獎。說到底，評價一個官吏好壞的最終標準還是民心嚮背。俗話說，百姓心中有桿秤。他辭世的消息一經傳開，江南百姓無論男女老少，紛紛湧上街頭伏地痛哭，有的還在家中繪製于成龍的畫像持香紀念。他歸葬之日，江南士民更是多達數萬人，步行相送二十里，人們以自己的方式緬懷這位元一心為民的好官。一個當官的人，在死後能夠受到人們這樣的擁護和愛戴，于成龍也不枉此生，他用自己的一生證明了自己不愧於百姓蒼天。

劉墉：深受愛戴的宰相

劉墉出身於山東諸城的劉氏家族，是名門望族，一個世代書香、以科舉仕進為榮的家庭。劉墉的曾祖父劉必顯是順治年間的進士，祖父劉棨曾擔任過四川布政使，是康熙朝有名的清官，父親劉統勳更是一代名臣，官至東閣大學士兼軍機大臣，可以說家世顯貴。

不過，讓人們對劉墉熟悉的還是他另外一個名字「劉羅鍋兒」，說劉墉你可能想不起他是誰，可一說劉羅鍋兒那是無人不知無人不曉，在此得感謝一下辛苦工作的影視劇作家們，是他們把劉墉搬上了螢屏，被人們所瞭解認知，也許這裡面有些藝術加工，但不可否認的是普及了大眾，這麼高的上鏡率讓劉墉一下子深入人心。看到影視作品中的劉墉大多是個羅鍋兒的形象，歷史上真正的劉墉是這樣的嗎？

要說在封建社會，選官向來是有著嚴格要求的，首先就要以「身、言、書、判」標準。所謂身，也就是一個人的整體形象，需要五官端正，身體健康無缺陷。所謂言，就是要口齒清楚，語言明晰，否則如何治事？所謂書，就是字要寫得工整漂亮，這樣有利於上級看他的書面報告。所謂判，就是要思維敏捷，審判明斷。在這四條標準之中，「身」居首位，可以看出外在形象的重要性。不過，劉墉作為科甲出身，那麼必在「身言書判」四方面都合格，方可順利過關。這麼說，劉墉就不會是「羅鍋兒」。那麼，這個稱號是哪兒來的呢？肯定不是空穴來風，查來查去，才發現事出有因。史書上記載，嘉慶帝曾稱劉墉為「劉駝子」，可見他確實有些駝背。不過，當時劉墉已經年屆八十歲，上了年紀的老人難免都會駝背彎腰，那麼稱他為劉羅鍋也就不難理解了。不過，這並不能證明劉墉年輕時就是個羅鍋兒。但不知什麼原因，劉墉遲遲沒有參加科舉考試，在那樣的家庭，劉墉不可能是個平庸之輩，為什麼不參加科考，至少目前的史料中尚未發現他在三十歲之前參加科舉考試的記錄。劉墉是在乾隆十六年，這時他已經三十三歲，才因為父親的關係，以恩蔭舉人的身份參加了當年的會試和殿試，一舉獲得進士，後改翰林院庶起士。難道是因為身體的原因，這個就不得而知了。

不論是不是羅鍋兒，這都不妨礙劉墉最後成為一國的宰相，也不妨礙人們對他的喜愛和尊敬。從劉墉考中進士，到被外放出仕，其後的二十餘年間，曾先後做各地的父母官，然後從學政、知府，直至一方面的督撫大員。在任期間，劉墉繼承和發揚了其父劉統勳的優秀品質，行事正直幹練、雷厲風行，對科場積弊、官場惡習進行了整頓，起到了很好的作用，著實為百姓做了不少實事。

他曾做過安徽和江蘇的提督安學政。這裡所說的提督學政，指的是一省的教育長官，類似於現在的教育廳長，但不同之處在於學政不受當地最高行政長官的節制，可以獨立開展各項事務，就是督撫大員也不能管學政的事情。只有在特殊情況下，如學政離任，督撫才可暫時代管其事。不僅督撫無權管理其職，學政還擁有可以直接向皇帝上書，反映地方情況，吏治民風的權利。劉墉在前往安徽赴任前，乾隆帝特意召見並賜詩，希望劉墉能夠不辱使命、有所建樹。而劉墉也確實不辱使命，對待工作嚴肅認真，使任務圓滿完成。

在乾隆三十四年，五十一歲的劉墉出任江寧知府。其實，仔細算起來，從劉墉乾隆十六年中進士到此時，他已經在宦海之中整整摸爬滾打了十八年，可以說，他的仕途之路並不平坦。早年，在翰林院做侍講時，就因父親劉統勳的原因與其它的兄弟一起下了獄，寬釋後降為編修。後來，還是因為外放到安徽和江蘇任學政，因為卓越的表現才又得到乾隆皇帝的賞識，擢升為山西太原府知府。一步步小心翼翼地當了知府，劉墉十分珍視每次機會，在任時對下屬要求嚴格。然而，官府裡難免有仗勢欺人、耀武揚威之輩，老百姓不怕吃苦就怕這些官員，吃著苦還沒地方說理去。劉墉對這樣的情況很清楚，為了避免此類事情的發生，就是要以身作則，對下屬嚴格要求，遇到欺壓百姓者更是嚴懲不貸，老百姓對他也是感恩戴德，十分敬重。不過為此，他可是得罪了不少的官員，包括他的上司。劉墉身正，無所畏懼，只是想一心為百姓謀取福利。一直到乾隆四十五年，劉墉被授命為湖南巡撫，其官職全稱是巡撫湖南等處地方提督軍務，其主要職責是節制各鎮兼理糧餉，駐長沙兼理軍民事務，這才成為名副其實的封疆大吏。他在湖南任期內，繼續以往的行事準則，先是盤查倉儲，然後是勘修城垣，再次是整頓吏治，鎮壓反叛。在短短不到兩年的時間裡，政績斐然。這在《清史列傳》中就有記載，說他「在任年餘，盤查倉庫，勘修城垣，革除坐省家人陋習，撫恤武岡等州縣災民，至籌辦倉穀，開採峒硝，俱察例奏請，奉旨允行。」可見其是真的在做事，而且是非常認真地踏實苦幹。

乾隆四十七年，劉墉終於結束了外放做官的生涯，奉調入京出任左都御史，在南書房任行走。外放做官雖然辛苦，但所處的局面也相對簡單，不像京城裡朝堂上黨派爭奪得厲害。他回京時，正是和珅走紅之時，那時的和珅可是炙手可熱，無人不捧著。可是劉墉卻不予苟同，他總是默默地做著自己的事情，不參與、不附和，管不了就嚴格律己。在入京的前幾年，他的仕途也還算順利，曾做過協辦大學士、吏部尚書、上書房總師傅。

雖然劉墉並不附和和珅，總是想獨善其身，可是有時候總是事與願違。因為劉墉與和珅的關係，就像忠奸的兩個對立面，人們總是把他倆做比較，使得兩人水火難容。有朝鮮書狀官徐有聞就曾說過：「和珅專權數十年，內外諸臣，無不趨走，唯王杰、劉墉、董誥、朱矽、紀昀、鐵保、玉保等諸人，終不依附。」今天，通過人們的想像和藝術還原，劉墉與和珅之間鬥智鬥勇的故事常常被影視工作者搬上大螢幕，不管事情的真假，人們皆被二人之間的故事逗得捧腹大笑，這也算是他們為了藝術而獻身了。我們都知道，和珅這個人是個大大的貪官，他在乾隆帝死後的次日，就被嘉慶帝奪了軍機大臣、九門提督等職務，可見嘉慶對和珅是多麼有意見。在和珅倒楣的時候，劉墉到了上書房，成了總師傅，入內當值，以供隨時諮詢，生活是一片安靜祥和。與之相反，和珅卻沒有了乾隆朝的風光，各省督撫及給事中，紛紛上章彈劾和珅，要求將和珅處以淩遲，可見其民怨之深。此時，劉墉等人上前建議，認為和珅雖然罪大惡極，但他畢竟擔任過先朝的大臣，而且先帝剛剛去世就處理他留下的寵臣，這讓乾隆的臉往哪裡放呢？為了挽住乾隆的聲譽，就從輕發落吧，即賜令自盡，保其全屍。

和珅身處國家要職，手下門人無數，為了防止有人借和珅案打擊報復，避免案件擴大化，劉墉等人又向嘉慶帝建言，一定要妥善做好善後事宜。因此，在處死和珅的第二天，嘉慶帝就發佈上諭，申明和珅一案已經辦結，以安撫人心，並且為了防止打擊報復，還做了有效的防護措施。和珅之案結束後，劉墉受贈太子太保，可見嘉慶帝對他的肯定。

嘉慶九年十二月二十五日，劉墉在北京驢市胡同的家中去世。他去世的當天，曾到南書房當值，晚上還開宴會招待客人，最後是端坐而逝。劉墉雖然早年仕途不順，但他無疾而終，壽終正寢，也算是功德圓滿。他為人正直，生活節儉，遵守禮法，在朝堂內外享有盛譽，帝王對他信賴，百姓對他愛戴，雖然總有人把他說成羅鍋兒的形象，但無損他在人們心目中的完美形象。

紀曉嵐：聰穎過人的才子學士

提起紀曉嵐，可以說是中國家喻戶曉的人物。說起他，人們總是能說上一大堆的故事。要說他為什麼能被大眾這樣廣為知曉，這裡就有影視工作者的一部分功勞了。紀曉嵐的故事被他們一而再再而三地搬上螢屏，加上故事幽默風趣，人們都喜歡看，就這樣，慢慢地紀曉嵐此人便被大家熟悉和喜愛了。不過，螢屏上的紀曉嵐畢竟大多數都是戲說，並不是真正的歷史，那個被大家熟悉的嬉笑怒罵的紀曉嵐都是被藝術誇大了的，歷史上的他到底是什麼樣子的呢？

其實，紀曉嵐算是乾隆蓄養的文學詞臣，因為根據史料來看，紀曉嵐的一生做過最多的兩件事情就是主持科舉和領導編修，是一個文化工作者。

在民間傳說中，紀曉嵐的形象風流倜儻，一表人才，其真實情況則完全不是這樣。根據史書上的記載，紀曉嵐是一個「貌寢短視」的人。這裡所謂的「寢」，指的是相貌醜陋；「短視」則指的是近視眼。另外，與紀曉嵐交遊數十年的朱矽還曾經在詩中這樣描述紀曉嵐：「河間宗伯姹，口吃善著書。沉浸四庫間，提要萬卷錄。」這樣看來，紀曉嵐還有口吃的毛病。可以看得出來，紀曉嵐不是一個玉樹臨風的美男子。不過，科舉考的是才能而不是外貌，他既然能通過層層科舉考試，應該說整體形象還是合格的，否則也無法參加科舉考試。這是因為考生參加考試，首先是要有審音官通過對話、目測等檢查其形體長相以及說話能力的，這樣做的目的，是為了避免官員上朝時因自身形象而影響朝儀「形象」。既然紀曉嵐能夠通過這一關，就說明他應該不至於醜得沒法見人，至於紀曉嵐的長相，不好看卻是毋庸置疑的。長得醜，近視眼，口吃，這些特徵直接導致了紀曉嵐不能成為乾隆的寵臣，雖然他才華橫溢、風趣幽默，雖然乾隆對他很欣賞，但也是貌合神離，乾隆其實並不信任他。而乾隆的不信任，直接導致了紀曉嵐的官場命運不順遂、不如意。

看到這裡，許多人都會問「為什麼」，是啊，這是為什麼呢？要說乾隆此人也是中國歷史上有名的「聖主」，可是再完美的人都是有一些瑕疵的，更何況是帝王，身居高位。乾隆是一位自小生長在深宮的皇帝，他有很多的怪習，他喜歡一切美的東西，包括他的後宮，那裡可是集各美於一家。這可是不是隨便說說，乾隆要放在現今，那就是一個收集美的收藏大家，是個集美愛好者。要不然，他也不會隔著千山萬水把香妃帶到了京城，還為了香妃而傷心欲絕了。可見，乾隆是一個愛美之人。乾隆這一標準不僅使用在他的妃子身上，同樣還用在了身邊近臣的用人標準上。乾隆不但要求人要機警敏捷、聰明幹練，還要外表俊秀，年輕有活力。看他身邊的和珅、王杰、于敏中、董誥、梁國治、福長安等人，就知道乾隆的標準了，那可都是數一數二的「美男子」。和珅的美貌是不用說的了，即使是福長安，能在乾隆晚年得到寵信，一方面是由於他死心塌地地追隨和珅，兩人是死黨的關係；另一個方面也是因為他年輕英俊，長得好看的緣故。曾經來華的英國特使馬戛爾尼在其著作中記載說，福長安英氣逼人，是一個典型的貴族美少年。可以看得出來，乾隆不愧是大集美者，連身邊的朝臣都不放過。不過，愛美之心，人皆有之。看到美好的事物，是一件賞心悅目的事情，能夠讓人心情舒暢，做事也能夠事半功倍。不過，以乾隆的這個標準，對於紀曉嵐來說，可就不妙了。

紀曉嵐雖然不能當乾隆的近臣，不能被倚重，但是在文學方面，乾隆對他還是很欣賞的，讓他主持科舉和修書。要說紀曉嵐的才學可謂是淵博，可是他留下來的書籍詩稿卻是不多，人們都不禁納悶，他為什麼不寫書呢？那還要說清朝當時的歷史背景。眾所週知，清朝文字獄的高發期是康熙、雍正、乾隆三朝。其中著名的有，康熙朝莊氏《明史》獄和戴名世《南山集》獄；雍正朝查嗣庭獄和呂留良、曾靜獄；乾隆朝文字獄更加嚴苛，大多是無中生有、借題發揮，不少人因此而家破人亡。如內閣學士胡中藻獄。胡中藻不過是在詩歌中說了一句「一把心腸論濁清」，乾隆就認為其是故意加濁字於大清國號之上，大不敬；還有一句是「老佛如今無病病，朝門聞說不開開」，被乾隆認為是諷刺他朝門不開，不進人才。胡中藻還被翻出他在廣西學政任內，曾出試題「有乾三爻不像龍說」，這也被認為是「龍」與「隆」同音，是詆毀乾隆的年號。就這樣胡中藻被乾隆冤殺了。紀曉嵐經歷這樣的事情太多，他雖心有餘而力不足，就變得麻木，對文字的麻木，對這些文字獄自然深有感知，他不再輕易著書了。清代大學者江藩在其《漢學師承記》中曾說，紀曉嵐一生精力全都耗在《四庫全書總目提要》一書上，又喜歡寫些稗官小說，故而「懶於著書」，他青少年時期的著作都藏在家中，未曾流傳於世。

不過這到底是不是真的，我們不得而知。不敢著書的紀曉嵐，其實他一生的著述還是頗豐的，既有以官方身份主持編纂的《四庫全書》、《四庫全書總目提要》、《熱河志》等，還有以私人身份著述的《閱微草堂筆記》。

紀曉嵐在和同僚一起纂修《四庫全書》時，其實也因此而飽嘗文字所帶來的危害，甚至家破身亡。修《四庫全書》本來就是一個龐大的文化工程，中間肯定要出現一些不可避免的錯誤，畢竟人是不可能不出錯的。但是，只要盡心盡力，有錯即改，加以完善就可以了。可惜紀曉嵐他們要面對的是朝綱獨斷、好大喜功的乾隆皇帝，一些細微之誤也會引來殺身之禍。算來，在整個纂修《四庫全書》的過程中，總纂紀曉嵐、陸錫熊和總校陸費墀等人，都因出現過差錯而遭到呵斥、交部議處、罰賠等處分。最後，總纂陸錫熊還死在了前往東北校書的途中，而陸費墀也因無力負擔江南三閣的修改費用而被革職，最終鬱鬱而死，家產也被官府查抄，落得個身死妻離子散的下場。身為同僚的紀曉嵐，身在暴風雨中心，自然知道其中的深淺，也使他更加真切清楚地認識到自身所處環境的險惡。要想活得好，那麼最好是明哲保身，身處事外，雖然這樣不是什麼萬全之策，可是也能獲得一時的安寧。

我們經常在電視劇中看到紀曉嵐與和珅的關係是勢不兩立，水火不相容的，兩人在一起是鬥智鬥勇，妙趣橫生。其實，這在民間也有不少傳說，講的都是紀曉嵐如何捉弄和珅，也可以看出兩人之間的矛盾。《清朝野史大觀》就記載著，說和珅在宰相府內修建了一座涼亭，修建好後，和珅就看到涼亭上需要一幅亭額，就想到紀曉嵐的字寫得好，便求他給題個字。和珅本以為紀曉嵐不能答應，可沒曾想剛一說來意，紀曉嵐就爽快地答應了，和珅為此還高興了半天。紀曉嵐題的什麼字呢？他題的是兩個字「竹苞」。這兩字也是有出處的，它們出自《詩經・小雅・斯干》中「如竹苞矣，如松茂矣」句，人們常以「竹苞松茂」來形容華屋落成，家族興旺之意。和珅也是個有學問的人，看到紀曉嵐的題字，再聯想這兩字的意思，是大為高興，沒二話地就高高掛在書亭上。一次，乾隆到和珅宅第遊玩，看見紀曉嵐的題字，就知道了紀曉嵐是在捉弄和珅，看到和珅不解其意的樣子，他就笑著對和珅說，這個紀曉嵐是在罵你們一家「個個草包」呢。和珅一看，一想，可不是，這紀曉嵐確實是在戲耍他！於是和珅對紀曉嵐更是憤恨，幾次進讒言參奏紀曉嵐。不過，這也是民間傳說，沒有史料佐證，我們也只能當它是一個趣事來聽聽。

在史料中有記載，和珅在他飛黃騰達之後，曾與文學名流詩文唱和。有時他私下請紀曉嵐、彭元端幫他的作品潤色。而紀曉嵐和彭元端兩人也是考慮到和珅權大勢重，萬一不去的話，被他穿了小鞋那可就得不償失了，因此每每為他做了「槍手」。當然，也只是簡單的潤色文字而已，紀曉嵐並不依附和珅去謀求高位，只是不想顧此失彼而已。據朝鮮使臣徐有聞所見，和珅專權數年，朝廷內外許多的大臣都投靠在他的門下，只有劉墉、紀曉嵐、朱畦等人始終不依附。看來，紀曉嵐還是在竭盡所能地與和珅保持著距離，避免同流合污。他能在那樣的環境下做到這一點，可想而知有多不容易。晚年的紀曉嵐，常以弈道為喻，言其心志。其實，這是一種非常世故的態度，是他在官場摸爬滾打多年累積出來的經驗。正是經驗讓他能各不得罪，儘量保持中立的身份。

紀曉嵐雖然不得乾隆喜愛，但他在廣大民眾中間卻極受喜愛和歡迎，深受老百姓的追捧。這是為什麼呢？其實，這都跟紀曉嵐本人有關。

要說紀曉嵐的真性情，瞭解他的人都知道，那可是一個幽默風趣的人。如牛應之就曾說過：「紀文達公昀，喜詼諧，朝士多遭侮弄。」而錢泳也在《履園叢話》中說過，「獻縣紀相國善諧謔，人人共知。」諸如此類，可以看出，紀曉嵐此人是幽默風趣的。另外，紀曉嵐還極善於對對聯。對對聯，也就是「對對子」，它既是文人自幼接受教育啟蒙最基本的課程，又是民間流傳甚廣的一種娛樂活動，深受廣大老百姓的喜愛。紀曉嵐學識淵博，又才思敏捷，詼諧不羈，尤善對對聯，常有妙語妙對。如他曾為一窮苦鐵匠所寫對聯為：「三間東倒西歪屋，一個千錘百鍊人。」又如，他為理髮匠所寫的對聯為：「雖然毫髮技藝，卻是頂上功夫。」這寥寥數字，精細入神，可稱得上是絕對。

紀曉嵐善於對聯，這是毋庸置疑的。他的這個才能在當時的官場上也是流傳已久。他首先引起乾隆注意的，就是他出的一副燈謎。有一年的元宵節，為了圖個熱鬧喜慶，乾隆就命大小臣工上進燈謎，以供喜樂。紀曉嵐為此獻了一副燈謎，是一副謎聯，並注明上下聯各猜一字：「黑不是，白不是，紅黃更不是；和狐狼貓狗彷彿，既非家畜，又非野獸。詩也有，詞也有，論語上也有；對東西南北模糊，雖是短品，也是妙文。」此燈謎一出，就是頗有才華的，乾隆也一時猜不出答案，知道這是紀曉嵐出的題後，便召其回覆，結果得知其答案為字的偏旁謎，即「猜謎」二字。乾隆對紀曉嵐的絕妙才思是大加讚賞，而紀曉嵐的座師劉統勳等人，也乘機對乾隆誇獎紀曉嵐。此後，紀曉嵐名聲更盛。

乾隆二十五年，在乾隆的五十壽辰之日，文武百官紛紛撰聯賦詩，無非萬壽無疆之類。而紀曉嵐則別出心裁地寫道：「四萬里皇圖，伊古以來，從無一朝一統四萬里；五十年聖壽，自前茲往，尚有九千九百五十年。」這上聯指的是清朝統一全國後，西起蔥嶺，東瀕大海，北至外興安嶺，南至南海，疆域縱橫四萬里，清朝的版圖之大，這在歷史上是前所未有的；下聯指的是乾隆的五十聖壽再加九千九百五十歲，正好暗合為萬歲。上下聯正好是一個萬壽無疆，見到此聯後，乾隆大喜，一高興就傳旨將紀曉嵐擢升為了京察一等，以道府記名。想來，因為一副對聯而升職的也就只有紀曉嵐了。關於紀曉嵐對對子的故事還有許許多多，是真是假無從考證，不過也正是這些真真假假的故事，傳播了紀曉嵐的大名，讓他被人們所熟知、所喜愛。

除了紀曉嵐的幽默風趣和善對對聯外，紀曉嵐在朝堂上的朋友也不少，門生更是滿天下。早年間，紀曉嵐就與一幫志趣相投的文人學士們結成了文社，半月聚會一次，談古論今，切磋詩文。文社中有他的族兄紀昭和後來成為著名學者的錢大昕，就連上科進士劉墉，這時已由翰林院編修升為侍講，也參加進來。一段時間後，紀曉嵐與劉墉一齊被推為文社領袖。因為他的文才極其出眾，性格謙和風趣，使得他在朝廷上很快地擁有了一批興趣相投的朋友。再有，他先後任過乾隆己卯山西鄉試正考官、庚辰會試同考官、本省壬午鄉試同考官、提督福建學政、甲辰會試副總裁官、己酉武會試正總裁官，嘉慶丙辰會試正總裁官、己未武會試正總裁官、壬戌會試正總裁官等，使得他的門人學生也非常多。在當時，有誰當主考官就尊其為老師的習慣，這一算下來，紀曉嵐的學生可算是人數眾多了。朋友和門生一多，紀曉嵐的名字未免在他們口頭、著作中經常出現。這樣的結果就是紀曉嵐的聲名越來越大，越來越響。

最後，與紀曉嵐有關的就是兩部書了。第一部是《四庫全書》，第二部就是紀曉嵐自己的《閱微草堂筆記》。紀曉嵐是《四庫全書》的總纂官，他藉此機會刪定了一部重要的目錄學巨著《四庫全書總目提要》。這本書在學界也享有盛名。而《閱微草堂筆記》這部筆記也流傳甚廣，後世也獲得了極高的讚賞。這兩部書都留存後世，其編纂者紀曉嵐自然也被人們所知。綜合下來，雖然他在政治上沒有多大的成就，可是在文學上卻也是成績斐然的，文字傳入士林當中，再傳入百姓當中，他的知名度可謂是高。

紀曉嵐死後，謚號是「文達」，這也是對他文學才能一種相當高的認可。他一生才華和學術成就都十分突出，不僅是清代的文壇泰斗，學界領袖，更是一代文學宗師。縱橫整個中國和世界文化史，紀曉嵐也是難得一見的文化巨人。

和珅：中國古代第一貪

在民間一直有「和珅跌倒，嘉慶吃飽」的說法。不過，要說人們對他有多瞭解，卻又不見得。歷史上真實的和珅是什麼樣子的呢？

在《清史稿》和《清史列傳》中只記載著，和珅「少貧無藉，為文生員」，除此之外，有關和珅青少年時期的記載很少。這就使我們瞭解他受到了限制，也許是受這些史料的影響，有不少的學者就認為和珅出身於地位低下的「包衣旗人」，也就是內務府包衣，包衣也就是奴僕的意思。不過，這樣說也不確切。馮佐哲曾在《和珅評傳》中做過詳細的考證，認為和珅應該是滿洲正紅旗人，他家還曾一度被抬入正黃旗，可是後來因為獲罪，其家屬又被劃歸正紅旗。

有人說和珅出身貧賤、卑微，這也許是人故意造的謠，以表示對他的不滿。不過，這種說法甚至影響到了外國人。乾隆五十八年，英國來華特使馬戛爾尼就在他的回憶錄中說，皇帝的首相和中堂是個韃靼人，出身低微，但是很有才幹。當然，和珅出生時，家境並不富裕卻是事實。

從野史中我們或多或少地知道，和珅童年的時候曾在家裡與弟弟和琳一起接受過私塾先生的啟蒙教育。因為當時他的父親是福建副都統，所以在和珅十來歲的時候，就和弟弟一起進入了咸安宮官學。咸安宮與武英殿相鄰，均在紫禁城的西華門內。咸安宮官學創建於雍正初年，當時僅供內務府包衣子弟就學。不過，到了乾隆元年，這個規矩改了，除了原來內務府子弟外，還開始從八旗滿洲都統等家庭中選取優秀子弟來此就讀，每旗十名；另外，大臣子弟中有願意入學的，也可以來此就讀。這裡的教師多由翰林學士充任，最差的也是舉人。

學校分為漢書十二房，清書三房，各設教師一名，教授騎射和滿語的教師有三人。所涉及的課程主要有滿、漢、蒙古語還有經、史等內容。此外，每個學生還必須學習騎射和使用火器等軍事課程。看得出來，咸安宮官學已經成為當時官學中最一流的學習殿堂了。通俗地講，這就不僅僅是內務府包衣子弟的學校了，而是一座相當大的人才選拔基地。它是一所師資力量雄厚、學生品質很高的「全國重點學校」，這裡的人才多是為朝堂準備的後續儲備人才。

當時，和珅能夠就讀咸安宮官學，正說明了他是正紅旗中一名優秀的年輕俊傑。有史料記載說，和珅是一個地地道道的美男子，長得是玉樹臨風，風姿翩翩，吸引了無數的俊男靚女。和珅本人天資聰明，記憶力極強，還有過目不忘的本領，再加上肯吃苦肯努力，所以經常得到老師們的誇獎。他除了能將四書五經背誦得滾瓜爛熟外，其滿文、漢文、蒙古文和藏文也都學習得相當不錯。在此時，他就為日後的飛黃騰達打下了堅實的基礎。因為後來的和珅經常在乾隆身邊出席活動，他能夠運用各種語言接待不同民族的上層人士，同時還能用多種文字起草上諭，甚至連西域秘咒也能通曉一二，這樣的人才讓乾隆如何不喜歡。而帝王的喜歡自然讓他的官運更加亨通，自然飛黃騰達了。可以看出，和珅在小時候下的一番苦功算是沒有白費。機會真的是留給有準備的人的，如果和珅不會這些技能，即使他再善於鑽營諂媚，相信也不會那麼得主子的喜愛。因為，寵臣很多，可是能幹的寵臣卻不多。這時，和珅就顯得可愛了，一個能幹的、得主子喜歡的臣子，怎麼可能不紅呢？

其實和珅的家庭不能說是小戶人家，但也只能算是中上等人家。儘管是中上等人家，可是由於其父長年在外任職，家裡開銷較大。他和弟弟和琳與繼母的關係又不大好，因此經濟上就很拮据，手頭上並不寬裕。據說這個時期，他經常帶著家僕劉全找人借錢，以供在官學內的花銷。可是長貧難顧，沒多久也無人再借錢給他們了。在這樣的情況下，英廉對他多方關照，使他順利完成了學業。這個英廉原姓馮，是內務府包衣籍漢軍鑲黃旗人，曾任內務府大臣、正黃旗滿洲都統、直隸總督、東閣大學士加太子太保，並擔任過《四庫全書》正總裁，是乾隆期間頗得信任的高官。英廉為官比較清廉，他在乾隆四十八年病故，乾隆還特賜白銀五千兩治喪，入賢良祠，謚文肅。當時，他的孫女自幼失去雙親，英廉對她是格外疼愛，可是再疼愛，自己也總有死的那一天，孫女也得嫁人。於是，他想給孫女找一個好的靠山。當發現和珅之後，英廉是老薑毒辣，一眼看出和珅此人絕非等閒之輩，日後必能發達，就下定決心要把心愛的孫女許配給他。在看到和珅為學業四處籌錢的時候，就遞出了橄欖枝，和珅也欣然接著。在和珅十八歲的時候，他娶了英廉的孫女馮氏為妻。和珅與馮氏結婚後，兩人相親相愛，夫唱婦隨，感情頗好。嘉慶三年馮氏去世時，和珅十分痛心難過，他為妻子連作六首悼亡詩，其中有一首這樣寫著：

結縭三十載，所願白頭老。
何期中道別，入室音容杳。
屏幃尚彷彿，經卷徒潦倒。
淚枯挽莫眾，共穴傷懷抱。
遊川分比鱗，歸林歎只鳥。
追思病時言，尚祝餘足好。
猶憶含殮前，不瞑心未了。
自此退食餘，誰與伴昏曉。

可見，他們結婚三十多年，夫妻感情一直不錯，兩人是相濡以沫，互相扶持地一路走來的。馮氏為和珅生了唯一一個長大成人的兒子豐紳殷德，這個兒子就是後來娶了乾隆最心愛的女兒和孝固倫公主的人。

其實，和珅是一個非常重感情的人，他很看重家庭，注重家族的榮譽。他總想著怎麼樣才能讓他的家族保持著蒸蒸日上、人丁興旺的局面，為此他真的是花了不少的心思。他對自己的親人總是抱有責任，弟弟和琳可以說是他一手提拔和精心栽培的。提拔起來還不算，還一直為弟弟的家庭操心勞力。由於和琳長年在外，和琳子女的婚嫁也都是由和珅操辦的。嘉慶元年，和琳在外督辦軍務，不幸染病身亡。和珅傷心欲絕，一連寫了十五首挽詞來抒發自己內心的悲傷，是言不成聲，淚隨筆落，感情真切，讓人見之傷心，聞之落淚。

在人們的印象中，只有和珅後來有權有勢，是乾隆的寵臣的樣子，很少有人會探究他以前到底是什麼樣子，過著什麼樣的生活，他一路是怎麼走過來的，看他輕鬆得意的樣子，想來應該是很容易。其實不然，和珅的發跡也是有一個過程的，這與他自身的才能是分不開的，某種程度上是起了很大作用的。和珅二十歲踏進官場，幾年後他的仕途一路高升，暢通得無人能及。乾隆三十四年，二十歲的和珅承襲了三等輕車都尉世職。但和珅並不滿意自己現在的職位，於是他在第二年參加了順天府鄉試，可惜沒有中舉。不過，好運總是眷顧著他，在二十三歲時，他被授為三等侍衛，得到了出入宮廷的機會，雖然只是負責儀仗事宜，那也是向前邁進了一大步。乾隆四十年，和珅又從三等侍衛擢升為乾清門御前侍衛，兼副都統。第二年正月，二十七歲的他出任戶部右侍郎，三月份又被升為軍機大臣，四月兼任內務府大臣，八月調任鑲黃旗副都統，十一月充國史館副總裁，十二月總管內務府三旗官兵事務，賜紫禁城騎馬。他的一家也因為他的關係而從正紅旗抬入了正黃旗，成為「上三旗」的一員。就看這種幾乎每月都在升遷的速度，在歷史上恐怕都是極其少見的情形，真是「飛」一般的感覺。

風流倜儻的和珅一經被乾隆發現，便不離皇帝左右，在乾隆的周圍始終能看到和珅的身影。和珅除了悉心地侍奉著，還細心地留意乾隆的一舉一動，時間一久，通過一些細微的小動作，他就知道乾隆想做什麼，想說什麼，不能說全能知道，大概也能猜個八九不離十。所以，他不等乾隆開口，就把乾隆想要做的事情操辦得圓圓滿滿，把乾隆侍候得舒舒服服。這樣貼心的人，讓人如何不喜歡，所以乾隆對他是格外的寵信。其實，和珅在乾隆身邊是處於一個幫忙和幫閒的角色上的。乾隆喜歡附庸風雅，吟詩作賦。上峰有所喜好，那麼下面的就要投其所好。於是，和珅便在這方面苦下工夫，閒暇時總是學詩不輟，平心而論，和珅的詩寫得還是不錯的。與和珅處於同時代的錢泳就承認，和珅的詩，佳句頗多，看得出和珅很通詩律，他的大多數詩作被收入到了《嘉樂堂詩集》中。和珅憑藉著精心打造出來的詩文功底，經常與乾隆和詩，兩人有了共同的愛好，能夠傾心交談，他進一步贏得了乾隆的歡心。在中國第一歷史檔案館中，還保留著當年和珅與乾隆和詩的文檔。乾隆是一個愛好頗多的皇帝，他不僅喜好詩詞，還喜歡欣賞古董，對字畫、文物和各種工藝品也愛不釋手。於是和珅就挖空心思，四處倒騰古董字畫，讓乾隆加以把玩。乾隆喜愛書法，和珅就刻意摹仿乾隆的手跡，竟然真的達到了以假亂真的程度，以至於到了後來，乾隆的有些詩匾題字，他都乾脆交由和珅代筆。現今，在北京故宮重華宮內屏風上的詩文是乾隆書寫，而掛在故宮崇敬殿的御製詩匾，據考證卻是由和珅代寫的。和珅還曾與乾隆一同學習佛法。乾隆信奉喇嘛教，對佛教經典也很有造詣，曾主持翻譯並刻印《滿文大藏經》。看到乾隆的佛法精神，和珅也學佛經，有的書中還說他曾與乾隆一起修煉密宗。總之，乾隆喜歡什麼，和珅就學習並喜歡什麼，他的眼睛就沒有離開過乾隆的身邊，投其所好，讓乾隆離不開他。看得出來，和珅也是為之下了一番工夫的，這也因此讓他成為一個博學的人，也算是對他的另一種獎勵，畢竟知識是無人能奪走的。

和珅除了在乾隆面前賣乖討巧外，在日常生活中，他對乾隆也是體貼入微，見到乾隆咳嗽，他就毫不猶豫地端個痰盂去接，絲毫不顧忌自己大學士、軍機大臣的身份，他對乾隆皇帝也從來不稱「臣」，而只用「奴才」自稱，這讓乾隆很受用。乾隆喜歡講排場，貪圖享受。和珅就陪著乾隆巡幸江南，是東巡祭祖，西巡五臺山，一路的遊玩賞樂。

和珅自己極善於斂財，他就利用這個本事，廣開財源，公開賣官。為了斂財，和珅無所不用其極，如侵吞、受賄、索要、放債、開店、收稅、盤剝等，總之是巧奪名目地收錢。在乾隆八十大壽時，他還借舉行萬壽大典與千叟宴之機，命令外放三品以上大員都要有所進獻，在京各衙門長官也要捐出俸銀，而最為富有的兩淮鹽商至少要捐銀四百萬兩。他還首創了「議罪銀」，意思就是讓有過失的官員以交納罰銀代替處分，少則數千兩，多則幾十萬兩。和珅把搜羅來的錢，也不交給國庫，而是直接交到內務府，入了乾隆私囊，乾隆為此很滿意。為此，他對和珅搜刮別人錢財的時候大多都是睜一隻眼閉一隻眼。內閣學士尹壯圖看不慣和珅的行徑，就上奏表示反對這種做法，結果差點因此丟掉性命。《嘯亭雜錄》有記載，說是由於和珅的多方搜刮，使得原來入不敷出、經常需要戶部補貼的內務府不到幾年就扭虧為盈。這對內務府而言可是大大的好事兒啊！當然，和珅也不是傻瓜，他也趁機中飽私囊，要不他哪裡能成得了貪官呢？外省總是要給皇帝進貢禮品的，凡是送到京城後，首先就要過和珅這一關，而他從中看到喜歡的也就留下來，剩下的才送入宮中。在和珅被抄家時，人們就發現他所藏的珍珠手串，要比皇宮裡的還要好、還要多。可見，他截留了多少的好東西。不過，也正是因為這些東西，最後讓他喪了命。

乾隆四十五年，乾隆給和珅六歲的長子賜名為豐紳殷德，豐紳在滿語裡有福澤之意。乾隆一生共有十個女兒，其中五個早夭，和孝固倫公主是最小的一個。《清史稿》中記載，這個小公主是乾隆最鍾愛的女兒。在她沒嫁之前就賜了金頂轎給她，是非常地寵愛。她十三歲時，被破格封為固倫公主。不過，他把自己最心愛的小女兒和孝固倫公主許配給了豐紳殷德。可見乾隆對和珅一家的榮寵，無人能及。乾隆五十四年，十五歲剛過的和孝固倫公主就與豐紳殷德完了婚。公主下嫁時，乾隆除了大量賞給她土地、莊丁和奴僕外，還賞賜了豐厚的嫁妝。兒女親家的關係使得乾隆與和珅的關係進一步加深了，這讓和珅成為其它人望塵莫及的皇親國戚。

隨著執政時間的變長，乾隆也變得越來越老了。此時的他對和珅也更為依賴，無人能夠替代。由於乾隆的寵信，和珅的官職扶搖直上，可謂是高官做遍，在歷史上前無古人，後無來者。乾隆六十年，乾隆立第十五子嘉親王顒琰為皇太子，決定次年實行「禪讓」。對於乾隆的這個想法，和珅其實是心有不滿的，他對自己的未來表示擔憂，可是他也無法公然表示反對。如果他反對，那就意味著不僅僅要對抗當朝皇帝乾隆，而且更重要的是得罪新皇帝嘉慶。這樣的結果就是，他在新、老皇帝面前全部失寵，這可不是他想要的結果。他考慮來思慮去，想著自己怎樣能夠在保全自己的同時又能夠兩面討好，既能控制年老的乾隆，又能掌控嘉慶。其實乾隆雖然退位，但是他這個太上皇卻不是一個老老實實安享天倫之樂的太上皇，他可是中國歷史上最有權勢和地位的太上皇，他仍牢牢掌握著大清帝國的權杖，嘉慶不過是應付一些朝廷禮儀的表面皇帝而已。據記載，年紀大了，記憶力總是要衰退的，當了太上皇的乾隆記憶力就衰退得很嚴重，往往當天早上所做的事情到了晚上就想不起來了。當然，那時的乾隆已經是八十多歲的老翁，哪還有那個精力呢！在這種情況下，和珅就成了乾隆的代言人，更加地驕縱不法，貪污納賄，無所不為。和珅一手遮天，文武百官無人敢與之抗衡，就連乾隆的兒子們對他也要禮讓三分。

這樣的情況，讓新皇帝嘉慶非常不滿意。他繼位時就已經三十七歲，正是想有所作為的時候，可是乾隆死死不肯交權，這讓嘉慶這個皇帝徒有虛名。而和珅又在一邊狐假虎威，嘉慶對這種局面日益不滿。不過，鑒於曾祖父康熙時期太子立而廢、廢而立的教訓，嘉慶不敢輕舉妄動，只能虛與委蛇，小心謹慎地提防著和珅。嘉慶在忍也在等，他在等待時機，相信這個時機等的不會太久。他清楚地知道乾隆去世的時候也就是和珅倒臺的時候，事實也正是如此。乾隆剛剛去世，嘉慶馬上就作出周密部署，懲辦了和珅。和珅是聰明一世，糊塗一時。樹倒猢猻散這樣的簡單道理都沒有明白，沒有提前做出預防，還那樣肆無忌憚地行事，無怪乎嘉慶那麼快就把他給收拾了。

嘉慶四年正月十八日，乾隆去世剛剛半個月，和珅這時下獄已經七天，嘉慶派大臣前往和珅囚禁處，賜給他白綾一條，令他自盡。和珅在乾隆去世的時候就已經知道自己死期不遠了，可是回想過往，他也不禁悲從心來，提筆寫下了一首詩：

五十年來夢幻真，今朝撒手謝紅塵。

他時水泛含龍日，認取香煙是後身。

這首詩是他對從前的總結，發人深省。從和珅出生至今他剛好五十歲，從平凡到權力的頂峰再一下子跌落到深淵，對他來說就像是一場夢一樣，世間因由總有定論。賦詩完畢，和珅懸樑自盡，淒慘地結束了他的一生。

林則徐：無欲則剛

林則徐並非出生在官宦之家，他只是一戶貧困知識分子家庭的孩子，父親是個教書為生的窮秀才，林則徐兄弟姐妹共有十人，家裡十幾口都靠父親教書的微薄收入糊口。林則徐自幼窮苦，但他的母親知書達理，父親淵博而正直，雙親都頗有見識與遠見，所以林則徐從小的教育並沒有因為家貧而被放鬆，從小便受到了父母很好的影響。

林則徐從小便聰慧過人，靈巧有加。據說老師有一次讓大家用「山」和「海」兩個字作一副對聯，當別的同齡學生還在鑽破腦袋苦思冥想的時候，林則徐已經脫口而出：「「海到無邊天作岸，山登絕頂我為峰。」，這樣的年紀卻有這樣的才識與氣魄，連老師也被震懾地呆住了。李元度的《林文忠公別傳》中記載，林則徐「生而警敏，長不滿六尺，英光四射，聲若洪鐘」。他十二歲就在郡試中拿了第一，十三歲又考中了秀才。後來，林則徐在鰲峰書院苦讀了七年，這鰲峰學院是當時福建最高的學府。也就是在這裡，注定不平凡的林則徐立下了「豈為功名始讀書」的報國大志。到了嘉慶九年（1804年），林則徐考中了舉人，功名一步步往上升，林則徐便也開始了官場生涯。嘉慶十一年（1806年）的時候，林則徐出任廈門海防同知書記。雖當朝為官，但林則徐並沒有像當時的許多貪官污吏一樣，一上任就失了正直。他謹記心中的報國大志，胸懷遠見。到了嘉慶十六年（1811年）他中進士的時候，就與龔自珍、魏源、黃爵滋等學者一起提倡「經世致用」之學問，反對空談。從嘉慶二十五年（1820年）開始，林則徐被調離了京城，先後出任浙江杭嘉湖道、鹽運使、江蘇按察使、江寧布政使、河南布政使、江蘇巡撫等官職。出任過這麼多任各地官員，每到一個地方出任，林則徐就全心考察當地存在的問題，尋求解決途徑。每一任上，林則徐都專心在當地開展整頓吏治、興修水利與籌畫海運、等利國利民的事。他在某些地區經歷饑荒時，全力安排放賑濟災。他非常體恤百姓疾苦，為百姓著想，正直守法，在當時聲名遠揚，百姓都十分愛戴他，稱他為「青天」。

在林則徐為官的道光時期，國家衰弱，道光帝雖然全意治國，但由於清朝吏治腐敗、朝廷無能以及其它的種種原因，收效甚微。當時，英國等資本主義國家開始想方設法地對中國的資產進行掠奪，並推進他們的殖民進程。道光十七年（1837年），林則徐出任湖廣總督。當時的英國等國家在與中國的貿易中失利後，開始大肆向中國輸入鴉片，以打開中國的大門，這嚴重毒害了國人的身體與心靈，掠奪了大量白銀。當時的鴉片問題已經在各地氾濫，成為危害國計民生的巨大毒瘤。林則徐深深知道鴉片一日不禁，國家便岌岌可危。當時，清廷對鴉片問題分為支持「嚴禁」與「弛禁」的兩派，他堅決支持嚴禁鴉片，還於道光十八年（1838年）上書皇帝，陳述了鴉片的巨大危害，表示嚴禁鴉片的決心與策略。他一再強調，如果任由鴉片這樣大肆蔓延，危害國人身心，流失國家白銀。那麼不出十年，國家就將變得沒有一個能夠抵禦外敵的兵將，沒有一兩可以充當餉銀的白銀。道光帝也深感鴉片的危害，他任命林則徐進行大規模的禁煙行動，林則徐雷厲風行地率先在湖廣兩地推行禁煙政策，他對販賣鴉片的罪犯嚴厲懲處，處處宣傳戒煙的良方，不出多長時間，禁煙便卓有成效。眼看著林則徐的禁煙有所成果，道光帝就任命林則徐為欽差大臣，節制廣東水師，領導廣東地區的軍民進行戒煙行動，清理外敵。

林則徐次年正月到了廣東，禁煙心切的他立即下令查封了廣州所有的煙館，對販煙與吸食者嚴懲不貸，絕不手下留情。他會同兩廣總督鄧廷楨，並緊密配合，嚴厲打擊鴉片活動，採取各種措施摧毀鴉片買賣，強迫各國經銷商上繳鴉片兩萬多箱，一時間廣州面貌一新。林則徐聲稱：「若鴉片一日未絕，本大臣一日不回，誓與此事相始終，斷無中止之理！」。道光十九年（1839年）四月二十二日（6月3日），林則徐率眾在虎門海灘大規模將收繳的鴉片當眾銷毀，這便是著名的「虎門銷煙」。銷毀活動整整進行了二十天，共銷毀了鴉片一萬一千一百七十九箱、二千一百一十九袋，總計二百三十七萬六千二百五十四斤。林則徐虎門銷煙取得了巨大成功，禁煙活動大有成效。

林則徐頗有才識，這在當時腐敗的清廷官員中是很少見的。他認為清軍的武器過於落後，便大膽購入洋槍大炮，在各地招募勇士，組織進行軍隊訓練，積極備戰，以禦外敵。林則徐是近代歷史上第一個介紹外國書籍的人，他認為，想要抵禦外敵入侵，瞭解外國的情況非常重要，正所謂「知己知彼，百戰不殆」。他保持著一顆頗有遠見的清醒頭腦，先後組織編譯了《四洲志》、《華事夷言》、《滑達爾各國律例》等西方外文書報，為瞭解外國情況，制訂各種對策以及國際交涉做準備和參考。林則徐對於英國商人的強硬態度與雷厲風行的禁煙政策，讓春風得意的英國商人失去了鴉片輸入的巨大利益，英國勢力就開始蓄意挑釁，意圖反擊林則徐的禁煙和行動。林則徐哪裡肯對這幫野心巨大的貪婪之人低頭，他毫不示弱，在面對英商拒絕接受不攜帶鴉片的要求後，索性下令斷絕了澳門英商的物資供應。因此，英國人發動了九龍與穿鼻洋兩地的炮戰。林則徐親自在虎門安排佈防，幾次挫敗了英軍的進攻。眼看著英國人步步逼人，林則徐早已意識到英國列強試圖侵略中國的巨大野心，他數次上書朝廷，要求在沿海各地嚴加佈防，以防外國列強入侵。

果不其然，道光二十年（1840年）六月，虎門銷煙一年後，遭受了打擊的英國發動了鴉片戰爭。戰爭初期，英軍攻打廣東與福建兩省，但在林則徐的積極備防下，英軍無法得逞，首戰失利。此時的林則徐親自任統帥，指導各地加強防禦，並添置新武器提高戰鬥能力，英軍攻破無門，於是就沿海北上，攻陷定海，打到大沽，直逼紫禁城。道光帝這時嚇破了膽，驚恐萬分的他立即派人前往議和請求停戰，愚昧的他看不到英國人早已潛伏的野心，還認為戰爭是因為林則徐禁煙活動不當引起的，把林則徐革了職。但即便是如此，林則徐仍然承受著委屈與冤枉，四處奔走查看並指導完善各地的防守之事。愛國心切的他，全心全意、竭盡全力為抵禦外敵入侵奔忙。可惜，無能的清廷以及懦弱腐敗的官吏最終將他的苦心經營付諸東流，化為烏有。

清廷先後派遣的督戰大臣琦善和奕山，他們代替林則徐的位置後，毫無戰意，一意求和讓步，使得本來生機猶存的廣州戰局一味失利，林則徐的長時間努力被他們葬送的一敗塗地。道光二十一年（1841年）林則徐在降職後前往浙江地區安排布控海事防禦，可憐他一代忠臣良將，愚昧的道光聽信奸臣讒言，把廣東戰敗歸咎於林則徐，將其發配新疆伊犁。蒙受如此冤屈打擊，滿腔熱血的林則徐只恨報國無門，但他仍然將心思全意放在國家上。他寫道：「苟利國家生死以，豈因禍福避趨之！」他對國家忠心耿耿，不計私利的巨大胸襟令人景仰。他還在途中將自己編譯的《四國志》交給同樣見識遠大的老友魏源，叮囑他完成《海國圖志》，為國家盡心效力。

到了新疆之後，林則徐無法再著手海防，但對於國家安危時刻掛於心上的他，還常常不辭辛苦地在新疆各地考察，宣導改善水利國防，嚴防沙俄侵略。

道光二十五年（1845年），清廷治國乏才，林則徐被重新起用為陝甘總督。他還先後出任陝西巡撫以及雲貴總督。直到道光二十九年因病辭職回鄉。滿腔報國熱血的林則徐，一直到死都在為國奔走，道光三十年（1850年）十一月二十二日，林則徐作為欽差大臣病死在前往廣西鎮壓拜上帝會途中的潮州普寧縣（今廣東普寧北），終年六十五歲。

在那個朝廷混亂，吏治腐敗，內憂外患的時代，林則徐不畏艱險，不圖榮貴，全心為國。作為近代中國「開眼看世界」的第一人，他憑藉著一雙卓有遠見的慧眼，一顆報國之心，而衝破傳統，學習洋人的先進技術知識，一生勞碌在抵禦外敵加強國防上，經受冤屈不動搖。他是中國人民的驕傲，無論在古代、近代或現代，他都是值得我們景仰的英雄。

曾國藩：為政典範

有人說，如果以人物斷代的話，那麼曾國藩就是中國古代歷史上的最後一人，近代歷史上的第一人。其實，這句話從某一角度，概括了曾國藩的個人作用和影響。不可否認，他是近代中國最顯赫和最有爭議的人物。

清嘉慶十六年十月十一日，在湖南長沙府湘鄉縣一個叫白楊坪的偏僻小村莊，降生了一位對晚清歷史頗有影響的人物，他就是曾國藩。曾國藩是一個漢人，他沒有顯赫的家世，家裡也是到他的祖父曾玉屏時才成為當地一個擁有百畝土地的小地主。他的父親曾麟書四十三歲才考取了一個秀才，家學也不夠深厚。曾國藩六歲從師入學，十四歲應童子試，先後考了七次，到了二十三歲那年才考上了秀才。考中秀才的第二年，他參加湖南鄉試，考進了第三十六名成了一名舉人。二十八歲時到京城參加會試，考取第三甲第四十二名，賜同進士出身。

西元一八四〇年，曾國藩被授命為翰林院檢討。西元一八四九年，曾國藩已經升任禮部右侍郎。十年之中，七次升遷，躍升十級，成為當朝二品大員。就連曾國藩自己也沒有想到，自己升遷會如此之快，這雖然沒有和珅一年之內幾乎每月都升遷那麼誇張，但是也有些「朝為田舍郎，暮登天子堂」的味道，讓他多少有些惶恐不安。其實，他之所以被超常拔擢，一方面得益於他自身的刻苦自礪、辦事幹練，另一方面更重要的則是，他得到了權臣的賞識和幫助，這就讓他官途順利很多。俗話說得好，「朝中有人好辦事」。這個權臣就是在當時權傾朝野、後世臭名昭著的穆彰阿。穆彰阿是曾國藩在西元一八三八年參加會試時的正總裁，而正總裁就是主考官，兩人有師生之誼。穆彰阿對他很是賞識，在朝堂上下對其是多加關照。仕途的順利，自然讓他想回報朝廷。另外，他自己也希望能夠有所建樹，不辜負朝廷的提拔。當時，清朝的局勢也是堪憂的，內憂外患。他想有所作為，想做一名好官忠臣，可是有心無力。他看不慣官場的腐敗、大臣們的驕奢，他想通過自己的努力改變這種局面，他多次向皇上進言。可結果是，他的要求和建議根本得不到重視，無人對他做出回應，就像一潭死水，他這顆小石子激蕩不起一絲絲的漣漪，這樣做的結果反而是使自己在朝堂上越來越孤立。剛好那時，他所依仗的穆彰阿也被罷黜，他更是舉步維艱，京師再也沒有施展空間。於是他萌生了退志，既然無所事事，還不如一走了之，回家之後想幹什麼就幹什麼來得爽快，省得在這裡看著這些麻煩的事情更心煩。

西元一八五二年，朝廷命曾國藩到江西主持鄉試，這讓他如釋重負，他終於感覺到了輕鬆，他馬不停蹄地即刻離了京。不過，在途中得知自己的老母親故去，他又轉道回家為母奔喪。沒曾想在曾國藩回鄉後的幾個月的時間裡，全國的政治形勢發生了巨大改變。太平軍在各地興起，其聲勢迅速高漲，清政府所依仗的綠營兵不堪一擊，清政府只好緊急命令各地加緊興辦團練。西元一八五三年一月，曾國藩被任命為湖南團練大臣。歷史再一次給了曾國藩一個施展才能的機會。可以說，曾國藩真正走上歷史舞臺，並對中國近代歷史產生影響，正是從他在原籍襄辦團練，協助地方官籌辦「防剿」開始的。這一次的舉動不僅關係到曾國藩一生的榮辱，而且也關係到大清王朝的氣脈運數。也是從這時開始，他的才能和個性逐漸得到施展，不過也是從這時候開始，他有了各式各樣的罵名和讚譽。毀譽參半，伴隨了曾國藩整個後半生，直至今天。

太平軍來勢洶洶，聲勢浩大，各地皆被影響。湖南的政局也出現動盪，許多不滿地方官員壓迫和地主豪紳盤剝的農民趁機起來回應太平軍，局勢越發緊張。曾國藩看到湖南的形勢如此嚴峻，時刻存在著爆發大規模起義的危險，就斷然採取了鐵腕高壓政策。他一方面鼓勵鄉紳捕殺和抓獲本鄉、本族敢於反抗的農民，對這些人輕則治以家刑，重則處死。此言一出，各地的土豪劣紳可是奉為聖旨，本來他們平時就喜歡欺壓良善，有了「聖旨」後更是為所欲為，迫害良民。另一方面，曾國藩還在團練大臣公館直接設立審案局。審案局是除了司法部門之外可以隨意捕人、審訊、殺人的機構。因為審案局的用刑極其嚴苛殘酷，凡被抓入的審訊者，很少有生還者。據曾國藩自己奏稱，截止到西元一八五三年六月，僅僅四個月的時間，審案局就直接殺人一百三十七名。此時，不僅他自己直接殺人，就連他的父親和四弟也在家殺人。這樣，在曾國藩的恐怖政策下，湖南地方的地主豪紳的勢力又重新抬起了頭，使得湖南不僅沒有成為太平天國新的革命根據地，反而成為曾國藩集團鎮壓太平天國牢固的後方基地。咸豐皇帝為此還對曾國藩大加讚賞，對他的做法也給予肯定。雖然政府高層對他給予了肯定，但是廣大的老百姓和社會輿論卻在激烈地抨擊曾國藩的屠殺政策，什麼「曾剃頭」、「曾屠戶」之類的名號傳遍整個湖南省。

雖然，曾國藩得到了許多的罵名，可是對於清朝政府而言，只要曾國藩帶著他培養起來的湘軍能夠將太平天國起義鎮壓下去，挽救清王朝即將覆亡的命運，就是大功一件，他們已經顧不上其它的了，先穩住根基再說。之後，有了曾國藩的保駕護航，清王朝走向了所謂的「同治中興」，曾國藩也贏得了「中興第一名臣」的美譽。誰是誰非，無人評斷。曾國藩能夠與太平軍相抗衡，可見其軍事才能也非同一般。他能夠從一介儒生投身戎馬，從襄辦團練開始，最後練就了近代中國第一支兵為將有的軍隊，再把聲勢浩大的太平天國起義鎮壓下去，其人確實有不平凡的地方。

從治軍上來看，清朝的正規軍主要分為八旗和綠營兩個部分。八旗和綠營都有兵籍，父死子繼，世代相承。而他們因為長期以來的無所事事，養成了驕奢懶惰的習慣，戰鬥力極差，也等同於沒有，上了戰場也就是能充當充當「炮灰」的使命，不堪大任。又因為這些兵都歸國有，領導起來很麻煩。曾國藩對這一點看得很清楚，所以他要另起爐灶，編練新軍。

他第一個改變的就是變世襲兵制為募兵制。從兵源來說，主要招募那些擁有強健體格的樸實山鄉農民，不收營兵，也不收偷奸耍滑之輩。從軍官來說，主要招收紳士、文生擔任。一層層選拔，其要求很嚴格。從軍隊組織來看，實行上級選拔下級的層層負責的制度。在曾國藩看，這樣由上級挑選下級對軍隊作戰是極有好處的。因為，通常上下級都是同鄉、朋友、師生等關係，這樣的關係平時容易實現軍隊內部的團結，危難時也會相互照應，基本上解決全軍團結的問題。這樣做的目的，是在團結軍隊的同時，增加軍隊的作戰士氣。第二個改變是增加了兵餉，只有誘之以利，才會有人來當兵，並且為之拼命，湘軍每月餉銀是綠營兵的三四倍，在巨大的利益面前，無人能夠放棄，尤其是那些寒門子弟或是貧民。當兵有錢拿也是一種脫貧的手段，如果運氣好的話還能撈個軍官當當，所以從根本上解決了兵源的問題。再有，就是曾國藩他很注意對軍隊進行紀律和政治教育。因為他發現，清軍就因軍紀渙散，別提戰鬥，就簡單的上令下達都很困難，更何況戰鬥？也正是因為如此，他們在百姓心目中口碑很差、很壞。為了避免這種情況的發生，曾國藩三令五申地強調軍紀要嚴明，要注意在最大程度上爭取民心。曾國藩作為一位文化型的軍事長官，每逢軍隊操演他都要親自訓話，對軍人們進行儒家思想和精神的教育，最大限度地鼓舞士氣。在曾國藩看來，軍隊不僅要會打仗，還要有思想、有信仰，只有這樣的軍隊才能戰無不勝，攻無不克。這也是他為什麼選兵要選那些誠實肯幹的農民，擇將要選那些有文化的紳士和文生的原因所在。這樣一比較，他確實要比同時代的將領高出一籌，可以說是獨具一格。

在鎮壓太平天國的後期，他又開近代風氣之先鋒，發起了洋務運動，也因此，他被後人譽為「中國近代化之父」。洋務運動在一定程度上影響了和改變了中國近代歷史的進程，這也為曾國藩迎來了人生和事業的巔峰，很快「中興名將」、「曠代名臣」的稱號紛至沓來。相對於他的兄弟曾國荃和其它湘軍將領而言，曾國藩時刻保持著清醒的頭腦，他沒有腦袋發昏，他清楚地知道盛名之下必遭朝廷所猜疑，所以他處處謹慎，甚至主動奏請裁撤部分湘軍，並讓其兄弟曾國荃回家養病等。曾國藩這樣做的目的，無非是為了讓朝廷放心，以示他沒有什麼野心或者是妄圖謀反什麼的，他只想功德圓滿地落幕，然後能夠輕鬆地走人。畢竟功高震主之輩都沒有什麼好下場，可是他再小心翼翼，歷史卻不放過他。他先是遭到參劾，後又因處理天津教案不力而鬧得罵聲四起，名譽掃地。

事情還是要從頭說起。西元一八六八年，曾國藩調任直隸總督。也就在他任直隸總督的第二年發生了天津教案。當時，正是第二次鴉片戰爭後，西方教會利用不平等條約中規定的特權，大量湧入中國，當然他們目的並不單純，他們不是簡單地從事傳教，總是自覺或不自覺地成為西方資本主義列強推行文化侵略的工具。由於他們背靠本國政府，在中國享受治外法權，這樣教會就成了中國社會的一個特權勢力，成為西方列強侵略勢力的突出代表。中國民眾屢受欺壓，可是清政府卻一味忍讓，使得老百姓無處說理。長此以往，中國人民的民族主義情緒越來越高漲，怨憤已深。積攢到了一定程度，始終是要爆發的。從十九世紀六〇年代開始，中國民眾多次掀起了反對教會的勢力，天津教案也就是在這種背景下發生的。

天津可以說是當時清朝京師的門戶，具有重要的地理位置。在第二次鴉片戰爭後，天津就被開放為對外通商口岸，成了西方列強在中國北方的侵略基地。他們在此劃定租界，設立領事館、教會，租地造屋，中國的老百姓對他們的行徑是深惡痛絕。西元一八七〇年五月，法國天主教育嬰堂所收養的嬰兒不明不白地死亡了多達三四十人。而當時，老百姓的孩子也經常失蹤，一時人心惶惶。不久，在老百姓中就傳出謠言，說是天主堂的神父和修女經常派人用蒙汗藥拐了孩子後，對他們挖眼剖心。恰好，天主堂墳地的嬰兒屍體沒有掩埋好，有不少暴露在野外，被野狗刨出吃了，其狀皆慘不忍睹。這一看，還了得。老百姓是群情激憤，說這正是洋人挖眼剖心的證據。

到了西元一八七〇年五月二十一日，一個名叫武蘭珍的專門拐賣小孩子的罪犯，在實施犯罪的時候被群眾當場抓住，送到天津縣衙。經過審訊，武蘭珍供出她也是受教民、天主堂華人司事王三指使，迷藥什麼的都是那個人給的。並交代了她曾經利用迷藥拐走了一人，還得五元洋銀。而教民王三則是一個開藥鋪的商人，因為依仗教會勢力，就經常欺壓良善，他早已引起公憤。在這種情況下，通商大臣崇厚和天津道周家勳拜會法國領事豐大業，要求調查天主堂和提訊教民王三與武蘭珍對質。豐大業答應了這一要求，將王三交出與武蘭珍對質。結果證明教堂並沒有挖眼剖心之事。於是，衙役就將王三送回教堂，可是沒想到一出署門，老百姓就爭罵王三，並用磚石砸他。這時，他說再多的話、再解釋，也無人相信他。被扔的很慘的王三向神父哭訴自己的遭遇，而神父又轉告豐大業，希望能夠解決現在的民憤。豐大業兩次派人要通商大臣崇厚派兵鎮壓，可是見到崇厚先後只派兩人出來充當場面，始終不肯捕人，豐大業怒不可遏，他親自趕往三口通商大臣衙門找崇厚算帳。他來勢洶洶，一腳踹開門，然後就是一番打砸，失去理智的他接連兩次向崇厚開槍，崇厚幸運地被推開，才沒有被傷到。但是，開槍總有動靜，槍聲一傳出，這誤解再難以解開。街市中哄傳中法開戰，鳴鑼聚眾，一時間殺氣騰騰，通商大臣衙門門前人是越來越多。見此情況，崇厚怕出事，這一出事可就是大事，兩國開戰，那可不是兒戲，他可當不了這個罪人。他就勸豐大業等民眾先散去後再回領事館。可是窮凶極惡的豐大業不聽勸告，還在叫囂著不怕，並氣勢洶洶衝出門外。人們見豐大業出來，都自動給其讓道。當豐大業走到浮橋上時，遇到了天津知縣劉傑。豐大業像殺紅了眼似的，不分青紅皂白就向劉傑開槍。雖然沒有打中劉傑，卻打傷了劉傑的跟班。這一來可是犯了眾怒，老百姓一擁而上，你一拳我一腳地將豐大業打死了。發怒的老百姓見此，索性一不做二不休，浩浩蕩蕩地趕到了天主堂，一把火燒毀瞭望海樓教堂，並殺死了兩名神父，在仁慈堂殺死了十名修女之後又去了法國領事館，殺死兩人。在同一天內，激憤的人們還殺死法國商人兩名、俄國人三名、信教的中國人三四十名，焚毀英國和美國教堂六座。這次事件中，先後打死外國人共計二十人。這就是有名的天津教案。

曾國藩就是在這樣的情況下來到天津處理此事的。當時，天津教案發生後，法、英、美等國一面向清政府提出抗議，一面調集軍隊對清政府進行施壓。一看到要付諸於武力，這讓清政府大為惶恐，清政府一方面要各地嚴格保護教堂，對群眾進行鎮壓，並避免類似事情再發生；另一方面派直隸總督曾國藩前往天津查辦。曾國藩本人自從與洋人打交道以來，就深知中國遠非這些人的對手，因此他對外一直主張讓步的政策，儘量避免同洋人開戰，通過維護洋人在華的利益，換取所謂「和好」的平安局面。他看到事態嚴重，怕控制不住自己就可能喪命於此。因此，他在臨走之前寫下了遺囑，告訴長子曾紀澤在他死後如何處理喪事和遺物等。

到達天津後，曾國藩是在不損害西方列強的利益下迅速地處理了天津教案，其結果是判處其中二十人死刑；二十五人流放；天津知府、知縣革職並流放黑龍江進行效力贖罪；支付撫恤費和賠償財產損失白銀四十九萬兩；派崇厚作為中國特使到法國進行賠禮道歉。這樣罔顧國家尊嚴、罔顧人民的結果就是在他辦結天津教案之後，曾國藩受到的輿論譴責更甚以往。曾國藩這位「中興名將」和「曠世功臣」，轉瞬之間變成了漢奸、賣國賊，他辛辛苦苦積攢多年的清望名譽，一時掃地。

其實，客觀地講，這樣的結果並非是曾國藩想要的，他是代表著清統治者的意思來辦理這件事情的，是秉承清王朝最高統治者的意志行事。之後，接替曾國藩處理天津教案的李鴻章對最後判決也並無多大改變。

那曾國藩到底是一個什麼樣的人呢？當我們從歷史的實際出發，就可以看出曾國藩是中國封建社會的最後一個精神偶像，是中國傳統文化人格精神的典範式人物，是中國近代現代化建設的開拓者。總之，是一個非常複雜的人，他身上彙聚了中國幾千年傳統文化的精華和糟粕。雖然歷史上對他非議很多，但曾國藩因其自身的個人魅力，為他贏得了眾多粉絲。想來，這是他怎麼也不會想到的。

被權勢玩弄的親王們

濟爾哈朗：助帝親政

濟爾哈朗的父親叫舒爾哈齊，是清太祖努爾哈赤的親弟弟。濟爾哈朗十二歲被努爾哈赤收養，努爾哈赤既是他的伯父還是他的養父。「濟爾哈朗」這個名字是一個蒙古名，意為「快樂、幸福」。當初的滿族在入關之前，與草原上的蒙古文化有交流和交融，當初許多滿族人也取蒙古名字。父母當初為他取這個名字就寄託了良好的祝願。但濟爾哈朗的童年是不是真的幸福快樂呢？

濟爾哈朗的父親舒爾哈齊和濟爾哈朗的三位兄長都被努爾哈赤、皇太極父子所害。所以，努爾哈赤還是濟爾哈朗的殺父仇人。但他卻為這個家族效力一生，三十七歲受封和碩鄭親王，四十五歲與多爾袞一起輔政同為輔政叔王。濟爾哈朗在這個家族的仇恨與情分中選擇了情分，這話從何說起呢？

努爾哈赤兄弟共五人，濟爾哈朗的父親舒爾哈齊是努爾哈赤同母所生的三弟。舒爾哈齊從小也受盡後母虐待吃盡苦頭，但也造就了一身鐵骨。努爾哈赤後來起兵，從一個小村落壯大到萬人，權勢劇增。而他的弟弟舒爾哈齊也不甘落後，也擁有了五千餘人的部落，兵馬充足，兩人還常常一起相約練兵。但是努爾哈赤哪裡容得下別人勢力壯大，即使是自己的弟弟他也害怕會威脅到自己的地位。而舒爾哈齊也想獨立，於是萬曆三十七年（1609年）初，他帶領兵馬前往築造新城。但半路上就被努爾哈赤劫持，努爾哈赤將其囚禁兩年後，舒爾哈齊於四十八歲死去。四十三年後，於順治十年（1653年）被順治帝追封為和碩莊親王。舒爾哈齊有九個兒子，死了兩個，濟爾哈朗是四子。努爾哈赤死後，皇太極即位，為了鞏固權位，濟爾哈朗的哥哥阿敏也被囚禁。阿敏跟隨努爾哈赤南征北戰，功勳卓著，是僅次於努爾哈赤二兒子大貝勒代善的和碩貝勒。皇太極為了剷除這個心頭大患，為他羅列了幾十條罪名，將其囚禁到直至五十五歲逝世。但阿敏也的確有異心，他對於父親的死耿耿於懷，當初出征朝鮮的時候還意圖分裂，常常當眾蠻橫粗暴，還丟了永平城。如此，就足夠皇太極治他死罪。拿阿敏與濟爾哈朗做個比較，濟爾哈朗就顯得倖運得多。

當初濟爾哈朗被努爾哈赤收養時年僅十二歲，不瞭解也不懂得父輩的恩怨。在伯父的養育下，與其它兄長也相處融洽。或者也正是他沒有仇恨之心，才使得他的一生榮華富貴。

崇德元年（1636年），國號由「大金」改為「大清」，濟爾哈朗晉封和碩鄭親王。和阿敏比起來，濟爾哈朗不像阿敏一樣狂躁粗暴，寬厚仁慈的他也與阿敏不合。對於阿敏的種種態度與想法，他也從不苟同。自從阿敏入獄後，鑲藍旗就歸了濟爾哈朗所有，人口財產也盡收入濟爾哈朗囊中。正是這樣，濟爾哈朗看著自己不僅沒有遭遇不測，還權利雙收，所以他不敢有異心，一直對清廷盡心盡力，還曾率眾發誓效忠。濟爾哈朗在皇太極執政期間是一帆風順，他精明謹慎，皇太極正是看著他這樣忠心，從小又一起長大，所以對他非常信任，濟爾哈朗在朝中也很被器重。

崇德八年（1643年）八月初九皇太極駕崩後，朝中兩派的奪位鬥爭勢力水火不相容。皇太極長子肅親王豪格與皇太極之弟多爾袞，分別把握著手中的兩白旗和兩黃旗對立不下，局勢緊張。一向小心行事的濟爾哈朗不願趟這趟渾水，在這件事情上面孔多變。先是支持豪格，後來又進行調和，最終雙方各自讓步，皇太極九子福臨即位，多爾袞與濟爾哈朗輔政。

福臨即位後，濟爾哈朗輔佐幼帝也是兢兢業業。多爾袞的權勢逼人，手段高明，雖然濟爾哈朗年長，但謹慎的他不久還是讓位在後，將政事決策的第一位置讓給了多爾袞。多爾袞在外征戰剿滅明遺，便在幼小的福臨面前盡心盡力，順治元年九月，清帝入駐北京，多爾袞被封為叔父攝政王，濟爾哈朗封為信義輔政叔王。

雖然在名號上不相上下，但是面對年輕氣盛威望極高的多爾袞，濟爾哈朗選擇明哲保身，對多爾袞是一味退讓，甘居下風，甚至還常常阿諛奉承，討好多爾袞。不出多久，朝權都盡握在攝政王多爾袞手中。

寬厚的濟爾哈朗意圖維持朝廷內部皇族的安穩和諧，但多爾袞本來沒有奪得帝位就很不甘心，在忠臣的隱忍下野心更是劇增。雖然只是攝政王，但實際上朝廷的決策大權都在多爾袞手中，就連皇帝的玉璽都被多爾袞搬回府中。多爾袞不但不感激濟爾哈朗的一再退讓，反而想除掉這個與自己同為輔政大臣的濟爾哈朗。他三番四次指使小人污蔑濟爾哈朗，將其治罪。遭遇如此陷害的濟爾哈朗，先是被免去了輔政大臣職務，接著一路從親王降到郡王，又變成定遠大將軍遠征南明。順治七年（1650年）凱旋回朝，後被恢復了親王位置。

順治七年十二月，多爾袞於三十九歲英年早逝。生前作惡多端獨攬大權的他，給了濟爾哈朗不少打擊和苦頭。多爾袞死後，由於生前惡行被治罪，此時在朝中最舉足輕重的便是濟爾哈朗了。他開始著手清理多爾袞的黨羽，瓦解多爾袞在朝中交錯縱橫的關係，消除隱患。多爾袞的親哥哥阿濟格密謀奪取攝政王王位，遭濟爾哈朗事先埋伏，阿濟格被賜死。對於之前背棄盟友投靠多爾袞的拜音圖、鞏阿岱、錫翰等人嚴加懲處。多爾袞死後，濟爾哈朗意圖尋求朝內的王公一同控訴他的生前罪名，於是他極力勸說順治七年被多爾袞任命為理政三王的巽親王滿達海、端重親王博洛、敬謹親王尼堪聯合自己整理朝政。這三王本是多爾袞的親信，在多爾袞攝政期間一直被重用，如今眼看著多爾袞倒下了，眼前局勢也錯綜複雜，於是便在濟爾哈朗的勸說下從了濟爾哈朗，後來還向皇帝舉證了多爾袞的罪行。

不管是出於個人恩怨，還是為了朝廷的大局著想。濟爾哈朗清除了多爾袞這一害群惡馬的勢力，為清廷之後的長治久安提供了很大的保障，擁有極大的意義。

濟爾哈朗不願為權勢所困。多爾袞死後，福臨對他極為器重與信任，凡是濟爾哈朗所提的要求，所進諫的意見，福臨都一一思量盡都接受。可以說，濟爾哈朗是苦後有甜的。在多爾袞攝政的七年裡，濟爾哈朗受盡了擠壓與迫害，在朝廷中處處難行。如今多爾袞命歸黃泉，他便地位尊高，一身權勢。福臨當時年僅十四歲，雖然年幼但已經頗有見識。可畢竟是個少年皇帝，在許多政事上無法很好地決策與施行。福臨一直將多爾袞的惡行看在眼裡，只是苦於沒有辦法。多爾袞死後，濟爾哈朗著手幫他清除了多爾袞遺留的隱患，讓他沒了後顧之憂，福臨對自己的這位叔父自然感激不盡。不願像多爾袞一樣爭權奪利最終落得個悲慘下場，在朝廷的政事中，深受器重的濟爾哈朗選擇急流勇退，保持晚節，不為謀權害命的勾當，不做傷天害理的事情。本來作為被努爾哈赤殺死的舒爾哈齊的兒子，濟爾哈朗也許應該是像父親和兄長阿敏一樣，在權力鬥爭的洪流中犧牲，但他非但沒有遭遇不測，反而位高權重，一人之下萬人之上。濟爾哈朗這種一直小心謹慎、滿足現狀的性格與態度，也是使他一生避免不幸和收穫榮華的一個重要原因。

濟爾哈朗一生並沒有經歷多少的動盪波折，除了在多爾袞執政時期遭到一點迫害以外，其餘的人生都是順利且幸運的。

濟爾哈朗年紀大了，身體就漸漸不行了。順治十二年（1655年）五月初，福臨親自前往探望這位病危的叔父。眼看著這位忠心耿耿的朝廷元老微弱地躺在自己面前，福臨痛心地流著淚問他：「叔父還有什麼遺願嗎？」濟爾哈朗面對這位幼主也是老淚縱橫，回答道：「臣受三朝厚恩，未能仰報，不勝悲痛。只希望早日取雲貴，滅桂王，統一四海。」福臨聽了，忍不住心中悲痛的淚水，想著濟爾哈朗到死還在牽掛江山社稷，因此仰天大叫：「蒼天啊！為什麼不讓朕的伯父長壽呢？」福臨一直從濟爾哈朗的房間哭到院子，在眾臣勸他回宮時也留戀著久久不願歸去。這樣的一段君臣感情說來也的確是真情實意，濟爾哈朗自福臨幼年便在福臨左右，又是福臨的叔父。他不像多爾袞那樣霸權奪位，也多護著福臨，看著這樣一位情深義重的叔父即將駕鶴西去，福臨難免感傷落淚。

濟爾哈朗，於順治十二年（1655年）五月初八，在位於北京西城區大木倉胡同的鄭親王府病逝，葬在北京西直門外白石橋。福臨悲痛不已，下令休朝七天致哀，贈給了濟爾哈朗很厚的葬銀萬兩，陵園十戶，立碑紀功，封號由其子孫世代承襲。而且這個封號一直延續了十七代，濟爾哈朗落得個一生圓滿，子孫蔭福。

代善：明哲保身

代善十六歲起就跟隨父兄馳騁沙場，他身先士卒，奮勇衝殺，戰功卓著，參加的重大戰役就有二十多次。萬曆四十四年（1616年）努爾哈赤領導女真族統一各部建立後金後，論功封四大和碩貝勒，代善被封為大貝勒，是崇德元年（1636年）之前一個滿族親王所能享有的最高稱號。

代善在努爾哈赤的十六個兒子裡排行第二，僅次於長子褚英。而在這十六個兄弟中，代善是活得最久壽命最長的。努爾哈赤長子褚英只活了三十六歲，三子阿拜六十四歲，四子湯古代五十六歲，五子莽古爾泰四十六歲，六子塔拜五十一歲，七子阿巴泰五十九歲，八子皇太極五十二歲，九子巴布泰六十四歲，十子德格類四十歲，十一子巴布海四十八歲，十二子阿濟格四十七歲，十三子賴慕布三十六歲，十四子多爾袞三十九歲，十五子多鐸三十六歲，十六子費揚古二十一歲。努爾哈赤的十六個兒子中，有八個是開國元勳，其它的也都分別立有戰功。但只有六個人的壽命超過五十歲。這些人中，除了因傷病逝的外，在當時戰亂動盪的境況下，許多也是因為權利爭鬥而死的。例如，長子褚英是因行為不端，而被父親賜死的；五子莽古爾泰是因與其弟皇太極爭權而死的；十一子巴布海以編造匿名帖陷害罪，十二子阿濟格以口出怨言等罪，均在順治年間被處死；十六子費揚古在太宗時犯大罪伏法而死等。代善在這樣複雜爭鬥的險惡環境中，幾十年始終有驚無險，一直到清朝入關以後的第五年（1648年）六十六歲壽終正寢。

代善是次子，與長子褚英同為佟佳氏所生，比褚英小三歲。褚英身為長子，十八歲就已經隨軍作戰，英勇神武，年紀輕輕就獲得了勇士稱號。努爾哈赤晚年考慮汗位繼承人時，首先就考慮了在他心中地位不輕的褚英，意圖讓褚英嗣位。但這褚英心胸狹隘，瞭解到努爾哈赤一心想讓自己繼承汗位，於是肆無忌憚，擅作威福，常常欺壓諸弟和大臣們。他不僅挑撥諸貝勒之間的關係，還揚言父汗死後要奪取眾人的財物勢力，還要將關係不好的大臣處死。最後被欺壓的諸弟和大臣們忍無可忍，群起向努爾哈赤告發，在查明後努爾哈赤將褚英打入大牢，褚英不知悔改，終於在兩年後被努爾哈赤處死。褚英死後，汗位繼承人自然就落到了代善的身上。代善同為大福晉佟佳氏所生，年長，而且在諸子中戰功最卓著，同時還擁有正紅旗、鑲紅旗兩旗勢力，自是最佳的繼承人。褚英死後，努爾哈赤宣佈代善為嗣子，同時還曾預留諭旨說：「我死後，想把小兒子們和大福晉給大阿哥（代善）厚養。」代善在褚英死後身居諸子之首，又是努爾哈赤認定的汗位繼承人，軍功卓著、手握重兵，權勢日益增加。但可能是功高震主，或許是因為權大逼君，代善逐漸成為眾矢之的，直到後來汗位繼承的夢化為泡影。

天命五年（1620年），努爾哈赤的小福晉代因察向他揭發大福晉烏拉那拉氏與代善關係曖昧。礙於家醜不可外揚，在這件事上努爾哈赤雖然沒有直接處罰代善，但是卻一直耿耿於懷，在心中埋下了對代善的不滿。這烏拉那拉氏名阿巴亥，是烏拉部貝勒滿泰之女，是努爾哈赤的第四個妻子，先後為努爾哈赤生下了三個兒子阿濟格、多爾袞和多鐸。她十二歲就嫁給了努爾哈赤，比努爾哈赤小三十一歲，正是與代善年紀相仿。雖然年紀差距很大，但丰姿綽約的阿巴亥深得努爾哈赤寵愛，兩人的婚後生活二十年以來一直很美滿。

小福晉代因察揭發說，大福晉烏拉那拉氏先後兩次給大貝勒代善準備飯菜送去，不僅僅是深夜出宮，還頻繁地派遣人去大貝勒代善家。每次宴席上，大福晉都特意濃妝豔抹，對大貝勒是眼神交替頻送秋波。努爾哈赤派了大臣扈爾漢調查這些事情，發現屬實。其實，大福晉鍾情於大貝勒代善的事情眾人早有察覺，只是礙於大貝勒與大福晉的權勢都不敢多言。

雖然無法確認兩人的確有奸情，但是面對這種尷尬的情況，努爾哈赤還是感到十分苦惱。此時的努爾哈赤已經六十二歲，他還曾親自表示自己死後要將大福晉和諸幼子交予代善收養。代善是指定的汗位繼承人，滿族本又有「父死子妻庶母」的舊俗。在努爾哈赤年老衰弱之時，年輕的大福晉為自己鋪設後路其實也是理所當然。但是相處了二十年的妻子如今對自己的兒子有了情意，這讓努爾哈赤難以釋懷。礙於不想將這個醜聞鬧得沸沸揚揚，努爾哈赤只好找了個理由休了大福晉烏拉那拉氏，沒有對代善深究，但這件事還是在努爾哈赤心中留下了不滿的根源。

當然，也不僅僅是因為這一件事就使代善的繼承之夢落空。在大福晉被休離後不久，努爾哈赤下令將都城由界藩山城遷至薩爾滸城（均位於今遼寧省新賓縣境內）。努爾哈赤考察了當地環境，為諸貝勒劃分了府邸建造的土地，代善不滿於努爾哈赤劃給自己的府址，認為其長子岳話的領地比自己的好，就向努爾哈赤要求調換。努爾哈赤滿足了他的要求，可代善得寸進尺，仍舊不滿，又反覆幾次提出更進一步的要求。這樣的舉動讓努爾哈赤很不滿，覺得代善斤斤計較，小肚雞腸，不懂體諒父輩，沒有孝心。就這樣的一件小事，使得父子之間的隔閡又加深了。但即使是這樣，努爾哈赤還是沒有想過罷免代善嗣子的資格，一直到半年後，震驚後金朝廷的代善虐待前妻之子之事發生。

當時代善的次子碩托企圖叛逃投靠明朝，事情敗露被捉拿。雖然是自己的親兒子，但代善卻一反常理地不僅不為兒子求情開脫罪名，反而一再向努爾哈赤跪求，要親手殺掉這個逆子。努爾哈赤沒有貿然答應他，而是派人調查事情真相，很快就查明了原因。原來這碩托是代善前妻的兒子，代善常被繼妻挑撥唆使，碩托在家中是受盡虐待，走投無路才有了叛逃明朝的想法。努爾哈赤憐憫碩托，將他留在身邊，並且對代善嚴加斥責：「你也是我前妻生的兒子，你看我虐待你了嗎？為什麼要聽信後妻的話虐待碩托？」代善自知理虧，不敢回應，氣急敗壞的他就逼小妾喀勒珠指認碩托與妾室通奸。努爾哈赤十分重視這件事，親自調查取證。喀勒珠不敢欺瞞，於是如實稟告自己是被代善與繼妻所逼的。得知真相後，努爾哈赤又憤怒又失望，在他心中徹底失去了對代善的信任。努爾哈赤認為，代善如此輕易聽取讒言，連家事都處理不好，難為一國之君，他當眾嚴厲斥責了代善，還下令廢除了他的嗣子之位，收回了他手下的部屬。代善此時被廢黜，權勢盡失才如夢初醒。他親手殺死了屢進讒言的繼妻，在努爾哈赤面前下跪認錯，努爾哈赤念在父子之情，網開一面，雖沒有恢復嗣子之位，還是將部屬還給了他。這件事情給代善留下了刻骨銘心的教訓，在以後的日子裡他行事處處小心。

努爾哈赤兩次立嗣都因為兩個貝勒本身的問題而失敗，他從此不再立嗣，宣佈由八個和碩貝勒共同治理國政，但作為貝勒之首的代善仍然影響深重。而且論起代善自身，也不適合成為一國之君。與大福晉曖昧，聽信繼妻讒言虐待前妻之子，修建府邸時私心重，都說明他在情、色、財三關上過不去。雖然不再是繼承人，但對於代善來說也並非壞事，不再置身於權力鬥爭的中心，也使得他日後能有個圓滿的結局。

努爾哈赤死後，在汗位繼承的問題上，除去殘暴的二貝勒阿敏和有勇無謀的三貝勒莽古爾泰，代善和皇太極成為兩個最有可能繼位的人選。雖然代善資歷實力都比皇太極強，但代善不露鋒芒，能忍則忍，能退則退，不願趟入權力鬥爭漩渦的他，主動將汗位讓給了皇太極。不過當時的代善拱手讓位也是因為他較之皇太極的不足之處，當初被努爾哈赤廢黜的他名譽不如皇太極。而且有研究表明，天命五年對於代善的控告案，其背後的操縱者就是皇太極，朝中人也多都敬仰皇太極。自知威望、心計和權謀才幹都比不上皇太極的代善吸取教訓，主動退出權勢較量，順水推舟將皇太極推舉上了皇位，以免受其害。崇德元年（1636年），代善協同眾臣為皇太極請上尊號，稱皇太極為「寬溫仁聖皇帝」。皇太極改「汗」稱「帝」，同時把國號由「大金」改為「大清」。

皇太極稱帝時，封代善為「和碩禮親王」，並加授「皇兄」稱號。代善還參加了皇太極時代對明朝的大部分征戰（1629年-1634年），立下了汗馬功勞。代善的主動讓位修補了和皇太極之間的關係，平日裡行事小心的他也得到了皇太極的尊重，避免了內部爭鬥，且才幹過人的皇太極即位後治國有方，鞏固了清朝統治，在這一點上，代善也是功不可沒。

皇太極死後，在朝中豪格和多爾袞劍拔弩張的皇位爭奪中，態度中立平和的他提醒了大家避免自相殘殺，後來雙方中立立福臨後，他與濟爾哈朗和多爾袞共同輔政，在朝中一直深受尊敬。清廷入關後的第五年，代善病逝在王府，得到了厚重的慰葬。代善王府位於今北京西安門外東斜街醬房胡同口。

代善身為努爾哈赤之子，戰功赫赫，權勢並重，歷經三朝，一生為清朝做出了重大奉獻，人生路途雖不平坦，但小心謹慎的他明哲保身，落得個長壽美滿的結局，造福子孫，在清初八大「鐵帽子王」中，代善一家就佔了三個。

多爾袞：有實無名的掌權者

多爾袞是努爾哈赤第十四個兒子，多爾袞的母親阿巴亥，烏拉那拉氏，是清太祖努爾哈赤的第四個妻子。多爾袞很受努爾哈赤鍾愛。努爾哈赤不像寵溺其它孩子一樣對待多爾袞，而是從小就開始栽培和訓練多爾袞，多爾袞十五歲時母親去世，給了多爾袞很大的打擊，對他的影響很大。十六歲的時候，多爾袞就跟著兄長皇太極進攻蒙古察哈爾部，表現英勇神武，第一次作戰就被皇太極授予了「墨爾根戴青」（蒙古語，意為聰明的戰將）的稱號。多爾袞從小受到很多來自家族裡的影響和刻意的栽培，因此他謀略深遠，英明神武。皇太極在位期間的重大戰役，他幾乎都親自參加了，且戰功赫赫。每次戰役他都一馬當先，衝鋒陷陣。在炮火箭矢齊飛的戰場上，兄長皇太極也常常擔心他遭遇不測，常常責備多爾袞的部下對他不加以阻攔。

多爾袞目光敏銳，深謀遠慮。在皇太極與眾大臣商討興國大計時，他向皇太極建議後金應當在徵明及征討察哈爾、朝鮮中以徵明為先，要把撼動大明根基放在首要位置。皇太極分析當前局勢，接納了多爾袞的建議，整頓兵馬，選擇適當時機深入明朝境內，損耗明朝殘餘力量，為入主中原做好準備。多爾袞還將元朝的傳國玉璽呈奉給皇太極，天聰八年（1634年）皇太極改汗稱帝，多爾袞因為功勳卓著被封為和碩睿親王。

崇德八年（1643年）八月皇太極死後，清廷內部因為立嗣的問題爭論得劍拔弩張，一派是兩白旗的肅親王豪格，一派是多爾袞和弟弟多鐸擁有的兩黃旗力量。由於皇太極生前沒有立下遺詔，因此雙方為皇位勢必會爭個你死我活。多爾袞雖然想登上皇位，但他也不願看見清廷入關打下的江山因為內部鬥爭而出現裂縫。於是，多爾袞提出由皇太極幼子福臨即位，由自己和濟爾哈朗輔政，這一折中方案得到了雙方的認可，鬥爭才得以平息。從這樣的事件看來，多爾袞雖然權勢欲強，但他是睿智、顧全大局的。多爾袞這樣的選擇不僅避免了清廷的內部衝突，而且幼帝尚小，使得權利全握在自己手裡。多爾袞的雄才大略，從順治元年（1644年）清朝入關到順治七年（1650年）福臨親政他攝政的七年裡，為大清江山根基的鞏固做出了巨大的貢獻。多爾袞是當時實際上的最高統治者，他掌握著軍政大權。他指揮清軍入主中原，擊敗李自成的農民軍，降服吳三桂，率領大軍風捲殘雲般清除了反清的勢力和障礙。

當時的幼帝福臨不諳世事，朝廷大權自然就掌握在了多爾袞的手中。

多爾袞對於國家重要的戰略問題是態度堅決的，清軍入關後建都北京，就是多爾袞排除眾議決定的。建都北京，使得清朝的統治中心從關外轉移到了關內，使大一統的進程更進了一步。而這一切，都有賴於當時攝政的多爾袞的目光與謀略。多爾袞還拒絕了南明弘光政權的議和割地納銀的條件，毅然出兵進軍南方，粉碎了南明政權，避免了中國南北分裂割據的現象。

多爾袞在他攝政時期也實行了許多顧及民生的政策，他免除了明末統治者用兵時留下的三餉弊政，減輕了老百姓的負擔，為清朝「輕繇薄賦」政策做了一個很好的開端。他還廢除了一切私派，矯正了民間風氣。多爾袞重用人才，包括漢人，清承明制，合理地治理清朝江山。多爾袞還大力宣傳鼓勵滿漢通婚，增加民族之間的交流和感情。他知道滿族對漢族在戰事中造成的矛盾激化得很深，清朝的長治久安需要各民族和諧共處，所以他一直宣導滿漢一家，就連皇帝選妃也有些是漢女。在多爾袞攝政的時間內，雖然他爭權奪利，遭到許多人唾棄，但他憑藉出色的政治才能和魄力，也留下了不少政壇佳話。由於清朝統治前部族內外權勢鬥爭頻繁，導致許多宗室貴族世代恩怨錯綜複雜，皇室內部矛盾激化，影響內部穩定凝聚。多爾袞便著手整理之前留下的冤案，為許多父輩兄長時期留下的冤獄昭雪平反，在一定程度上避免了清廷內部皇室的積怨和衝突。

當初努爾哈赤殺掉勢力威脅到自己的弟弟舒爾哈齊，皇太極又囚死舒爾哈齊之子阿敏，兩家結怨頗深。多爾袞攝政後先是恢復了舒爾哈齊子孫的宗籍，還重新追封舒爾哈齊為和碩莊親王。努爾哈赤長子褚英當年被賜死，他的孫子等人也被皇太極革去爵位。多爾袞將其重入宗籍，子孫恢復封爵。等等這些，可以說多爾袞在解決皇室矛盾問題上開了一個好頭。與此同時，深謀遠慮的多爾袞在恢復這些貴族子弟榮耀的同時也收穫了人心，擴充了自己的勢力，許多宗室子弟都成了多爾袞的親信。多爾袞的野心是很大的，他在平反的同時，也借機對付自己在政治上的敵人，當初反對過自己的人他都一一想辦法報復。他對當初與自己爭奪皇位的肅親王豪格懷恨在心，並加以迫害，試圖削弱他的勢力。順治元年（1644年）三月，多爾袞以豪格「圖謀不軌」為罪名，削去王爵罰為庶人。在順治三年，豪格出征四川鎮壓大西軍的時候，以包庇部屬、冒領軍功將他囚禁，豪格不久就悲憤地死在獄中。多爾袞對其它的反己勢力也從不手軟，在當時也製造了許多冤獄。

多爾袞雖然在政治上雄才大略，但他陰險勢利的行為為人唾棄。他在攝政時期鑄就了許多弊政。他下令強迫漢人剃髮穿滿服，這一舉動引起了當時很大的民族衝突與民間的反清活動。多爾袞在執政時期大肆圈地，不管什麼房地只要看上眼的就強佔。他還下令將北京內的許多居民逼迫遷往外地，以此為貴族和八旗子弟騰出地方，還將許多農田強佔分給王公和官兵。當時他不顧及民生民情，許多百姓因此流離失所，國家的農業生產力也下降，世上一片怨聲載道。如此，分給王公貴族和八旗子弟的土地無人勞作，多爾袞就下令強抓漢人，逼迫他們投在八旗下做奴僕，對待他們也像奴隸一樣。他還制訂了嚴禁奴僕逃跑的法規，殘酷至極。這樣一來，又引發了大規模的饑荒和逃亡，民不聊生。

順治五年（1648年），多爾袞由「叔父攝政王」進為「皇父攝政王」，權利和地位也更進一步。多爾袞掌握著朝廷大權，成了當時清朝真正的皇帝，權力強勢的他在朝中無所忌憚。但就在多爾袞春風得意大權在握的時候，卻突然意外地一命嗚呼撒手人寰了。

滿族人精通騎射，多爾袞作為曾帶領清軍打下江山，歷經沙場的將軍，更是弓馬嫻熟。多爾袞愛好打獵，每次出行都收穫頗豐。順治七年（1650年）十一月，多爾袞去古北口打獵，不小心從馬背上摔了下來，於是便開始一病不起，十二月初九就死在了喀喇城，年僅三十九歲。不過多爾袞猝死也並不蹊蹺，據說他入關後身體就一直不好，體弱多病。加上朝事繁重，多爾袞曾經一度腰都彎不了，小皇帝福臨還免了他的跪拜之禮。多爾袞的身體迅速惡化還與他精神上的創傷有關。順治六年（1649年）三月，多爾袞的親弟弟年僅三十六歲的多鐸因出天花而死，緊接著兩位弟妹殉死，兩位嫂子也天花而死，不久他的元妃也因天花去世了，面對親人的接連去世，再堅強的多爾袞也受不了打擊，同時加劇了他的病情。

多爾袞生前無比風光，幼帝福臨雖然對多爾袞的獨權專橫看在眼裡，但從未採取行動對付多爾袞，所以多爾袞一直到死都握著大清的重權。多爾袞死時，滿城震驚，天下臣民都易服舉喪，福臨還親自迎接靈柩，舉辦了祭奠禮。之後多爾袞被追尊為「誠敬義皇帝」，廟號成宗。生前霸權奪政的多爾袞，死後一時間榮耀達到了頂峰。雖然是英年早逝，但似乎也可以說是功德圓滿。可是多爾袞的人生並沒有以轟轟烈烈的風光收尾。多爾袞死後不久，許多文武官員甚至多爾袞生前的親信都來揭發多爾袞生前的罪行。窺欲皇位，奪取朝政，霸權專勢，謀害忠良等惡行一一被翻了出來。

順治八年（1651年）二月，多爾袞生前的貼身侍衛蘇克薩哈、詹岱兩人首先揭發了多爾袞的罪行。隨後牆倒眾人推，許多王公大臣也開始「翻舊賬」，給多爾袞羅列了許多罪名：

（1）生前私藏天子用物，意圖謀篡。

（2）獨擅威權，使其弟多鐸代替鄭親王輔政。

（3）逼死肅親王豪格，娶其妻。

（4）背棄誓言，妄自尊大，自稱皇父。

（5）親到皇宮內院挾制皇上。

（6）批閱奏章，都用皇父名義。

（7）違背情理，把生母入於太廟。

（8）藐視皇帝，霸掌朝權。

罪名一成立，皇帝便下令掘出多爾袞的屍骨鞭打，本來似乎可以萬古流芳的多爾袞，落得個屍骨寒涼的下場。

多爾袞是皇族子弟，開國功臣，但他一心霸權，舞弊弄政，最終與他的同胞兄弟一樣，命運都以悲劇結束。

豪格：「神力王」

豪格的父親皇太極一生總共有十一個兒子，豪格是他的第一個兒子。作為皇長子，豪格活得並不輕鬆，可以用命運多舛來形容。豪格一生受過四次重大的挫折。第一次是在崇德元年，因故被降爵；第二次是在崇德八年，陰差陽錯地失去了皇位；第三次是在順治元年，又淒慘地被廢了爵號，貶為庶人；第四次是在順治五年，這次被黜爵入獄，豪格也因此而殞命。

崇德元年，豪格被降親王爵號，其實根本原因不是他本人的因素，而主要是他與莽古濟家的婚姻關係才遭到了牽連。說到這個莽古濟，她何許人也？她的身份是努爾哈赤與大福晉富察氏的女兒，是大貝勒莽古爾泰和貝勒德格類的同胞姐妹。明朝萬曆二十九年，努爾哈赤原本準備把她嫁給哈達部貝勒孟格布祿。可是，後來因為孟格布祿與努爾哈赤的侍妾通奸，繼而又暴露出他想謀反的意圖，就被怒不可遏的努爾哈赤一氣之下而殺掉了。可是把人殺了並不能解決問題，反而讓問題更加激化，努爾哈赤此時也不想把矛盾升級。於是，為了籠絡哈達部的人心，努爾哈赤就把莽古濟嫁給了孟格布祿的兒子武爾古岱。這一年，莽古濟十二歲。天命末年，她的丈夫武爾古岱病逝。之後，莽古濟為其守寡多年，一直到皇太極登基，才又改嫁蒙古敖漢部博爾濟吉特氏瑣諾木杜棱。

莽古濟與前夫武爾古岱生一共生有兩個女兒，其長女嫁給了代善的長子岳托，二女兒則嫁給了皇太極的長子豪格。莽古濟對於嶽托和豪格來說，她的身份既是姑姑又是岳母，她們這樣的婚配從遺傳學角度來說屬於近親結婚，不過這樣的做法在當時的滿族社會中頗為盛行，其實不僅是滿族社會，在歷史各朝代中都屢見不鮮。他們講究親上加親的做法，這樣做不僅能夠加固加深兩個家族的利益關係，更能時刻守望相助，是利益聯盟。可是，這次的親上加親並沒有化解家族內部的矛盾，反而使得矛盾更加深一步。因為，莽古濟此人性格中有著草原兒女特有的倔強，再加上她與皇太極又一向不和，這對同父異母姐弟間的怨恨愈演愈烈，針尖對麥芒誰也不服誰。這時，被他們強拉入場的豪格就處在了兩難的境地，無論怎樣都無法擺脫這樣複雜的糾葛。一邊是自己的生身父親，一邊又是自己的姑姑和岳母，兩邊都是至親，可偏偏又是一對水火不容的冤家。豪格夾在中間，成了一個名副其實的「漢堡」，是剪不斷，理還亂。豪格是左右為難，可是更令他想不到的是，一場對於他來說更大的危機即將到來。

天聰九年的年底，大貝勒莽古爾泰在生前曾與妹妹莽古濟、弟弟德格類謀逆一案被莽古濟的一個家奴舉報，說他們三人曾在佛像前焚燒誓詞，圖謀不軌。這可是要著重查處的，於是在抄家時，搜出了十六枚術牌印，其上印文為「金國皇帝之印」。正是這幾個字，被視做莽古爾泰謀篡汗位的確鑿證據，而莽古濟也在其中。此案一翻出，豪格就知道情況不妙，他從小就對皇太極是又敬又怕，此時他更怕自己捲進這滔天漩渦之中，為了避免牽連到自己，他就親手把自己的妻子殺死了。他想，殺死了妻子就等於切斷了與莽古濟的關係，如果再有什麼事情也牽扯不到他了。可是，他這樣做的行徑未免讓人太過心寒，畢竟那是他的妻子啊！俗話說得好，一日夫妻百日恩。更何況他與妻子還有表兄妹這一層關係，兩人應該是郎騎竹馬，女繞青梅，兩小無猜，婚後也是互敬互愛，相濡以沫，感情頗為深厚的。可是，要說他們有感情吧，豪格又心狠手辣無比殘忍地殺害了自己的妻子。其實，這些都沒有說到真正的點子上。縱觀豪格的整個人生，無論他是在外征伐，還是為人處世，從沒有說他為人殘暴或是性情暴虐的記錄，這就說明他本人其實並不是一個心狠手辣的人。可是，身在局中，有些事情並不是以他的意志為轉移的。他的父汗是至高無上、不可抗拒的，一切都要以父汗的利益為先。豪格對妻子下此毒手，其實也是被逼無奈。誰讓他生在帝王家呢？

事後，皇太極對豪格殺妻這一舉動並沒有什麼過多的表示，不過在他的內心裡應該還是大為贊許的。因為，在分配莽古爾泰的財產時，皇太極就分給了豪格很多，首先就分給他八個牛錄的人口，並且還將原屬莽古爾泰的正藍旗加以改編，並任命他為正藍旗的和碩貝勒。緊接著，又晉封他為和碩肅親王。這樣，短短數月間，豪格就從皇子一躍成為擁有一旗強大實力的六大和碩親王之一。要說這樣的地位是何等的尊貴，要是一般人早樂得不知道如何是好了，可是豪格這位看似前程遠大，風光無限的親王卻沒有因為地位的升遷而感到絲毫的喜悅。他不能忘記是如何把跟自己從小一起長大的妻子殺死的，他愧疚，無言以對，他越不過心中的那道坎，難以忘懷。這不僅是對妻子的愧疚，也還摻雜著他對姑姑、岳母莽古濟的懷念之情。這樣的感傷一直在他心裡埋藏著，藏得讓他難受。於是，他就經常和同病相憐的堂兄弟嶽托聚到一起，跟他發發牢騷，說到皇太極對莽古濟一案的處理時還常常表露不滿。天下沒有不漏風的牆，更何況皇家是不存在秘密的，自有人在暗處裡盯著他們。豪格的這一舉動很快就被人密告到了皇太極那裡，可想而知，皇太極當然是龍顏震怒了，就下令對豪格和嶽托二人進行處罰。其結果是一致認定豪格與嶽托是結黨營私，有怨恨皇上之心。但是，在討論如何處罰兩人時就出現了意見分歧。有一半的人是主張將二人處死，還有另一半人則主張將二人監禁。這兩個意見僵持不下，最後還是由皇太極乾坤獨斷，他將二人都免死，不過死罪雖免，活罪自然要受著了。皇太極將豪格的親王爵位革去，降為貝勒，這等於連降了兩級，並且還有罰銀千兩的嚴厲處罰。豪格此時，剛剛晉封肅親王八個月，這等於親王的帽子還沒戴熱乎就被人摘掉了，豪格受到如此大的挫折，情緒一時之間沮喪到底，是低落得不能再低落，恨不得把自己化為塵埃。這樣，經歷過此事後，他發現人言可畏，於是在人前背後說話更加謹慎小心，再也不敢有絲毫造次。就怕一言不合，惹來殺身之禍。

時間轉眼到了崇德四年，出外征戰明朝的豪格和多爾袞率軍凱旋回到盛京，把繳獲回來的金銀珠寶都呈獻給皇太極。皇太極看到他們收穫甚豐，不禁大喜，一高興又恢復了豪格的肅親王爵位。真是皇上一張嘴，人就能上天入地。這時，已經距離他被降爵過去了三年的時間，看來，在皇太極的心中，豪格這個兒子也沒有佔有多大的位置，在皇帝的面前，他首先還是一個臣子，然後才是其它。崇德八年八月初九，因為皇太極的突然逝去，並未能立嗣君。這讓豪格又再次經歷了挫折，這是他人生的第二次大轉折，可是他的運氣實在太差，在與叔父多爾袞爭奪皇位時未能勝利，黯然地與皇位擦肩而過。

其實，關於皇位的爭奪，早在皇太極生前，就已經拉開了序幕，許多人都瞅準目標，開始分黨結派，暗地裡鬥得是天昏地暗，只不過大家都是心知肚明不說而已。當時，有禮親王代善、鄭親王濟爾哈朗、睿親王多爾袞、肅親王豪格、武英郡王阿濟格、豫親王多鐸、多羅郡王阿達禮，這些親王和郡王總共有七人，是皇位的競爭者。其中，最有力量和資格爭奪皇位的就是多爾袞和豪格。這兩個人雖是叔侄關係，但說道真實年齡，豪格卻比自己的叔父多爾袞還大三歲。無論從年齡、閱歷，還是功勳、地位等方面來說，兩人都各有優勢，差別不大。如果是按照父死立子的方式的話，那麼，身為長子的豪格當仁不讓地是帝位不二的繼承者。可是，要按照滿族先世的慣例兄死弟繼的話，那麼繼位的人就應該是多爾袞，怎麼說都是合情合理。於是，爭鬥也由此展開。

就在皇太極死後的第五天，皇位爭奪戰正式上演。因為多爾袞征戰多年，手中握有實權，而他對帝位也是覬覦已久，野心勃勃地想要上位。於是，他就召見內大臣索尼，一同商議帝位繼承人的問題。當時，豪格的呼聲很高，皇太極底下的兩黃旗都主張擁立其為君，紛紛向他表示擁護。豪格得到這個消息非常高興，擁有兩黃旗的力量，那麼登上帝位的籌碼就更加穩固了。於是，他馬上派人告知鄭親王濟爾哈朗，濟爾哈朗也表示贊同。可是，為了避免發生流血事件，還是要與多爾袞商議一下，看最終到底是誰繼位。豪格這邊有人擁護，多爾袞那邊也有眾多的追隨者和擁護者，多爾袞和多鐸所領的兩白旗，就著力主張立多爾袞皇帝。有的人，如豫王多鐸、英王阿濟格就曾經跪地勸說多爾袞早登大位，否則遲則生變。但是，在眾人的追捧下，多爾袞還是保持著清醒的頭腦，他審時度勢，並沒有貿然應允。他知道，如果他率先繼位的話，名不正言不順，那麼就成了眾矢之的，成為大家爭相討伐的對象，只有沒有腦子的人才會貿然行事。到了第二天，諸位王公大臣聚在崇政殿商議立帝的事宜，畢竟國不可一日無君，為了江山永固，還是及早立下的好，皇位鬥爭也因此達到了白熱化的程度。豪格和多爾袞雙方人馬是相持不下，隱隱有了兵患之像。最後，多爾袞想這樣僵持著也不是辦法，於是他就提出折中建議，立皇太極的兒子福臨繼位，這樣兩人都不用爭了。既然誰也不甘心讓對方做皇帝，那就索性都別當，另擇他人。其實，多爾袞還是看準了福臨年幼好控制，他與濟爾哈朗左右輔政，手握朝政大權，這與當皇帝又有什麼區別呢？所以說，多爾袞還是夠聰明、夠膽識的。就這樣，一場劍拔弩張的危機終於消弭在塵埃中，而豪格在這場沒有硝煙的鬥爭中完敗而歸。

豪格在這場爭鬥中失去的，其實不僅僅是皇位，還失去了一個重要的依靠。他與多爾袞的競爭，就是得罪了多爾袞，因為他沒能讓多爾袞如願地登上帝位，雖然現在仍然是手掌朝政，可是說出來也是攝政王不是皇帝，在地位上畢竟是千差萬別的。因此，多爾袞對豪格是心懷有恨，這就為豪格日後埋下了殺身隱患。所以說，豪格是完敗而歸，是最大的受害者。其實，豪格錯失帝位的關鍵不在於實力，關鍵還在於他的軟弱，在於他的患得患失，確切地說，當勝利的天平已經向他明顯傾斜時，他卻向後退縮了一步，以致功虧一簣。他生性柔弱，不單從帝位之爭中反映出來，從他以往處理與莽古濟一家的關係，在父親的壓力下殺死愛妻的舉動，也看得很清楚。這樣的人即使當了皇帝，相信也不會是一個合格的帝王。當時，清朝是剛剛入關，局勢未穩，形式詭譎多變，困難可謂重重，如果國家的重擔真的落到豪格的肩膀上，恐怕凶多吉少。也只有多爾袞這樣的雄才大略、高瞻遠矚者，才能揮斥方遒，掃平群雄，一統天下。所以，不客氣地說，豪格能夠失去皇位，於大清是幸運的，於他個人則是不幸的。

就那樣黯然地收場，豪格非常失落，心裡鬱鬱，怎麼想都是不甘心。可他沒有從自身反省錯誤，反而把一肚子鬱悶都傾瀉到多爾袞的身上，認為是多爾袞導致了他沒有登上帝位，是多爾袞的錯誤。正因此，引來了他人生的第三次挫折。順治元年四月，豪格所領正藍旗的固山額真何洛會出面，檢舉豪格「圖謀不軌」。如此，豪格自己的後院沒有看好，首先起了火。自家人揭發他經常散佈不利於多爾袞的言論，這讓他情何以堪。當時，清朝正準備大舉入關，正是全國上下同心同德，需要同仇敵愾的時候，散佈出來的這些流言飛語顯然不得人心，豪格更加失去人心，而多爾袞也乘勢對豪格加以打擊。有機會落井下石，多爾袞是如何也不會放過的，更何況豪格是對他進行言語攻擊。於是，他就召集諸王大臣會審，豪格的心腹均讓他以「附王為亂」罪名處死，就是豪格本人也因此差點送命。當時，諸位貝勒和大臣均紛紛請殺豪格，可是年幼的皇帝福臨卻不准，那是福臨自己的長兄，念在骨肉親情，豪格才僥倖逃過一死。但是，死罪可免，懲罰卻是難逃的。豪格被沒收七牛錄人員，罰銀五千兩，他也廢為庶人。同年十月，福臨把京城從盛京遷往北京，再次舉行繼位典禮，大封諸王。福臨念及長兄豪格的功勳，就恢復了他肅親王的爵位。不過，經過輪番的挫折，豪格已經意志消沉，更何況其實力已經嚴重受損，名譽更是不再如從前了。他的雄心壯志已經被歲月打磨得乾乾淨淨，上位者讓他做什麼他就做什麼吧！

順治三年三月，豪格被任命為靖遠大將軍，統率清朝大軍自陝入川，由此開始了他一生之中最輝煌的軍事業績。在四川，豪格率領的清軍征剿張獻忠大西軍所向披靡，連敗張獻忠率領的大西軍。由於，張獻忠的剛愎自用，最後被一箭射中心臟，當場死去。而豪格贏得了這場戰役的最終勝利。順治五年二月，豪格率大軍凱旋而歸。順治帝還親自在太和殿設宴犒勞立下汗馬功勞的兄長和諸位將領。豪格也因為難得與兄弟能夠如一家人一樣把酒言歡，而歡喜不已。可是，上天似乎對豪格極為吝嗇，好運氣總是在他身上稍作停留就飛走了，轉而帶來的則是災難。

豪格回京只過了短短一個月的悠閒生活，就又被人舉報了。是因為什麼呢？當時，以貝子吞齊為首的貴族，檢舉鄭親王濟爾哈朗。鄭親王濟爾哈朗初始被定為死罪，後來，從輕處置降為郡王，罰銀五千兩。皇太極在生前，對濟爾哈朗信賴有加，非常榮寵，而濟爾哈朗對豪格也是多有關照，可鄭親王失勢，直接導致了豪格失去了最後一把保護傘。失去庇祐的他，處境可想而知。就在處理濟爾哈朗兩天之後，多爾袞就召集諸王大臣會議，專門對豪格的問題進行討論。這時的多爾袞，已非昨日，他已是清朝的攝政王，大權獨攬，誰敢不服，就連順治帝對他也不敢輕易說一個「不」字，更何況其它那些仰其鼻息的人呢？。就這樣，商量了一番，以豪格犯有庇護部將、冒領軍功及欲提拔罪人之弟等罪名，判了他的死罪。最後，雖然免去一死，但也把豪格囚禁在了獄中，爵位被削去，所屬人員一併沒收。豪格身陷獄中，生不如死，絕望、悲憤、不滿，百感交集，他不知道這到底是為了什麼？看不穿、看不透的他，最後因激憤而死於獄中，年僅四十歲。他何其悲哀，一生都生活在挫折中，沒有過上幾天舒心的日子，堂堂的親王最後落得個這樣淒慘的下場。

其實關於豪格的死因，歷史上有許多的說法，除了「卒於獄」，還有「自殺」或被多爾袞「謀殺」等不同版本，具體歷史的真相是什麼，已經無證可考。不過，豪格死後兩年，多爾袞也去世了，順治帝得到了提前親政的機會，他念及長兄豪格是蒙冤而死，就親自為他平反昭雪，恢復了豪格和碩肅親王的爵位，並立碑對他一生的功績進行表彰。順治十三年，為其追加諡號「武」。在清代滿洲貴族中，豪格是第一位按照漢族慣例被賜諡號的王爺。到了乾隆四十三年，豪格因開國功績，配享太廟。總總這些，也算是對豪格的另外一種補償吧！

胤祥：賢明親王

胤祥是清朝有名的「賢王」，他的一生頗具戲劇性，是清朝的傳奇人物。他的前三十六年，一直默默無聞，並且還因為捲入儲位之爭而遭到圈禁。後八年，他是在其兄長胤禛繼位後度過的。他從一個閒散皇子一躍升為親王，得到了各種特權和殊榮，長期受到壓制的才華也得到充分施展。不過，可惜的是他只活了四十五歲，是輕輕地來，匆匆地走。即使這樣，他也是清朝歷史舞臺上那濃墨重彩的一筆。他身後備極哀榮，被追謚為「賢」，這是對他品行的最高評價。

在不少影視劇作品中，對他的刻畫都是性情豪放耿直、清正廉潔的形象。歷史到底是怎樣，如今我們已經不得而知，不過多多少少都會有些。胤祥出生在一個人口眾多的特殊家庭。他的父親康熙帝是後宮佳麗三千，也使得他的兄弟姐妹眾多，可以說多得驚人。我們來算一下，康熙十二歲大婚，兩年後也就是十四歲有了第一個孩子，一直到康熙六十五歲最後一個孩子出生，康熙前後一共生有五十五個子女。這樣算來，胤祥就曾有過五十四個兄弟姐妹。

在康熙帝的眾多后妃中，胤祥的生母章佳氏的地位並不顯赫，出身很一般，她是滿洲鑲黃旗參領海寬的女兒，剛入宮時，就被冊封為妃。在康熙二十五年時，生下了皇十三子胤祥，二十六年生下皇十三女，三十年皇十五女出生。她在四年零兩個月內，連續生了三個孩子。這在康熙中年以後的嬪妃中可以說是獨一無二的，這充分說明當時她還是很受皇帝寵幸的。不過，紅顏總是多薄命，她在康熙三十八年去世了。那時，她的兒女皆尚幼，胤祥十四歲，皇十三女十三歲，十五女剛剛九歲，十歲的門檻都沒有到，他們的母親就匆匆地走了。

章佳氏死後，被諡封為敏妃。在宮中，失去母親的孩子，孤苦無依，生活艱難。為了保證他們順利地成長，他們只能由其它嬪妃代為撫養。據說，當時撫養胤祥的就是德妃烏雅氏，也就是後來繼承皇位的胤禛的母親。命運的安排，讓胤祥的命運早早地與胤禛的命運聯繫在了一起。兩兄弟自幼朝夕相處，感情甚篤。胤禛長胤祥八歲，很有兄長的樣子，對胤祥是多加照顧，他們一起學習，一起討論時事，在胤禛的庇祐下胤祥成長著。他們這種親密的手足之情，伴隨著他們終生，經受住了嚴峻的考驗，感情始終如一，這在皇家是彌足珍貴的。而胤祥的人生也因此而潮起潮落，悲喜參半。

胤祥六歲時，開始在皇宮內就學讀書。學習的內容主要包括滿漢文化，儒家經典以及書法和繪畫。後來，康熙又為他找來了一個師傅，他就是法海。此人來歷非比尋常，他是康熙的舅舅佟國綱的第二個兒子，換句話說，他就是康熙的表弟，也就是胤祥的表叔，是師傅再加上親戚的關係。不過，這個法海可是是當時滿洲人中不可多得的博學碩儒，他二十三歲時就考中了進士，被授為翰林院庶起士，又奉命在南書房行走，成為康熙身邊的文學詞臣。康熙三十七年，康熙選派他在懋勤殿教導皇十三子胤祥和皇十四子胤禵。兩人在法海門下一學就是十年，盡得法海的一身精髓，兩兄弟後來均是才學俱佳的人才，這與法海執教有很大的關係。

年少時，胤祥還是很得康熙寵愛的。他十三歲時，第一次離開京城，伴隨父親康熙前往謁陵。此後，康熙經常帶著他四處巡幸。康熙一生先後六次南巡，在眾多皇子中，隨行次數最多的就是胤祥。康熙第三、第四、第五、第六次南巡，胤祥都隨侍在旁，參與其間。他還隨同康熙巡幸過京畿、陝西西安、山西五臺山，在塞外避暑圍獵中，也經常能看到胤祥的蹤影。這樣說來，他在青少年時代真的是非常得康熙的寵愛。要不然康熙有那麼多的兒子，為什麼偏偏選了他去伴駕呢，可見康熙對胤祥還是偏愛的。至於，康熙為什麼對胤祥偏愛，想來也是有原因的。胤祥本人溫文爾雅，在康熙面前從來都是乖巧聰慧的，這樣給康熙的印象就很好。印象一好，自然而然地就會經常想起他，想起他就會招過來看看，一看一瞭解就知道了胤祥是一個勤奮努力，才華橫溢，能文能詩，書畫俱佳的人才，這讓康熙如何不喜歡。據說，康熙最喜歡寫字寫得好的兒子，眾多的兒子為了得他歡心，都是非常認真地鍊字，而胤祥的字恰恰就得康熙的眼緣。再加上滿洲人的傳統技藝，騎馬射箭胤祥樣樣精通，上馬能武，下馬能文，文武雙全的兒子，康熙身為父親感到驕傲也感到自豪，自然就什麼好事兒都想著他了。

不過，都說伴君如伴虎，這真的是一點兒不假。即使那個君是自己的父親，可是你永遠也無法得知他下一秒在想些什麼。在康熙帝晚年，對胤祥的態度發生了翻天覆地的變化。康熙生前，曾有兩次冊封諸位皇子。第一次是在康熙三十七年，皇長子胤禔被封為直郡王，皇三子胤祉封為誠郡王，皇四子胤禛、皇五子胤祺、皇七子胤祐、皇八子胤禩均被封為貝勒。這時，胤祥年紀尚輕，還不夠資格，冊封也就沒他什麼事兒。第二次冊封是在康熙四十八年，那時康熙剛剛復立胤礽為皇太子，與此同時也將皇三子胤祉、皇四子胤禛、皇五子胤祺晉封為親王，皇七子胤祐和皇十子封為郡王，皇九子、皇十二子、皇十四子封為貝子。要說第一次冊封時，胤祥不夠資格，那麼第二次冊封時，胤祥已經二十四歲，連比他小兩歲的胤禛都受到冊封，他卻依舊是頭上空空。這種現象很反常。自幼受康熙寵愛的胤祥為何會受到如此待遇。這個疑問，在清朝歷史資料中找不到任何答案。

不少人說是因為康熙朝九龍奪帝之爭的關係。那時，與胤祥關係很好的胤禛也參與其中，他是因為受到牽連才會如此。後來，胤祥還因此被圈禁。回看胤祥四十五年人生，可以用他的父親康熙的逝世為基線，劃為兩個階段。前一階段，除了童年的一些愉快回憶以外，他從青年步入中年，一無封爵，二無官職，與其它皇子相比起來，真是落魄到了極點。後一階段，這段時間雖然很短，短得只佔了胤祥不到六分之一人生的時間，可是他如那絢爛的煙花般在這一階段綻放了他最美的光彩，其卓越的才華在這段不算長的時間裡都得到了淋漓盡致的展示。

其實，在康熙晚期，胤禛和胤祥兩人可以說是一對難兄難弟，兩人在這一階段都過得異常艱難，可以說是舉步維艱。到了雍正朝，他們是苦盡甘來，難兄難弟成了親密無間的君臣。當時，一路苦過來的胤禛，皇位還沒有坐熱，就想到了跟他一起受難的兄弟胤祥，他迫不及待地宣佈，冊封胤祥為怡親王，命總理事務。胤祥活了三十六年，突然一下子爵也有了，權也有了，甚至比起以往那些兄弟更是位高權重，他可以說是後來者居上，真的是飛黃騰達。不過，胤禛封了胤祥還不滿意，他還將已故二十三年，胤祥的生母章佳氏也冊封了封號，由原有的「敏妃」追封為敬敏皇貴妃，這等級一下子提高了兩級。胤禛是想著法兒地在彌補胤祥，彌補胤祥因他而受的磨難。

可是作為胤祥，受到如此高的榮譽和封賞，他沒有沾沾自喜，而是一心一意地輔佐雍正，說是殫精竭慮也不為過，是清朝歷史上不可多得的良臣賢相。雍正帝把胤祥的一生功績概括為八個字：忠、敬、誠、直、勤、慎、廉、明。可是，命運並沒有給胤祥太多的時間，早年的磨難讓他的身體備受摧殘，身體耗損得厲害，終於在雍正八年五月，胤祥病亡。雍正帝得知消息是悲慟異常，賜胤祥謚號為「賢」，還諭命把他總結胤祥的八個字要加在謚號之前。所以，胤祥死後的尊號破紀錄地長，全稱是「忠敬誠值勤慎廉明怡賢親王」。雍正還命人在京西白家幢、天津、揚州、杭州等各處建立怡賢親王祠，讓人們祭祀，讓胤祥永享人間的尊敬。

胤祥死後，他的怡親王爵由他的第七子弘曉襲位。原來他還有一個拒辭不受的郡王爵，這時則封給了他的第四子弘晈，弘晈成了寧郡王。另外，胤祥的第三子弘暾因為早歿，生前並未受封，雍正帝此時破例命從弘暾親侄內擇一人為承嗣，襲封貝勒。綜合看來，雍正帝為君，他給了胤祥無以復加的榮寵，不過胤祥也值得一個帝王為他如此做。胤祥為臣，對胤禛是鞠躬盡瘁，死而後已，對他是任勞任怨，別無二話。兩人珠聯璧合，相得益彰，聯手將清王朝打造得更加繁榮強盛。

惡貫滿盈的太監們

安德海：慈禧太后的心腹

安德海成為太監，還得從他的家鄉說起。安得海出生在清代盛產太監的直隸南皮（今河北南皮），家境貧寒沒有出路的他，想要出人頭地，看到同鄉做太監的發了跡，他便也開始計劃入宮做太監。他親手將自己閹割，投身宮中。由於他善於察言觀色，阿諛奉承，不久就在宮中立住了腳。

要說一個小小太監，是宮廷中最卑微的人了，怎麼會爬上朝廷的頂端肆意妄為呢？這得從慈禧太后當初入宮說起。安德海想在宮中附上一個有實力的主子，可他一個太監實在高攀不上皇后貴妃。於是聰明的他，便在入宮的秀女中尋求日後的靠山。當他看到當年的蘭兒葉赫那拉氏（她便是日後的慈禧），覺得這個女人嫵媚有加，而且頗有心計，一定是個有潛力的女人。正是安德海那時正確的眼光，決定了他以後的橫權人生。

當年的蘭兒，於咸豐二年（1852年）十八歲入宮，幾年了連皇帝都沒見過，談何被寵。安德海在這時，接近了一籌莫展的蘭兒，跟她商量接近皇帝的事情。苦惱的蘭兒與安德海兩人一拍即合。憑藉著早早入宮的經驗，安德海極力指點蘭兒接近皇帝之法。不久，蘭兒就把咸豐皇帝迷住了。從秀女升為懿嬪。咸豐六年（1856年）三月，蘭兒生下皇子載淳後，更是一步登天升為懿妃，次年又升為懿貴妃。蘭兒在宮中的地位不斷提升，從一位普通秀女一躍成為皇貴妃。這讓她對當初幫助她的安德海感激不盡。而安德海的目的也達到了，對她更是緊緊跟隨。

咸豐十年（1860年），慈禧二十六歲這年，英法聯軍攻陷北京，火燒圓明園，皇帝率眾逃亡承德避暑山莊。第二年七月，咸豐皇帝病死。遺詔立六歲的載淳為太子即位，之後確立皇后鈕祜祿氏的徽號為慈安、那拉氏的徽號為慈禧。這慈禧太后野心勃勃，慫恿慈安太后一起垂簾聽政，還一心想除掉親王肅順。因為先帝遺詔命肅順為輔政大臣，當時承德行宮盡在肅順耳目的監視下。慈禧對此耿耿於懷，擔心大權旁落。於是，她意圖聯同在北京處理與洋人的議和事務的恭親王奕訢，剛好奕訢與肅順不合，慈禧便想借他之手除掉肅順。於是，安德海就成了來往兩地，慈禧與奕訢的連絡人。同年九月底，慈禧與奕訢在北京發動了著名的辛酉政變，殺掉肅順奪取政權，改元「同治」。安德海在這場計劃中為兩人穿針引線，為政變成功立下了功勞，因此被升為總管大太監，成了朝中顯赫的人物。

慈禧太后從一個普通秀女到之後的皇太后，安德海功不可沒。在她受寵後，安德海又四處奔走為她效勞，慈禧太后實在是對安德海感激不盡。當政之後，安德海成了她的得力助手，不僅協助她處理朝事，還常在日常生活裡哄她開心。後宮生活是枯燥艱險的，安得海聰明伶俐、多才多藝，常常和慈禧適度地逗逗樂子開開玩笑，為慈禧增添了不少樂趣。安德海還把慈禧的飲食起居照顧得舒舒服服、妥妥帖帖的。安德海細心體貼，慈禧喜歡什麼他就不顧一切安排什麼。慈禧愛聽戲，安德海便投其所好，學了一些和慈禧唱和。還特地為慈禧建了戲院，找來戲子日夜討慈禧歡心，花費巨大。有的大臣看不過眼便上奏，摺子到了慈禧那裡，她就表面下令太監總管嚴加勘察，以堵住官員的口，可背地裡仍然一成不變。

安德海對慈禧如此周到地照顧，讓慈禧對安德海有了密切的感情，日夜都離不開他，還親切地稱他為「小安子」甚至「人精兒」。然而，安德海的寸步不離讓人們對他的太監身份產生了懷疑，說他是假太監。同治七年（1868年）冬天，安德海還在北京最大的位於前門外的天福堂大酒樓迎娶徽班名旦馬賽花。「太監娶妻」這樣的新聞更讓人對他的太監身份產生了懷疑，認為他跟守寡的慈禧有豔情。不過後來學者的研究否定了這一可能性，清朝對太監的審查極其嚴格，安德海早早入宮不可能逃脫。

清朝吸取明朝滅亡的教訓，對太監管理十分嚴格。直到了安德海時期才有了變化。聰明的安德海文化水準高，為人圓滑，深受慈禧寵愛。慈禧聽政後，面對奕訢的勢力壯大感受到威脅，開始進一步培植勢力。安德海作為她的心腹，也開始干預起朝政來。

奕訢對安德海十分警惕，處處防止他野心蔓延，因此兩人結下了怨。有一次奕訢進宮面見慈禧太后，安德海見到他不僅不打招呼，還命太監不要進去通報，害得奕訢乾等一整天。自此，奕訢對安德海恨之入骨，欲殺之為快。

安德海常在慈禧面前詆毀奕訢，慈禧不容他人對自己的權力構成威脅，便借一次御史彈劾奕訢的機會將他革了職。奕訢雖繼續為朝廷所用，但一切權力都沒有了，他對安德海的痛恨更進一步。安德海得逞後，並不能瞭解到這為他以後的滅亡埋下了伏筆。

在慈禧太后的極度寵溺下，安德海大膽舞權弄政。只要安德海在慈禧面前說哪個官員一句話，那個官員就能升官。這樣一來，投靠安德海門下的黨羽眾多。可笑的是，廣大朝臣要靠一個太監加官晉爵。安德海權勢並加，借機搜刮財物，僅僅在為其母親祝壽時，各級官員便奉送了四十萬兩銀子。

安得海在宮中，誰都不敢得罪他，連年輕的同治皇帝，也懾於慈禧的威嚴對他讓步。安德海常常為想一心霸權的慈禧太后監視同治，同治十分厭惡安德海，常在大庭廣眾下呵斥他。安德海不便當眾頂撞，就在背後說他壞話，挑撥母子關係。有一次，同治發現安德海跟蹤他，便拉出來大罵一通，安德海跑回去在慈禧面前告了狀，慈禧便將親生兒子呵斥了一番。堂堂皇帝被一個太監這樣欺負，長久下來，同治對安德海更是恨之入骨，一直想將他殺瞭解恨。

安德海的滅亡，要從他出城遊玩開始。當時的清廷有一條規矩，太監不准踏出皇宮一步，否則殺無赦。但極度得寵的安德海心想只要慈禧一句話，這些規矩都不在話下。同治八年（1869年），安德海想去南方欣賞美景，於是便以親往江南為皇帝趕製大婚龍衣為藉口，像慈禧提出了出宮的事。慈禧擔心破了祖制，大臣彈劾她無法袒護，勸他不要去。安德海出宮心切，進一步勸說慈禧，說親自監工能保證品質，這裡面還包括太后的衣緞。貪圖打扮的慈禧動了心，囑咐他秘密出行，保持低調莫惹是非。

當年六月安德海出宮後，他哪裡聽得進太后的囑咐，一路大張旗鼓，坐兩隻插著龍鳳旗的大船沿河而下，還帶著歌姬，吹吹打打熱鬧非凡。他自稱欽差大臣，一路勒索各地官府，仗著慈禧勢力，一路威風。到了江南，總督曾國藩因為慈禧的關係也沒有對他阻攔。直到安德海進了山東境內，好日子就到頭了。

當時山東巡撫丁寶楨剛正嚴明，又是同治皇帝信賴的大臣，同治皇帝得知消息後，與慈安太后商量過，命令丁寶楨一定要把安德海殺死在山東。

安德海到達德州後，地方官不敢貿然下手，於是丁寶楨密奏朝廷。說來也巧，當時的幾天慈禧剛好生病不問政事。密摺到了軍機處奕訢手裡，他起了殺心，刻意避開慈禧與同治皇帝與慈安太后商量。這幾人極度憎恨安德海，安德海又犯了老祖宗的鐵規矩，當即決定格殺勿論。於是慈安太后蓋了章，皇帝下詔。丁寶楨有了後臺支持，馬上派東昌府知府程繩武追捕安德海等人，一直追了三天三夜，才將要離境的安德海眾人在泰安捉拿，押解到濟南府巡撫衙門。安德海毫不畏懼地說：「我奉慈禧皇太后懿旨出京採辦龍衣，誰敢把我怎麼樣！

你們都不想活了嗎？」以此恐嚇眾人。丁寶楨有了皇帝的命令在手，毫不示弱，冷笑著說：「你犯下十惡不赦之罪，舉國上下都恨不得食汝之肉、喝汝之血。你死到臨頭，還不老實。今天犯在我手中，你休想活著走出濟南府。」同行的泰安官員畏懼安德海在宮廷的勢力，請丁寶楨三思而行。丁寶楨不顧阻攔，下令將安得海等人斬首示眾，並收繳了安德海沿途搜刮的財物上繳了內務府。但是與安德海隨行的一名小太監逃脫，回宮通過李蓮英將此事稟告了慈禧，慈禧雷霆大怒，一是沒了個自己心儀的安德海，二是不忿慈安太后私下懿旨殺了她的親信。膽戰心驚的慈安太后將責任推給了奕訢，慈禧對奕訢嚴詞責罵，並要罷免降爵。罵完兩人又罵兒子擅做主張，眼見殺了安德海解了心中怨恨，同治就滿不在乎地說：「殺一個太監有什麼了不起？不過是按祖製辦事而已。」執拗不過，眼見木已成舟，慈禧只得作罷不再追究，後來下了道旨，述明安德海擅自出宮，大張旗鼓，觸犯清規，命各地官員就地正法。以此來保持自己太后的威嚴。

山東巡撫丁寶楨殺了安德海後將他暴屍三日。慈禧將丁寶楨升為總督。按理說這心狠手辣的慈禧應該報復丁寶楨，但據說丁寶楨將安德海暴屍，剛好證明安德海是個太監，雖然也有人說是丁寶楨掉了包，但他剛好洗清了慈禧與安德海之間的豔情傳聞，於是慈禧也就不予追究了。

一個小小太監，費盡心機爬到了權力的頂端，作惡多端，最終落得個暴屍的下場，也實在是罪有應得。

李蓮英：號稱「九千歲」的大太監

話說李蓮英的知名度是很高的，他在當時的宮廷中被高呼「九千歲」，而皇帝才「萬歲」，他一個太監怎麼就「九千歲」了呢？

李蓮英是盛產太監的直隸河間府人。民間傳說早年他只是個無賴，後來改做皮匠。一心想要飛黃騰達的他，在自行淨身後投奔了同鄉——當時慈禧太后身邊的紅人，太監沈蘭玉，就在梳頭房當了一名雜役小太監。

進宮以後，李蓮英開始物色一個可以投靠的有權勢的主子。當時的懿貴妃葉赫那拉氏也就是日後的慈禧，深受咸豐帝寵愛，生下了皇子後地位不斷上升。於是，李蓮英便選定了懿貴妃，以求日後能上位。

可是單單自己在心中選中了沒有用，必須得想方設法接近她，取得她的信任與喜愛。李蓮英觀察到懿貴妃喜愛打扮，十分在意衣服以及妝容，尤其講究頭髮。如果太監給她梳頭弄掉了幾根頭髮，被她看見了便要遭殃。當時的懿貴妃常常要太監們給她梳時下流行的髮型，但太監們常年在宮中，哪裡能學得到流行的髮型，於是太監們便常常被懿貴妃責罵，甚為不堪。

李蓮英聽說這件事以後，覺得是一個機會。他苦思冥想，覺得妓女們是最時髦和最會打扮的。於是他便溜出宮來，到從前混跡的青樓妓院向妓女們學習梳頭的技術和髮型。他請求沈玉蘭將自己推薦給了懿貴妃，並將學到的幾個新式髮型給懿貴妃梳了出來。懿貴妃大悅，從此李蓮英便開始接近了懿貴妃的生活。

從為懿貴妃梳新式髮型開始，李蓮英慢慢獲得了懿貴妃的信任和喜愛。咸豐帝駕崩後同治即位，懿貴妃成為慈禧太后。李蓮英繼續伺候在慈禧左右。他小心翼翼面面俱到地服侍慈禧，細心的他善於察言觀色，常常討慈禧歡心。慈禧的想法還沒說出來，李蓮英便先向慈禧提了。如此這般，慈禧認為李蓮英非常懂她心意，就十分寵愛李蓮英，親切地稱他為「小李子」。

李蓮英一直絞盡腦汁討好慈禧，以此獲得榮華富貴。他會細心地用專用的黃布將慈禧坐過的椅子包起來，讓慈禧深感欣慰。他的家人在門口掛出「總管李寓」的牌子讓慈禧不悅後，察覺到不妥的他馬上拆了牌子去向慈禧請罪，慈禧不但沒有怪罪，反而覺得李蓮英很尊重她。慈禧六十大壽時，李蓮英事先馴養了一批鳥，會自己飛回籠子。大壽時，李蓮英提議慈禧放生飛鳥以積陰德。當天在頤和園，慈禧親手放飛了一些鳥，但鳥兒不久又飛了回來，李蓮英便立刻下跪歎述慈禧恩賜浩蕩。誰料這馴鳥的把戲被一些大臣揭發，慈禧怪罪下來。李蓮英便又命人先將一批魚餓上幾天，然後在水池邊藏上食物，準備妥當後請慈禧放生魚兒，以洗脫先前的罪責。慈禧將魚放生入水之後，魚先是遊了出去，片刻又遊了回來，在池邊排列，就好像在為慈禧拜壽一樣。這次沒人看穿，李蓮英就與大臣們一起下跪高呼皇恩浩蕩，天降祥瑞。慈禧被哄得心花怒放，將身上的一顆大朝珠當場賞給了李蓮英。

李蓮英為了博太后歡心，可以說是不擇手段，有一次，他將一位大臣準備送給慈禧的帶有祝壽木偶的西洋鐘騙來。明知道慈禧會喜歡，但李蓮英卻以萬一鐘的木偶出了故障慈禧會怪罪下來，等大臣賣掉了鐘，他再轉手買來送給慈禧，討得慈禧開心。當然，李蓮英為了討慈禧開心以獲寵愛的最大的例子，莫過於籌集鉅款為慈禧修繕頤和園。

李蓮英知道慈禧太后一直想要造個靜居的園子，於是他便和大臣李鴻章共同商議此事。當時的清朝水軍在戰爭中失利，於是兩人便欺騙朝廷借籌建海軍之名請求朝廷撥款，一半就拿來給慈禧修頤和園，當年修建頤和園花了三百萬兩白銀，便都是李蓮英精心坑蒙拐騙籌來的。園子修完後，慈禧極度歡喜，更加寵愛李蓮英。

其實，讓慈禧太后對李蓮英大加寵愛的，不只是因為李蓮英為討她開心做了這麼多事。雖然李蓮英一心求榮，但當年他對慈禧實在是忠心耿耿。據說他還救過慈禧的命。

當年咸豐帝臨終前，擔心死後太子的生母懿貴妃會干涉朝政，於是與戶部尚書肅順私談。肅順舉了當年漢武帝弒鉤弋夫人的例子，暗示咸豐應除掉懿貴妃。咸豐帝本身也有處死懿貴妃的意思。這次談話無意中被李蓮英知道了，他便急忙通知慈禧的妹夫醇親王，由醇親王帶著太子等人去咸豐帝面前求情，打消了咸豐帝的這個念頭。否則，慈禧太后在當年，早就成了刀下鬼。所以，她十分感激李蓮英。

李蓮英吸取了安德海的教訓，他害怕落得個像安德海那樣的下場，所以他從不恃寵而驕，處處小心謹慎。但慈禧太后對李蓮英的過度寵信，還是引起了部分朝臣的非議。有人以斂財弄權的罪名彈劾他，但李蓮英始終沒有讓人抓住他的把柄。也正是這樣的小心謹慎，讓李蓮英終生得寵。

光緒十二年（1886年），李蓮英跟隨醇親王一起前往巡閱北洋大臣李鴻章訓練的海軍。人們知道他是慈禧面前的大紅人，各路將領便紛紛巴結他。但李蓮英始終低調，小心行事。他不住華麗的行宮，一路起居樸素地伺候在醇親王左右。各路官員想巴結他也沒有成功。但李蓮英作為一個太監干涉軍政之事，朝野中不滿聲四起，但慈禧太后一一化解了大臣們對李蓮英的彈劾。

李蓮英在安德海死後繼任內廷大總管，一直陪伴在孤單的慈禧身邊。慈禧雖然大權在握，但年紀輕輕就守寡的她十分寂寥。李蓮英悉心陪伴在她左右，朝夕相處，兩人關係甚好。慈禧也十分關心李蓮英，在他生病時還親自為他嘗藥。甚至打破先帝「太監最高四品」的祖規，為李蓮英封了二品頂戴。慈禧還親自給他製作皮袍，朝中大臣也一直對李蓮英奉承有加，眾人禮至。清朝一直禁止宦官娶妻，但慈禧還是批准李蓮英娶妻，以至於後來李蓮英妻妾成群，還收了幾個義子。慈禧太后脾氣暴躁，動輒就動刑殺人，只有李蓮英能長期陪伴在她身邊得寵，可見李蓮英的伶俐靈巧。

李蓮英一直投靠在慈禧太后身邊，但他在後來又結交了別的靠山。他不像安德海，李蓮英與光緒皇帝的關係十分好。他曾將自己的親妹妹帶入宮中獻給光緒。在「戊戌變法」後，慈禧囚禁光緒，李蓮英在太后與皇上之間兩面逢源。光緒二十六年（1900年），八國聯軍侵入京城，皇公大臣逃至保定時，由於慈禧太后當政，虐待光緒，光緒連被褥鋪蓋都沒有，李蓮英就將慈禧為自己安排的華美被褥給了光緒。當年隆裕皇后想探望被慈禧囚禁的丈夫光緒，也是李蓮英幫忙。光緒後來回憶起來，仍然充滿了感動與感激。

光緒和慈禧病亡後，李蓮英與宣統元年（1909年）二月初二辦完光緒皇帝和慈禧太后的喪事後，離開了生活五十多年的皇宮。宣統三年（1911年）二月，一代大宦官李蓮英壽終正寢，終年六十四歲，葬於北京阜成門外恩濟莊豪華的太監墓地。他留下巨額財產多達三百萬兩白銀，後歸隆裕太后所有。他的墳墓毀於二十世紀七○年代。

一代宦官，慈禧太后身邊的紅人，權高勢重，被高呼「九千歲」。雖然靠取悅慈禧獲取榮華富貴，但他不像安德海般張狂，以至於一生獲寵。但作為歷史典型宦官的代表，他的阿諛奉承也助長了慈禧太后的腐朽統治，間接地影響了時局的發展。

崔玉貴：位居二把手的太監

宮中生活，並沒有人們想像中得那樣美好。崔玉貴剛到宮中時，也是苦熬十多年過來的。他拜了八卦拳祖師尹福習武，學得一身好武藝，人也長得健壯。慈禧太后看到崔玉貴長得人高馬大，辦事也勤勤懇懇，再有武藝也不錯，就在他二十歲那年，將其提拔為二總管。在宮中也是紅極一時，他與李蓮英被稱為慈禧太后的左膀右臂。富在深山有遠親，雖然崔玉貴是一個太監，但是架不住他紅，於是，為了攀附於他，就經常有媒人給崔玉貴保媒拉線，但都被他婉言謝絕了。他認為自己是沒辦法才走了這條路，這條路已經是一條死路了，就不要再耽誤了人家的女兒。在當時，凡是有錢有勢力的太監，在宮外納個三房四妾，那是不稀奇的。

光緒十年時，崔玉貴的長兄崔志方帶著妻子從河間路途遙遙地來到京城投靠他。崔玉貴本來沒有在京城置產的打算，可是看到兄長帶著嫂子來了，也沒地方安置，所以就在東華門萬慶館三號購置了一個宅子，用來安置兄嫂。之後，崔志方帶著家人在崔玉貴購買的宅子中住了下來。崔玉貴這邊還是在慈禧身邊當差，可是那邊崔志方卻背著崔玉貴連續娶了三位姨娘，這生活剛過得好點兒，仗著自己的弟弟是慈禧的心腹就有些小人得志的模樣。崔玉貴勸崔志方收斂他的行徑，可是每次崔志方都先斬後奏，等崔玉貴知道後已經木已成舟，也不把人給退回去，只能無可奈何。不過，這樣讓崔玉貴更加尊敬崔志方的元配夫人。後來，崔志方妻妾滿堂，他又把一部分家眷分住在了南苑。崔玉貴長嫂居住萬慶館時，崔玉貴收養了一個趙姓兩周歲的男孩做養子，他就把這個養子託付長嫂撫養，還給養子取名叫崔漢臣。

當崔漢臣十三歲時，崔玉貴就把崔漢臣送到了附屬於總理各國事務衙門的京師同文館深造。京師同文館是清末最早的洋務學堂，開辦當初只限招收十三四歲以下的滿漢八旗子弟，他們在那裡學習外文、天文、數學一類的課程。

崔漢臣十六歲那年，太醫院副堂官張午樵看其樣貌英俊、才華出眾，就和崔玉貴商量，想要把女兒張毓書許配給崔漢臣。當時，太醫院正堂官姚保生也有個兒子，正巧與張午樵的女兒同歲。姚保生知道張午樵的女兒張毓書不僅長得年輕美麗，而且還精通英、日兩國語言，就也想和張午樵結為親家。姚保生就把自己的意思對張午樵說了，可是張午樵告訴姚保生，他的女兒已經許配給崔玉貴的養子崔漢臣了。這讓姚保生好生氣悶，認為同僚張午樵看不起他，認為他還不如一個太監，兩人因此有了隔閡。崔玉貴知道了此事，覺得很為難，本來好好的親事，這樣一弄反而不美了。他把心中的鬱悶對李蓮英說了，李蓮英後來又把此事稟奏了慈禧太后。慈禧太后是個好管閒事的，尤其喜歡點鴛鴦譜。她就讓三個孩子都進宮，讓她看看。看過之後，慈禧就太后金口玉言的讓張毓書嫁給了崔漢臣，這回姚保生也無話可說了。

當八國聯軍攻進了北京城時，慈禧太后忙活著出宮逃命，可是在臨出宮前，她於匆忙中還是召集了群臣、宮女、太監訓話，還讓身邊的崔玉貴把珍妃召來。崔玉貴就派小太監王捷臣去冷宮把珍妃帶出來。太后告訴眾人，洋人眼看著要打進城，她只能帶著皇帝、皇后、阿哥和一部分人暫時走避，其餘的人留守紫禁城。她這一說，許多人頓時傻了，驚恐萬狀，哭聲震天，逃出去興許還有命，可是留下來卻是要沒命的。當時，性情倔強的珍妃，聽到了太后要逃走，就跪在太后面前請求，她認為作為一國之君的皇帝此時不能走，國家危難之時，他更應當坐鎮京師。慈禧太后一聽頓時火冒三丈，她本來就夠鬧心的了，想著趕緊逃，再不逃可就沒命了。可是，這珍妃卻非得跟她唱反調，這讓慈禧是怒不可遏。一怒之下的慈禧，就向身邊的李蓮英發火，並稱其為畜生，實在該死。李蓮英是誰啊，那可是聽話聽音就解慈禧意思的人。他非常明白慈禧的意思，就對身邊的崔玉貴囑咐，讓崔玉貴把珍妃悄悄地塞到井裡，也就是讓珍妃跳井去死。本來崔玉貴還猶豫，他想向太后求情，放過珍妃。可是，他身邊的小太監王捷臣卻自告奮勇地領了差，把珍妃拖井裡去了。這個年僅二十五歲的美麗女子，香消玉殞在井中。

慈禧帶著光緒帝一路西行，在西安落腳之後。一直等到西元一九〇二年初，辛丑合約簽訂，他們才從西安回到紫禁城。剛回到紫禁城的慈禧太后，先是到皇宮內院各處巡視一番，然後又走到當年珍妃投的那口井邊，頓時思緒萬千。她回到住處，看到崔玉貴就如鯁在喉，所以就讓崔玉貴出宮為民了。崔玉貴痛哭流涕地跪在太后面前，磕了幾個頭，沒有說一句話就告別了太后，離開了伺候了一輩子的人。

崔玉貴走出宮門，沒有回到兄長和養子的家中，而是徑直去了地安門鐘鼓樓後的宏恩觀。宏恩觀那裡是老弱病殘太監們的集中地，這裡是捐款修建起來的，有點兒類似太監的養老院。當他在宏恩觀住了幾天後，家中的哥嫂才知到崔玉貴被貶出宮為民的消息，便急匆匆地領著侄兒崔漢臣和侄媳張毓書前去觀中接崔玉貴回家。可是，崔玉貴卻不同意，他告訴兄嫂，讓他們不要惦念，過幾天他一定回家。他囑咐崔漢臣一定要孝敬兄嫂，還要好好當差，要奉公守法，不能做壞事。其實，以崔玉貴從前在宮中的地位，要是給崔漢臣安排一個肥差那也是輕而易舉的事情，可是他沒有這樣做，他的兒子崔漢臣也不同意他這樣做。最後，崔漢臣被安排在了法部當了一名郎中，崔漢臣對此差很是滿意，自己做的也很高興。自從崔玉貴出宮為民後，他每隔十日就到兄嫂家中去看望。他還有個規矩，就是每頓飯必須擺出兩個窩頭嘗一嘗再吃飯，意思是不要忘記過去的苦日子，珍惜現在的生活。家裡人見他如此，也都跟著憶苦思甜。

西元一九二二年，崔玉貴為了靜養，就搬到藍靛廠立馬關帝廟居住，在那裡住了兩年。後來，他聽說宣統小皇帝被趕出宮，是憂心忡忡，最後竟憂鬱成疾，於西元一九二六年去世，時年六十六歲。

「小德張」：中國最後一位大太監

張蘭德也是當時盛產太監的河北省靜海縣人，生於光緒三年（1877年），他的原名叫張祥齋。自幼喪父，家境貧寒，家中有董氏老母。張祥齋之所以會當上太監，是因為他十二歲那年碰到一位富人的馬車而被富人責罵。自尊心受損的他，回到家中向母親哭訴，發誓要出人頭地。母親沒有辦法，只得安慰他，無意中說起了當地流行的「要發家，當太監」的話，張祥齋也見過在外當太監的衣錦還鄉。於是，他一時激動，熱血衝上了頭，一狠心將自己閹割了，準備進宮當太監。母親發現後可真是嚇壞了，可事已至此，沒有法子，只得將他送到北京專門「製造」太監的「刀畢家」養傷。在學習了宮廷禮儀後，張祥齋於光緒十七年（1891年）入宮做了一名小太監，按輩分起名「張蘭德」，人們多稱為「小德張」。

這小德張是抱著出人頭地的抱負入宮的，一開始入宮只能做個端茶遞水的雜公，小德張當然不會甘休。當時的幾位太監得寵都是得於慈禧太后，小德張便開始琢磨接近慈禧。他知道慈禧愛聽戲，於是便起早貪黑不辭辛苦地練戲，到處求人指點把式技巧，不久便學有所成。小德張如願以償地被調入戲社，先是演戲，後來升為戲目總提調。小德張接近慈禧的機會多了起來，漸漸獲得了慈禧的賞識。

當時慈禧太后身邊的大紅人李蓮英看著小德張日益受到器重，心存嫉妒。這李蓮英也是一位大太監，眼看著有人跟自己爭寵，自然心懷敵意，本來是要對付小德張的，可是小德張知道自己想要提升自己的地位，就必須依靠慈禧太后身邊的寵臣。於是他對李蓮英是百般奉承，李蓮英見他乖巧懂事，就改變了態度，還將他調入宮中管理太后的筆、墨、紙、硯、玉印、印泥、佛珠、佛香等「八寶」。這個差事地位實在是不高，但卻能與慈禧太后常常接觸。這正中小德張的意，他便在慈禧面前極力表現，處處討慈禧歡心。他在慈禧身邊將慈禧照顧得面面俱到，他會提前根據天氣準備好慈禧出行的合適衣物，把慈禧喜歡的東西都一一帶上。慈禧喜歡玩牌，小德張就跪著陪她玩；慈禧喜歡寫福字，小德張便隨時準備好筆墨；慈禧喜歡打扮，作為尚衣總管的小德張，便想盡各種辦法在衣服上弄出許多慈禧喜歡的花樣。他對慈禧的照顧可謂時刻察言觀色，用心良苦。

光緒二十六年（1900年），八國聯軍入侵中國。慈禧眾人於七月二十一日淩晨逃離北京，路上遇到了坑窪泥濘的地方，小德張親自背慈禧過去，使得慈禧感動不已，說就像親兒子對她一樣好。小德張馬上謝恩，自此以慈禧乾兒子自居。如果說小德張對慈禧阿諛奉承，那麼他也的確下了不少心思。光緒二十七年（1901年）小德張二十五歲，掌管了御膳房，官居三品。他每天觀察慈禧對飯菜的反應，專心鑽研各種菜肴與烹飪技巧，不出多久就弔住了慈禧的胃口。無論是在皇宮還是頤和園，小德張一直在慈禧身邊伺候她的飲食起居，不久就升為二總管，僅次於大總管李蓮英。

當時的道光帝被慈禧囚禁，小德張雖然效忠於慈禧，但他也對道光極其照顧。光緒二十四年（1898年），「戊戌變法」後慈禧將道光囚禁在中南海瀛臺，囑咐小德張粗茶淡飯伺候並觀察道光動向。小德張認為皇帝遲早能掌握天下，所以悉心照顧。他一面在慈禧面前唯命是從，每天的粗茶淡飯在慈禧檢查過後便偷偷換成道光愛吃的食物，慈禧問起道光情況，小德張便為道光掩飾，稱道光沉默打坐。這樣一來，小德張處處照顧道光帝，道光便對他感激不盡，把他當做親信，還派他與外人聯絡。小德張小心謹慎，在李蓮英的秘密監視下也從沒有露出馬腳。

要說小德張還真是每一次都能巴結對人。有一次，一位官員急於上任，但奏摺需要皇帝蓋章。皇帝與慈禧爭鬥，拒不蓋章，小德張靠著自己與道光打下的良好關係，為這位官員爭取到了道光的大印，因此收穫了此人二十萬兩白銀的酬勞，大撈了一筆。小德張靠著聰明伶俐的頭腦遊走在慈禧與道光之間，名利雙收，在宮中遊刃有餘。一直到光緒三十四年（1908年），光緒慈禧相繼死去，溥儀即位，載灃攝政。在當時的複雜局勢下，小德張拉攏朝臣私立黨派，為隆裕太后保住了地位勢力，以此獲得了隆裕太后的青睞。

小德張之前靠著慈禧，現在靠著隆裕，一張圓滑臉孔使他的地位不降反升。在李蓮英隨慈禧去世而卸任後，隆裕太后寵溺小德張，將他升為大總管。隆裕太后一介女流，毫無主見，愚昧無知，不像慈禧那樣心機重重。她對小德張言聽計從，連飲食起居都是小德張安排。此時的小德張恃寵而驕，日益專橫跋扈。在為朝廷修建佛宇以及宮殿的工程中，小德張中飽私囊，貪污了數百萬兩白銀。他對上百依百順，對下嚴厲苛刻，經常責打手下太監。隆裕沒有政治頭腦，朝廷無能，更加助長了小德張干涉朝政的野心。小德張處處整治朝中對自己有威脅的勢力。他仗著從寵溺他的太后身上得來的特權，處處干涉朝政，私立門戶擴大勢力，使得當時的朝中盡是他的親信黨羽。聰明的小德張擔心朝臣對自己不滿，權勢遲早敗落，於是他也積極與朝中大臣打好關係，四處結交朋友，各地官員他也熱誠相待，包括張勳以及袁世凱和他都有交情。袁世凱當初逼清帝退位，便是使了金錢通過小德張向隆裕太后施加壓力的。

西元一九一二年二月十二日，隆裕太后頒發了宣統皇帝的退位詔書，清朝統治不復存在，中國的封建君主制度畫上了句號。儘管小朝廷保留了下來，但昔日風光不再，紫禁城一片烏煙瘴氣。次年隆裕太后死後，小德張沒了靠山，便以請假之名歸鄉，一去不回，離開了那個他呆了大半生的皇宮。

小德張晚年是在天津度過的，由於在宮廷期間深受兩位太后寵信，權勢巨大。小德張貪污納賄，搜刮了巨額的錢財。這位宦官靠著早年私藏的錢財，晚年十分富裕。他在各地擁有許多資產，開了許多家當鋪、綢莊，擁有眾多豪華住宅與大片土地。他有四個老婆，三個過繼的兒子、兒媳，府裡丫鬟、廚師、工匠、司機應有盡有。據說他貪污的財產有兩千萬兩白銀之多，小德張過著極度闊綽的生活，就連溥儀也說他富比天子。小德張小時候遭人羞辱的一口氣出了，享盡了人間奢逸。西元一九二二年小德張的母親去世，殯禮的豪華程度在天津城數一數二，極其鋪張。小德張晚年享盡榮華富貴，在家中還嚴令家丁保持著宮廷禮儀。他深居簡出，在家裡坐享榮華，只於極少友人交往。每天吸幾口鴉片煙，打打太極拳，養養金魚、花草，聽聽評書，修道向佛，若有人向他拜訪清廷之事他也毫無興致，不問世事。可以說小德張晚年清淨而幸福。

說起來小德張雖稱不上惡貫滿盈，只是靠著奉承獲取寵信。但他後來也舞權弄政，或多或少地加速了清朝的腐敗滅亡，也算有罪。只是幸運的他最終落得個世人羨慕的好下場，過了個安逸富貴的晚年。

西元一九五七年，小德張在天津住所去世，結束了他傳奇的宦官生涯，終年八十一歲。

正直博學的才子們

鄭板橋：難得糊塗

鄭板橋在中國歷史上是很有名的，「揚州八怪」其中他就佔據一席之地。他出生於康熙三十二年十月，剛好趕上節氣時令「小雪」。按照當地民間風俗，這一天是「雪婆婆生日」，所以他是與「雪婆婆」同一天降臨人間的，是一件值得慶賀的好事，全家都為此感到高興，也為他的降生增添了祥樂。根據《尚書・洪範》篇中記載「燮友克柔」字句，他的祖父和父親為其取名為燮，字克柔。後來，又因為住所附近有座木板橋，他又自號板橋。鄭板橋就是這樣被叫起來的，直至今天提起鄭燮也許有人不知，要是說鄭板橋那就是無人不知了。鄭家的人丁並不旺，鄭板橋是長房長孫，他的出生為這個貧寒的家庭帶來了笑聲和歡樂，可是欣喜之餘又有些擔心。因為，當時醫療條件很差，孩子夭折率很高，為了讓出生的孩子順利成長，都為他們取一個賤名或女孩兒名，意思是好養活。鄭板橋也有一個這樣的乳名，為「丫頭」。又因他臉上有幾顆淡淡的麻子，又俗稱「麻丫頭」。

這「麻丫頭」的出生，使得本就貧困的家庭雪上加霜，因為養活一個孩子很不容易。他們全家就僅靠祖產田和少量地租維持生活，這怎麼能夠呢？不過，好在他的父親歲科兩試都是一等，取得了廩生資格，每月可以向官府領取廩膳，這樣家裡的生活才得以改善。可是好景不長，鄭板橋三歲時，他的生母汪氏就病故了。他是在乳母費氏的細心照料下成長起來的。乳母費氏是他祖母的侍婢，為人勤勞、善良，對鄭板橋很是慈愛。那年，興化發水災，地方無收成，生活飢饉，鄭家更是養不起僕人了，就把僕人都遣送掉了。可是，費氏捨不得鄭板橋，她就每天三頓飯回家吃，但是吃過後還仍到鄭家操持家務，帶著鄭板橋。等到汪氏病故後，鄭板橋父親娶繼室郝氏，郝氏無子，便視鄭板橋為己出，照料如生母。鄭板橋也是在「兩位母親」的守護下，茁壯成長的。

鄭板橋的父親才學出眾，他考上廩生後為了緩解家境，就在家開了一個私塾，而鄭板橋也在這裡就讀。他的外祖父汪翊文也是一個博學多才的人，不過因其隱居不仕，時間很多，就經常指導外孫讀書、作文。與鄭板橋後來所取得的成就比起來，他幼時讀書沒有什麼過人之處，也看不出有什麼才華。反而是因為他的相貌而被同學所瞧不起，因為他臉上有麻子。不過，他自尊心極強，不爭財不爭貌就是要爭口氣，他學習非常刻苦，成績自然優異。他用學習成績打敗了那些對他言語譏諷的人。他學習是精、博相結合，尤其是重於精。經、史、子、集無不涉獵，重點文章反覆誦讀，達到融會貫通的程度。他對孔子和孟子都很崇敬，對杜甫、白居易、陸游等詩人的詩特別愛讀，但不喜歡朱熹的空談理性。

鄭板橋還喜歡畫畫，從唐代墨竹畫的開創者蕭銳到清初石濤，他都對其進行了研究，蘇軾、文同、徐渭等，都是他敬仰的大師。後來，鄭板橋到儀徵毛家橋讀書，毛家橋多竹，又為他畫竹提供了條件，並與之結下了不解之緣。從此，他是無竹不居。竹子成了他生活中的一部分，而竹子更是他最重要的繪畫題材。鄭板橋喜竹，也愛畫竹，但他更愛竹的品格。以竹立身，堅韌不屈、勁節虛心，這也是鄭板橋的人格寫照。康熙五十一年春，鄭板橋回到興化，跟隨陸震學學習填詞。陸震學指導他先學婉約派柳永、秦觀，再學豪放派蘇軾、辛棄疾。後來，鄭板橋作詞水準也達到了一定的高度，因此在他的作品中，經常會出現詩詞畫一體的風格。

康熙五十四年，鄭板橋與徐氏女結婚。兩人先是生有一男，名㮶，不幸早夭，之後又生有兩女。為了養家糊口，他就到儀徵江村開辦私塾授徒。但是，因為他沒有參加科考，也就沒有功名，並不被人看重，經常是入不敷出。窮則變，他就想著作畫賣畫。當時，揚州是南北漕運的咽喉要地，大批鹽商都聚集在此，為這裡的繁榮和文人墨客提供了施展才華的地方。於是，鄭板橋就來到揚州，一邊讀書一邊賣畫。後來，幸得朋友的資助，參加了科舉考試，康熙朝中秀才、雍正朝中舉人、乾隆朝中進士。鄭板橋在四十九歲時出任山東範縣和濰縣的知縣，也就是七品的縣官，歷時十二年。他在任期間，勤政於民，被百姓尊稱為親民之官，好評如潮。有一年，山東遭受嚴重的自然災荒，看到災民飢饉的境況，鄭板橋據理為民請命，力爭賑濟，並在濰縣開倉放賑，救濟災民，深得百姓的感戴。可是，官場上從來都有腐朽和黑暗的一面，鄭板橋此類清流自是看不慣，於是他憤然絕意宦途，重返揚州，以賣畫為生。

揚州有八怪，其中一怪就是鄭板橋，是揚州八怪中影響最大的一個。他畫的蘭、竹被人們所追捧，至今也是趨之若鶩，其畫作是遍佈世界，聲名享譽中外，被人們譽為清代的「詩畫通人」。鄭板橋的一首著名的詠竹詩，是「咬定青山不放鬆，立根原在破岩中。千磨萬擊還堅勁，任爾東西南北風。」其風骨可見一斑。要說歷代的文人畫士之中，愛竹畫竹的大有人在，竹詩竹畫也多得不可勝數。可是要說畫竹能畫出竹魂的，還要數鄭板橋。因為無論從數量上，還是格調上，鄭板橋都是技高一籌。

鄭板橋現存的文學作品有詩一千餘首、詞近百首、曲十餘首、對聯一百餘副，書信百餘封，還有序跋、判詞、碑記、橫額數百件。可以說，鄭板橋幾乎是一個全能的文學家。他的詩清新流暢，直抒胸臆，自由灑脫，主要描寫人民生活的痛苦和貪官酷吏的醜惡，有少陵和放翁的風格。他現存繪畫作品有千餘幅，是中國古代畫家中存世作品最多的一位。鄭板橋不走尋常路，他既不畫人物、山水，也不畫一般花鳥，而是以蘭、竹、石為主，兼畫松、菊、梅。他畫的竹很少有人能比肩，你看那竹清瘦挺拔、墨色淋漓、乾濕併兼；蘭秀勁堅實；石雄奇秀逸、百狀千態。其構思，就讓人不禁讚歎。要說鄭板橋是跟誰學的畫竹，那還真沒有，可以說是自學成才，自成一家。他自幼在日光月影、紙窗粉壁中學畫蘭竹，先是師法自然，然後又在繼承和發揚了石濤、八大山人精華的同時敢於創新、不拘泥於傳統，漸漸地形成了自己獨特的風格，也為文人畫的表現手法增加了新的血液。鄭板橋不但以竹自居，還以「竹」待人。對於後輩，他都樂於教導、扶持，言傳身教，並對他們寄予厚望。他曾以竹說，「新竹高於舊竹枝，全憑老幹為扶持。明年再有新生竹，十丈龍孫繞鳳池。」還有，「且讓青山出一頭，疏枝瘦幹未能遒。明年百尺龍孫發，多恐青山遜一籌。」這些都是對後輩的殷殷期盼。

鄭板橋曾對友人說，畫竹要經歷三個階段，才能達到三種境界。一是要「眼中有竹」，這就需要畫畫的人善於觀察，並且仔細揣摩，反覆臨摹才行。他年輕的時候，畫竹就曾經到了廢寢忘食的地步。二是要「胸有存竹」，這指的是在創作前要對畫的竹了然在胸，要達到「我有胸中十萬竿，一時飛作淋漓墨」的境地。三是要「胸無存竹」，就是在揮毫潑墨的過程中，既要心中有竹而又不為此所束縛，形神兼備。可以看出，竹之於鄭板橋，真可謂相得益彰，人竹合一。其實，他說的這三種境界，何止說的是畫竹，做人做事同樣需要如此。鄭板橋不僅畫畫一流，其書法也別具一格，他將自己的書體分為「六分半書」，後來人們把它稱之為「板橋體」。這種書體糅合了楷、行、草、篆及畫蘭竹之法，筆法恰到好處，結構上渾然一體、自然天成。

鄭板橋不僅在文學藝術方面大放異彩，就是在教育方面，以今天的標準來看也是勞模標兵。他實行的是善良教育，堪稱中華美德教育的典範。鄭板橋把關愛孩子的成長與關愛大自然看得同樣重要。

自從他的長子夭折後，到了五十二歲時才又得一子，起名小寶。這是老來子，自然看護的如珠如寶，你看他起的乳名，就可想而知。不過，愛不等於溺愛。鄭板橋曾對家人說過，愛兒必以其道。他讓孩子從小親近大自然，融入大自然，感同身受，這樣培養善待大自然的良好心態。當時，鄭板橋被派到山東濰縣去做知縣，他將小寶留在家裡，讓妻子和弟弟鄭墨照管。當他看到當時一些富貴人家子弟的紈絝模樣，就擔心自己的兒子也被嬌慣成這樣，他雖然身在山東，可是心卻在家的兒子身上。於是，他從山東不斷寫詩寄回家中讓小寶讀，並且叮囑家人對小寶一定要嚴加管束調教。

小寶長到六歲時，鄭板橋就把他帶在身邊，親自教導兒子讀書，並讓他參加力所能及的家務勞動，讓他知道生活的艱辛。由於鄭板橋的言傳身教，小寶的進步很快。鄭板橋不僅關心兒子，對女兒也同樣非常關心。在他的影響和薰陶下，女兒在詩畫方面也達到了相當水準。他還非常注意對子女進行自立教育。在臨終前，鄭板橋告訴兒子想吃他親手做的饅頭，小寶當然是馬不停蹄地去做。當他把做好的饅頭端到父親床前時，鄭板橋放心地點了點頭，並對兒子說，「流自己的汗，吃自己的飯，自己的事自己幹，靠天靠人靠祖宗不算好漢。」這是遺言，是對子女的囑咐，是他一生的經驗之談。說完後，就閉上了眼睛，與世長辭了。

鄭板橋一生雖然坎坷，從小家貧，長大仕途也不順遂，可以說是歷盡滄桑，但他始終能保持一種樂觀且積極向上的心情面對生活。他寄情於詩、書、畫中，恬淡歡樂地度過暮年。不計一時之得失，這是他的養生長壽之術。他曾經寫過兩條著名的字幅，即「難得糊塗」和

「吃虧是福」。其中蘊含深刻的人生哲理，這是他一生為人處世的準則。可是，說著容易，做著難。能像他這般「糊塗」豁達者，世間少有。

龔自珍：三百年來第一流

龔自珍出身於一個仕宦的書香門第，祖父龔敬是乾隆朝的進士，曾出任過內閣中書、知府、道員等職位。父親龔麗正為嘉慶進士，曾出任過知府、兵備道、署江蘇按察使等職位，是乾嘉時著名訓詁學家段玉裁的門生和女婿。母親段馴，也是當時有名的才女，著有《綠華吟榭詩草》。

龔自珍從小就受到家庭薰陶，八歲便讀《登科錄》。嘉慶七年，十一歲的龔自珍隨父親來到京師，先師從宋璠，然後又隨外祖父段玉裁學習《說文》，接受了嚴謹的學習和訓練。十四歲時即考究古今官制，撰有「漢官損益」等文。十六歲開始通讀《四庫全書提要》。此時，他已經不滿足於在私塾中學習，經常逃到附近的法源寺去讀書，那裡有更多更廣泛的書供他閱覽。二十一歲時，龔自珍由副榜貢生考充武英殿校錄。之後，他隨著父親前往徽州任職，並參加了《徽州府志》的編撰，負責修撰人物志，還創造性地設立了氏族表，初露鋒芒。雖然他才學出眾，可是他的科舉仕途卻並不平坦。龔自珍在二十七歲時考中了舉人，之後五次參加會試考選進士，均落榜。在十幾年間，他先後隨著父親升遷調任，往來於直隸、江蘇、安徽一帶，出入官場，親眼目睹了吏治的黑暗腐敗。他在官場中的所見所聞與其懷才不遇而抑鬱苦悶的心情交匯撞擊，繼而有了改革弊政的想法。

嘉慶十八年，天理教徒攻入紫禁城震驚了整個清朝，猶如晴天霹靂炸響了整個天空。嘉慶帝不得不下「罪己詔」，同時他還把責任推到朝臣們的身上，斥責他們是寡廉薄德。龔自珍憤怒不已，拿起手中的筆，借筆抒情，撰成了著名的〈明良論〉。這是他第一次表露出自己在政治上的不同見解，是對君權專制進行的抨擊。嘉慶二十五年，龔自珍會試再度落第，他被以舉人挑選為內閣中書。道光元年之後的十幾年，他又先後擔任了國史館校對等官職。其間，他通過閱讀內閣中豐富的檔案和典籍，博古通今，探討歷代得失，最終寫出了〈西域置行省議〉等有深刻見解的文章。

道光九年，此時已經是三十八歲的龔自珍，第六次參加會試，終於在這一次考中了進士。他在殿試對策中仿效王安石給宋仁宗上言事書的做法，撰寫了〈御試安邊撫遠疏〉。其主要是討論關於新疆平定張格爾叛亂後的善後治理問題，他從施政、用人、治水、治邊等方面提出改革主張。主持殿試的大學士曹振鏞是個有名的「三朝不倒翁」，他將龔自珍置於三甲第十九名，使得龔自珍沒有資格入翰林，只能還當著原來的內閣中書。在他當京官的二十年中，龔自珍雖然難遇伯樂，可是他仍樂觀地堅持不懈地上書，希望通過這樣的方法能夠有人看到朝廷的弊政，可是他的建議都未被採納。在京中，魏源等常州學派的師友是他密切交往的好友。除此之外，還有不少憂國憂民的有識之士也是他志同道合的朋友，如姚瑩、湯鵬、張際亮、黃爵滋、包世臣等。他們常常在一起聚會，暢所欲言，抒發自己想救國救民而又無門的情懷。道光十八年十一月，湖廣總督林則徐受命為欽差大臣到廣東禁煙，龔自珍對此表示出極大的支持，曾作〈送欽差大臣侯官林公序〉，他還向林則徐建議不僅要嚴懲煙販，還要積極備戰，並表示願意跟他一同南下，共同禁煙。

因為龔自珍屢屢揭露時弊，觸動了統治階級的根本利益，讓那些達官顯貴大為惱火，他也因此遭到這些權貴的排擠和打擊。道光十九年春，龔自珍因不服從上級的領導而又遭到斥責，他心灰意冷，決定辭官南歸。同年九月，他又自杭州北上把家眷親屬接回，兩次往返途中，心有所悟，百感交集的他寫下了許多激揚、深情的憂國憂民的詩文，這便是後來著名的《己亥雜詩》，共計三百一十五首，這也成為中國古詩史上最後的一座高峰。這是中國詩史上罕見的大型組詩，它是龔自珍一生經歷的寫照，詩中都是一些廓然胸襟，深切感時的激越情懷，沒有絲毫消極、頹唐的詩篇，從中體現了龔自珍深沉的豪邁情懷。他的詩意境清新，詞語瑰麗，人們對此都非常喜歡。不過，使他的詩作不脛而走而又備受推崇的真正原因，其實還在於他以別人不敢用的鋒利筆觸，挑破了世間欺人的外皮，無情地擠壓出腐朽的靈魂，是對當時社會的無情鞭撻，引起了廣大老百姓的共鳴和激賞。

要說龔自珍的學術思想，那也是獨具一格的。他利用「今文經學」這箇舊形式，與「經世致用」相結合，融合成了他關心國計民生，批評時政、改革社會的新武器。其實，龔自珍並非清代今文經學興起的首倡者，之前就已經有莊存與、孔廣森、劉逢祿等幾代學者在努力地做。莊存與生於清中期，當他看到封建王朝已經露出頹敗的局面時，就再度提倡漢代應變的公羊思想，企圖以此調整舊的社會秩序。劉逢祿雖然強調何休的「微言大義」，使公羊學逐步和實際相結合，但他們都未脫出漢代以來今古文經學傳統鬥爭的桎梏。龔自珍自幼學習的是清代占統治地位的乾嘉漢學，面對的是更加腐朽頹敗的社會現實，對社會的認識更加深刻，他也因此對今文經學的《春秋公羊傳》產生了濃厚的興趣。封建末期的社會危機感和挽救這種危機的社會責任感，使龔自珍毅然放棄了迂腐學風，改為學習抨擊現實腐朽，揭露社會黑暗的經學思想。他認為道和學、治，本就是一體。得天下者為王，佐王者為宰、卿大夫，交租稅者為民，民之有識者為士。他把經學和現實政治緊密結合，這種認識在清代今文經學中是一個新的發展。同時，他還對漢代以來舊的今文經學也進行了改造和批判，去其糟粕，取其精華。

在社會活動中，龔自珍十分強調人的作用。他批判董仲舒「受命之君，天意之所予也」的公羊學天人感應論，指出「天地，人所造，眾人自造，非聖人所造」。他還極力主張破除對自然現象的迷信和神秘觀念，反對用今文經學對人間災異作穿鑿附會的解釋，並建議根據欽天監中歷來彗星運行的記錄檔案，研究其規律，之後，將所得撰成書，以給後人研究查閱。龔自珍雖然以今文經學為標榜，但實際上他與漢代董仲舒等人相去甚遠，他既不主張尋章摘句、考據訓詁的漢學，也不主張利用迷信而牽強附會的公羊學，而是用今文經學的大義去闡發經世致用的思想。在這個前提下，他又提出了樸素的辯證思想。他認為，從古至今的制度和朝代一樣，都是新舊更替，不斷變革的，已經陳舊不符合朝代角度的制度、政令必然是要被新興的勢力和制度所替代的。他從經世致用的思想出發，明確指出所處的社會已經是「起視其世，亂亦竟不遠矣」，必須要盡快地對現下種種醜惡黑暗的現象和制度予以揭露和改革，否則危矣。但是，究竟怎樣改革，他卻沒有找到明確的答案。

龔自珍是清朝最勇敢的猛士，可是勇士也有暮年，也有遠去的那一天。西元一八四一年農曆的八月十二，這時距離中秋還有三天。年僅四十九歲的龔自珍在江蘇雲陽書院突然暴死，世人皆驚，而且至今他的死因仍舊是個謎。

不過，無論龔自珍是因何而死，他流傳下來的思想在政治、學術、經濟、文學等方面，都起到了振聾發聵、開一代風氣的作用，如一陣清風，吹開了封建王朝的黑暗。

魏源：睜眼看世界

作為睜眼看世界的先行者，當然要有很淵博的學識。當魏源剛剛七八歲時，就被家人送入私塾學習，他非常喜歡讀書，自己十分刻苦，經常通宵達旦手不釋卷。魏源從小就是一個沉默寡言的人，常常自己坐在那裡深思。他十五歲時考中縣學生員，從那時起開始潛心研習明代理學家王陽明的心學。嘉慶十八年，二十歲的魏源，舉為拔貢。次年，他又隨父親魏邦魯一起進京。在北京，魏源結識了當時京城之中各種學術流派的名士。他先是跟隨胡承珙學習漢學，之後又學習宋學，同時還常常向選拔他為貢生的座師湯金釗請教王陽明心學。他四處廣泛求學，刻苦鑽研，博眾家之長，使魏源很快名滿京師，許多有識之士均紛紛與之相交。嘉慶二十四年，他考中順天鄉試副貢生。道光元年，他再次赴順天鄉試，卻仍為副貢生。他沒有氣餒，一次不行再來一次。這一時期，魏源一方面為自己打下了堅實的學術基礎，另一方面也在不斷探討治國安邦的學問。

道光二年，魏源這一次終於以第二名的好成績考中了順天鄉試舉人。不久之後，他趕赴古北受館於直隸提督楊芳家，並考察山川關隘。道光五年，他被江蘇布政使賀長齡延為幕賓，編寫清代經世致用文章集大成的《皇朝經世文編》。當時的巡撫陶澍是一個注重國計民生的名臣，常常和他商籌海運水利等政事。魏源在京求學之時，正值清代今文經學崛起，便拜在今文經學家劉逢祿門下，研習《公羊春秋》。在那裡，魏源結識了龔自珍，兩人都被劉逢祿所欣賞，幾人常常在一起切磋和探討學問。

道光八年，魏源以舉人的身份捐資為內閣中書舍人，他期間閱讀了大量的內閣史館典籍檔案，累積了大量有關典章制度的資料，這為以後他著史理政奠定了紮實的基礎。道光十一年，魏源的父親去世，他回家守孝三年。期間，對魏源經濟才幹頗為欣賞的兩江總督陶澍，請魏源做其幕僚，協助他改革鹽政。清朝鹽的生產和運銷，一直由官府壟斷。其實不光清朝，在封建統治社會，鹽作為民生的重要資源一直是掌控在統治者的手中，被他們所壟斷的。長期以來，鹽官和場商、運輸商勾結在一起，就形成了一個特權集團。這些人中飽私囊，然後將風險轉移到鹽的生產者、消費者身上，造成了鹽價昂貴或是產銷停滯等嚴重積弊，從而導致私鹽的興盛。雖然清政府對倒賣私鹽嚴格打擊，可是屢禁不止，私鹽還是在人們中間頻頻出現。魏源清楚地看到了出現這種問題的癥結在哪裡，他提出了改行「票鹽」制度的方法。其做法是由商人向官府交納一定的鹽稅，之後官方便會發給商人鹽票，商人憑鹽票可以自由買鹽、自由販賣。這樣就省掉了各級官吏層層盤剝的中間環節，致使鹽價直接降了一半之後，商人仍有利可圖。商人不就是為了追逐利益嗎，既然這樣能獲得他們想要的利益，自然而然的私鹽販子就不禁自滅了。魏源的主張被陶澍採用後，果然收到了良好的效果。從此以後，歷任兩江總督陳鑾、林則徐、李星沅、陸建瀛等，如果是在鹽政要務上遇到問題，都會與魏源一同商議。

黃河自古就是難治理的，從大禹治水開始一直到清朝。在治理黃河上，魏源也有不同的見解。他認為河患水災的發生，一方面是自然因素，另一方面，則還在於人，是人禍。同時，魏源還認為過去治理黃河的方法有些不合理的地方，他主張因勢利導，使黃河人工改道，北流入海。可以說，魏源的治河方法是相當有見地和前瞻性的，只是這兩種見解在當時都無法實行。官吏貪污是封建官僚制度的必然產物，無法根除。再加上黃河人工改道，工程實在是太過巨大，清政府本就在財政上捉襟見肘，此時也無能為力。鴉片戰爭以後，魏源在出任興化知縣等的地方官時，雖然不能在黃河上實現自己的夢想，但是他仍力所能及地在小範圍內進行了水利治理。興化境內臨近運河和高郵、洪澤二湖，經常有澇災。有一次，高郵湖水氾濫，眼看著堤壩就將決堤。魏源親自率領官吏和百姓護堤保稻，他們冒風雨伏堤上，以致最後個個目赤紅腫如桃。不過，他們的辛苦沒有白費，最終保住了大堤，保住了百姓賴以生存的糧食。為了感念魏源，老百姓就將當年收成的稻穀稱為「魏公稻」。在治水過程中，魏源把他所見所聞匯總，最後撰寫了籌河、水利、堤防等多篇文章，且見解獨特，許多都被別的治河官員所採用。可惜魏源生不逢時，始終不為朝廷所用，他的才能也得不到充分的發揮。

對於清政府來說，如果黃河是第一個頭痛的問題，那麼第二個就是漕運。自明清以來，南糧北運一直通過運河，朝廷設有漕運總督等一系列官員對此進行管理。一直到晚清，由於各級官吏的把持盤剝、地方豪強的敲詐勒索，積弊日趨嚴重，老百姓對此是怨聲載道。魏源對此還進行過一番仔細的論證和研究，他發現漕運積弊已久，已經很難再改。不過河不行還有海啊！他便主張改漕運為海運，由商人承辦，不再以官府壟斷。他還指出海運不經過河閘，不需要經過層層盤剝，這就防止有人從中中飽私囊和徇私舞弊，對於國家、老百姓、吏治、商人都有好處。他還進一步指出，如果是商人辦海運，可以把江浙的貨物放在漕船上運往北方，不但可以促進南北物資交流，還可以降低物價，繁榮兩地的商業。道光五年，魏源在巡撫陶澍幕中，他還實際參與了籌畫海運活動，撰有〈籌漕篇〉、〈道光丙戌海運記〉等文。

道光十五年，魏源為了奉養母親，親自在揚州買了一所庭園，取名「絜園」。其中，有一間名為古微堂的書房，魏源就在此寫成了許多詩文。戰爭以前，魏源主要是抨擊封建末世的黑暗現實，與同道中人龔自珍一起以今文經學的形式，宣導關心國事民生，主張改革社會政治風氣。

道光二十年時，鴉片戰爭爆發。當時魏源正在揚州治河，他得知消息後就匆忙趕至寧波前線，在欽差大臣伊里布軍中參加審訊俘虜的英軍軍官安突德，根據他的口供，魏源撰寫成了〈英吉利小記〉，後來被收入《海國圖志》。道光二十一年，魏源在兩江總督裕謙幕中籌辦浙江防力。裕謙是一個堅決主張抵抗外來侵略的大臣，可是由於部下將領都是一些貪生怕死之輩，再加上清軍武器裝備極為落後，浙江海防最終失守，裕謙憂憤自殺。親眼目睹了這一事件的魏源，他看到了英軍野心勃勃的殘暴行徑和堅船利炮，看到了清朝統治者張惶失措、昏聵庸懦的醜態。他也看到了沿海軍民奮勇抵抗保衛家園、不怕犧牲的英勇氣概。魏源從殘酷的現實中認識到，鴉片戰爭失敗的一個重要原因，不是別的，就是清統治者的昏庸腐敗，是清政府導致最終戰爭的失敗。也因此，魏源希望清統治者能夠吸取教訓，勵精圖治，整軍備武，以圖之後的長治久安。為此，魏源還撰寫了《聖武記》十四卷，此書在道光二十二年，也就是中英《南京條約》簽訂之時完成。書中講述了從清初到當下的武功方略，對兵制、戰術等具體問題都有所探究，強烈地表達了魏源想要富國強兵的愛國主義熱情。

道光二十一年六月，林則徐被遣戍到伊犁，途中經過鎮江。林則徐和魏源兩人當年在北京就是志同道合、意氣相投的好友，此時相會更是感慨萬分，兩人推心長談。林則徐把他在廣東抗英時所譯的〈四洲志〉、〈澳門月報〉和粵東奏稿以及相關的西方槍炮和地理圖樣都交給魏源，讓他編撰一部《海國圖志》。魏源果然沒有辜負林則徐的期望，他結合歷代史志及明以來的島志和近日所得夷圖、夷語等大量資料，在道光二十二年底編寫成《海國圖志》五十卷，四年之後增廣至六十卷。咸豐二年，他又補充以葡萄牙人瑪姬士《地理備考》、美國人高理文《合省國志》等，擴展為百卷，予以重刊。

《海國圖志》是中國第一部較為詳細地介紹世界各國地理、歷史、經濟、文化、軍事等內容的新書，它的問世，開闊了國內有識之士的眼界，對世人瞭解世界、瞭解我們的敵人起了重要的作用。咸豐八年，兵部侍郎王茂蔭就曾奏請朝廷，認為應該將此書廣為刊印，親王大臣每家都應有置辦一部。同時，還要下令所有的宗室八旗子弟都應以此為教材進行學習。可是，王茂蔭的苦心是白費了。《海國圖志》在中國上層統治者中，並沒有受到多大的重視，甚至還沒有在日本的受重視程度高。自道光三十年第一部《海國圖志》傳入日本，一直到明治維新前，先後已傳入日本十數部。它被日本學人摘譯翻刻達二十二種版本以上，對日本的維新開通風氣，起到了重要影響。

在《海國圖志》中，魏源開宗明義地提出了學習西方先進技術以抵禦外侮的思想，提出了著名的「師夷長技以制夷」思想，這不僅把中國近代地主階級改革派思想推向了有更廣泛代表性的抵禦外來侵略，學習西方的近代愛國主義思想的新高度，而且還開始打破長期以來封建統治思想的封閉狀態，這在近代中國社會的早期具有特殊的意義。它衝擊了自明清以來，政府唯我獨尊、視外國為夷狄的狀態，開創了要積極吸收外來先進文明的先河。儘管魏源的這種吸收和學習也只是達到對西方部分物質表層的認識階段，但他敢於嘗試，敢當第一個吃螃蟹的人。

咸豐元年，太平天國起義來勢洶洶地席卷了整個中國南部大地，當時的魏源正補授高郵州知州。咸豐三年，太平軍在南京定都，二月他們又攻克了揚州。揚州距離高郵只有短短的四十里地，高郵一時危矣。魏源以知州的身份，先辦團練，並積極迎戰，防禦了潰逃官軍沿途焚掠，又鎮壓了響應太平天國運動的湖西太平莊地方起義軍。不過，正在他積極抵禦太平軍的時候，他就被督辦江北防剿的楊以增以遲誤文報而奏劾革職。咸豐皇帝還在上諭中飭責魏源，說其是：「於江南文報並不繞道遞送，屢將急遞退回，以至南北信息不通，實屬玩視軍務！」不久之後，欽差大臣周天爵又延攬魏源入幕參謀軍務。因魏源攻打宿州捻軍有功，十一月又被奉旨官復原職。但此時，魏源已經年逾六十，遭遇了這麼的坎坷和變故，早已無心官場，就請辭歸鄉了。

從此，魏源舉家興化以避兵禍，他不問政事，只是安靜地著述，潛心地研究佛學，還翻譯了《無量壽經》等。雖然他衣錦還鄉了，但是他卻為國人打開了一扇新的窗子，通過這扇窗，讓人們瞭解世界，知道原來山外有山，世界之外，還有另一片天地。

吳敬梓：冷眼觀世

從小，吳敬梓就被過繼給了他堂伯吳霖起做兒子。當時，從曾祖父積攢下來的偌大一份家業，到吳霖起時，已經開始衰敗，也就是說吳敬梓生長在一個家道中落的家庭。在吳敬梓十八歲時，他考中了秀才，而此時他的生父吳雯延也在這一年去世了。次年，他的嗣父吳霖起也去世了。即使長輩去世可家業還在，雖然已經敗落，但是俗話說得好，瘦死的駱駝比馬大，破船還有三斤釘呢？何況家業傳到他手裡時還有接近三萬兩銀子的家產。這三萬兩銀子，可不是一筆小數目。要知道，當時清朝一品官的年薪也只有一百八十兩銀子，再加俸米一百八十斛而已。這麼一大筆財產，如果吳敬梓想買個官做，也是足夠的了，更何況他所處的時期如果是要捐一個道臺，明碼標價，也只是要一萬三千多兩銀子。他捐了官，拿剩下的銀子好好過日子，也可以輕鬆自在地過完一輩子了。可是，性格狂狷的吳敬梓，不僅沒有去買官做官，也沒有去做生意，當然他也不會，自然也就不會讓錢增值了。可是，即便如此，坐收如此可觀的家產，他一生的開銷也是夠了的。但是，誰也沒有想到他後來會落魄到萬金散金、窮困潦倒的淒慘境地。

吳敬梓的好友程晉芳在〈文木先生傳〉中就曾描述過他的慘狀，說他從安徽移居金陵後，就經常用賣書的錢來換米糧，有時候竟然三餐不濟，需要靠人時常周濟才不至於餓死。家裡都沒有錢顧得上肚子了，就更加沒有錢買衣禦寒了。那麼，寒冷的冬天怎麼辦呢？吳敬梓倒也有辦法應對。他經常邀請意氣相投的好友，少則三四人，多則五六人，在月夜從南京城南門出發，繞城牆行走，一路上吟詩作對，走上幾十里路，一直走到天亮才回轉。眾人說說笑笑，如此這般活動筋骨不僅加快了血液迴圈，也讓身體迅速地暖和起來，夜夜如此「禦寒」，吳敬梓還幽默地稱此為「暖足」。這樣的方法都能讓他想到，可見他的確是個怪才。

那麼，近三萬兩銀子的家產他是怎麼花得一乾二淨的呢？胡適先生就非常推崇他的這位老鄉，他曾說過：「我們安徽第一個大文豪，不是方苞，不是劉大魁，也不是姚鼐，而是全椒吳敬梓。」胡適認為，吳敬梓的家產是被他在秦淮河上花掉的。秦淮河畔出美女也出才女，更有花船妓女。在吳敬梓的詩文裡，可以隱約地看到一些影子。他曾在一首詩中回憶玩樂通宵打點小費的瀟灑情景：「朝復夜，費蜀錦吳綾，那惜纏頭價。」還有，他在〈減字木蘭花〉中曾寫：「王家曇首，伎識歌聲春載酒，白板橋西，贏得才名曲部知。」可見，吳敬梓應該是青樓的常客，並且他還為自己的「聲名遠播」而感到沾沾自喜。據說，當時住在白板橋的一個名叫茗茗的歌女，不僅美貌有才，還特別擅長跳柘枝舞，原本是一豪門強行納為內寵。後來，對方喜新厭舊又將她趕出豪門，從此淪落風塵。吳敬梓見到後對她是愛憐有加，砸在她身上的銀子那是大把大把的。吳敬梓的錢，至於到底是不是全部花在尋花問柳之上，想來也不可能。其實，他之所以如此做，主要還是有負氣使性的成分在。說到底，他的家產很大一部分是被他賭氣散掉的。

原因是由於在吳敬梓的嗣父死後，平時道貌岸然的吳氏族人，露出了他們猙獰的本來面目，他們欺負吳敬梓這一房勢單力薄，就都對吳敬梓的財產分一杯羹。吳敬梓的妻子也為此事而被活活氣死。這讓他如何不恨，不痛心。世態炎涼，於是他就決定與其讓那些族人把財產奪去，還不如自己花個痛快。他為了尋花問柳，經常在家鄉與南京之間不斷往返，其中旅費和小費就是一大筆開銷。另外，如果有人向他求助，他也慷慨解囊，隨意施捨，是千金散盡不復還。到後來，手裡沒有銀子了，就索性連田產和房產也賣了，奴僕們也各自遣散，他也因此成了「敗家子」，鄉里人都以他為反面教材，讓他當仁不讓地成為當地最不受歡迎的人。

吳敬梓曾經是很愛讀書的，並且熱衷於科考。不過他十八歲那年中秀才後，幾次科考，均以落第收場。十年後，他從家鄉全椒來到滁州參加鄉試的預備考試，當時的考官是安徽學使李鳳翥。可能是因為長期鬱鬱不得志，吳敬梓在考試前訪朋問友時，對一些不平世事還有官僚士紳們，都頗有微詞和譏諷。沒想到，無心之舉卻為命運多舛的他又埋下了一個隱患。

在明清時，統治者規定士子不得隨便發表議論，這是統治者的統治需要。清順治時就有規定：「軍民一切利病，不許生員上書陳言。」如有違反，可以革職治罪。而吳敬梓的這些偏激言論，恰好就被有心人舉報到李鳳翥那裡，並且還加以廣而告之。吳敬梓知道後，那樣一個狂狷、心高氣傲的人，為了消除試官大人對自己的惡劣印象，在朋友的勸說下，還是去求見了李鳳翥。並且為了表示他的誠意，吳敬梓還匍匐在地，向對方行跪拜之禮，言語懇切地乞求原諒，希望對方能夠不問讒言，只按才情予以錄取。可是，哪裡知到這位學使大人非但沒有諒解他，反而疾言厲色對他教訓了一頓，這讓匍匐在地的吳敬梓是萬分羞辱，顏面喪盡。不過，更讓吳敬梓沒有想到的是，考試結果出來，李鳳翥竟然仍授予他第一名。朋友們也都聞訊來恭賀，都為他感到高興，並且還擺起宴席慶功。吳敬梓本人也是既感驚喜又心情複雜，李鳳翥翻手為雲覆手為雨的作風令他百感交集。在《儒林外史》中，范進得知中舉後，麻木已久的心靈經受不住突如其來的刺激，喜極而瘋。看來，這種戲劇化的衝突可能和作者吳敬梓的經歷有著密切的關係，說不定說的就是他自己。

但是，這一次考試也只是鄉試的預考，類似於今天高考的摸底考試。所以，吳敬梓的第一名並沒有什麼用，只是有了進行下一場考試的資格。不久之後，李鳳翥回京覆命，新來的學使王蘭生到任。雖然，此時的吳敬梓是聽話地閉上了自己的嘴，可是他的「乖僻」言行，王蘭生是早有耳聞的，所以未見其人，就已經對他有了成見。結果可想而知，吳敬梓在這次鄉試中落榜了。但這次與前幾次不同，這次的考試落第對吳敬梓的打擊相當沉重。本來他在向李鳳翥求情時，李鳳翥將他那麼劈頭蓋臉地呵斥一頓，本以為徹底無望，可是李鳳翥卻授予他第一名，這就又給了他新的希望。他想，既然能在預考中拿到第一，那麼接下來的鄉試不拿第一，想來也不會太差，對此他還是有信心的。可是，哪裡想到卻名落孫山。這就好比一個人被判了死刑，正準備拉去刑場正法，又忽然宣佈他無罪，當庭釋放。可是，就在他驚喜萬分之際想回家時，又突然宣佈他有罪，再次將他拉上刑場，判處死刑。這樣巨大的心理波動，想來一般人都會受不了，不瘋才怪。於是，一向以才情自負的吳敬梓，對當權者的這種貓戲老鼠的戲弄深有反感和絕望。也正是從這時候起，他對科舉考試漸漸地斷了念想。

也正是因為他的這些經歷，讓他寫成了《儒林外史》，此書一出，就有人認為吳敬梓是在否定封建科舉制度，這本書裡描寫的是儒林的「醜史」，是儒林的「群醜圖」。其實，吳敬梓根本就沒有否定過科舉制度，他只是否定和諷刺那些主持科舉的官員，申斥他們的不識才、不用才。這是吳敬梓自己的經歷，所以說《儒林外史》不是儒林的「醜史」，而是一部儒林的「痛史」。

吳敬梓一生經歷了清朝康熙帝、雍正帝、乾隆帝三代，當時，儘管社會上是一片欣欣向榮的景象，但清朝統治者對武裝起義的極力鎮壓，還大興文字獄來控制人們的思想的做法，都使得他對黑暗的政治和腐朽的社會風氣深惡痛絕，所以他才寫出了反映當時社會現實的《儒林外史》。他以諷刺的手法，對那些醜惡的事物進行了深刻的揭露和有力的批判。

齊白石：中國書畫第一人

提起齊白石，可謂是無人不曉，那可是鼎鼎大名的大畫家，世界級的名人。然而這樣一位大人物卻出生在湖南湘潭白石鋪杏子塢星斗塘一個貧苦的農民家庭。他的父親是一個老實本分、膽小怕事、性格有些懦弱的人。不過，他的母親與父親正好相反，是一個果敢堅毅、勤儉持家的女性，在村子裡人緣頗好。

齊白石從一出生開始，就因為先天性的營養不足而體弱多病。而有病就需要吃藥，吃藥就需要錢。對於一個僅有一畝水田來維持全家五口人生活的家庭來說，這一筆藥費更是雪上加霜，其中的艱難可想而知。不過齊白石自幼聰明伶俐，七歲時，他就能將祖父教的三百來個字背得滾瓜爛熟，並且牢記於心。此時他的祖父再也無力教授自己的孫子了，並且為孫子的將來開始發愁，每日里長籲短歎。為家裡的貧困不能供養孫子讀書而感歎，為擁有過人天分的孫子被耽誤而傷心。好在天無絕人之路，當時齊白石的外祖父在楓林亭附近的王爺殿設了一所蒙館。齊白石的外祖父知道自己的親外孫因無力繳學費而耽誤在家時，趕忙讓人把他送蒙館寄學，那可是他的親外孫，叫他如何不心疼。

聰明的齊白石很珍惜來之不易的學習機會，在勤奮好學之餘，他還在描紅紙上塗鴉起來，沒想到他畫的與實物十分相似，就跟真的一樣。這樣一來，他的畫在同學中間就小有名氣，繼而流傳開了。正當齊白石沉浸在讀書和繪畫的樂趣中時，他的學業也快到頭了。那年，學校放秋忙假。不巧，齊白石又生了場病，家裡為此花了很多錢。再加上那一年的天公不作美，田裡欠收，對於人口眾多的齊家無異於雪上加霜。在這青黃不接的時候，連吃飯都成問題了，哪裡還能讓齊白石在繼續讀書呢？即使學費不拿，筆墨紙硯總是要花錢的。別無他法的齊母哽咽地對齊白石表明了意思，懂事的齊白石只好無奈地再次中斷了讀了不到一年的蒙學。輟學後的齊白石，平時不是挑水就是種菜、掃地，或者是打柴、放牛，雖然身體不好，但他也盡力做一些力所能及的家務事，為家裡減輕負擔。空閒時，他還從外祖父那裡借來《論語》讀，家裡能找到的紙片，都被他充分地利用了起來，紙片上畫滿了他自己喜歡的畫。

齊白石十六歲那年，家裡人考慮到他身體單薄，田裡的重活幹不了的情況，就想安排他出去學一門輕鬆一點的手藝，將來好養活自己。齊白石自己本身很喜歡畫畫，經人介紹，他便到當地一個叫周之美的名雕花匠那兒學習雕花技藝。齊白石雖然自小就喜歡畫畫，也從未中斷過畫畫，但當他看到那麼精美的仕女畫、花卉、走獸圖案畫時，不禁驚呆了，因為太漂亮了。這些他從未見過和描習過，所以他學習的興致前所未有地高，學得也特別用心和細心。周師傅也特別喜愛這個聰明好學的徒弟，沒有兒子的他，就把齊白石當成親生兒子看待，見人就誇他的徒弟好，他的徒弟有天分。人們也都說他收了一個有出息的好徒弟，這讓周師傅每天樂得合不上嘴。不久，在周師傅的細心提攜下，齊白石在白石鋪漸漸有了名氣。十九歲那年，齊白石終於學成出師了。自此之後，齊白石不用在靠家裡的錢生活了，他可以靠自己的雕花手藝掙錢生活養家了。儘管他掙的錢不多，全家人也依舊過著節衣縮食的生活，但是齊白石對能做自己喜歡的工作感到十分高興。他把自己長期以來對繪畫的感悟都運用在雕花的式樣上，雕成的花都別有風味和創新，深得鄉鄰和顧主們的喜愛和讚美。而別人的喜歡，對於齊白石而言就是最大的鼓舞，他的創作熱情極度高漲。

二十歲的齊白石有一次在顧主家做工時，偶然間發現了一部殘破不全的《芥子園畫譜》，他看到後欣喜若狂。他從顧主那裡借來，如獲至寶。他如饑似渴地用了半年時間把這本畫譜，一幅幅地全部臨摹下來，還細心地裝訂成十六本。經過這次大規模、正規地臨摹後，無論從技法還是藝術性上，齊白石的繪畫都有了長足的進步，可以說，正是這本書為今後齊白石終身追求的繪畫藝術打下了堅實的基礎。特別是將這些繪畫技法用於雕花工藝時，他的雕花名氣漸漸連師傅周之美也趕不上了，他成了白石鋪頗負盛名的雕花匠，真可謂青出藍而勝於藍。雖然齊白石的雕花技藝已頗負盛名，可他家裡的生活依然入不敷出。為了補貼家用，齊白石經常利用自己的手藝做一些小玩意到雜貨鋪去售賣，閒時還為鄉鄰畫些佛像之類的物品。由於他的畫既有文人的些許韻味，又離百姓的生活很近，所以深受人們歡迎，以至於後來找他畫畫的人比找他雕花的人還要多。

西元一八八九年，齊白石聽從一位遠房本家的建議去學畫人像。這位本家認為齊白石畫人像要比他畫神像有出息，齊白石聽到後動了心，便聽從了他的建議出去學習畫人像。二十七歲的齊白石，先後拜師於私塾先生胡沁園和陳少藩，而在這之前，他都一直是自己琢磨怎麼畫的，從來沒有一個人教過他。拜師後，他算是真正走上了他一生為之不懈追求的繪畫藝術生涯。師承這兩位老師，是齊白石涉足畫壇的重要開端。胡沁園瞭解到齊白石的特殊家庭情況，就安排他一面讀書學畫，一面賣畫養家。在以胡沁園、陳少藩為主流的湘潭文化名流的薰陶下，齊白石眼界大開，他的畫藝、詩才在此得到了充分的挖掘和發展，而齊白石以賣畫養家的願望也實現了。從此，他從雕花匠改行專做畫匠了。幾年辛苦的學習之後，齊白石不但畫像技藝有了很大的提高，他還在傳統繪畫的基礎上創造了一些新的技法，創作出了大量富有詩情畫意的作品。他不單單只畫像，還畫山水人物和花鳥蟲魚，其中仕女畫畫得最多，如木蘭從軍、文君歸漢等題材，畫得很美，當時有「齊美人」之稱。他用短短的半年時間，從畫像師蕭薌陔那裡學會了裱畫和最難的舊字畫的揭裱。

齊白石從來沒有滿足過現狀，他一直在藝術這條道路上努力地追尋著。他在三十歲時開始苦練治印，起初他跟王仲言、黎松安等學過一些初步的篆刻技術，可是並不精通。後來，又得到治印名家黎鐵安的指教。至此，他的刻印技術便往越來越專業的路上走，並且越走越暢達。齊白石結合雕花的刀法，再加上過人的感悟力和靈活用刀的巧手，使刻印形成了他獨特的風格。後來，在三十七歲那年，齊白石拜師於湘潭大名士王湘綺，成為他門下「王門三匠」之一。在那裡，他結識了楊度、夏午治等人，受他們的影響，齊白石開始走出家門看天下。年近四十歲的齊白石，遊歷了祖國大江南北的名山大川，每到一處，他不僅瞭解當地的風土人情，還畫了許多寫生速寫作品。同時，每到一地，他還拜訪和結識了許多有真才實學的畫界名人，鑒賞和臨摹了許多秘笈、名畫、書法、碑拓等藝術品。這大大開闊了他的藝術視野和胸懷，提高了他的審美和鑒賞能力，使得他的學藝大為長進。從此，齊白石逐漸由民間畫師步入文人畫家的行列。

從西元一九〇八年起，遊歷歸來的齊白石一直在湖南境內潛心作畫、刻印，時不時還出門探親訪友、煮酒論詩。通過十年的刻苦磨礪，齊白石形成了獨有的樸實、自然的創作風格。他本想頤養天年，一心研究中國的繪畫藝術，可是無奈天不遂人意，戰爭開始了。中國那時連年兵荒馬亂的，經常有軍隊過境、土匪擾民之事發生。由於齊白石已經盛名日起，賣畫刻印的收入也比較豐厚，當時竟有土匪傳言要綁票齊白石，這讓一家人擔心不已，都勸他趕快出去暫避風頭。

西元一九一九年，已經五十七歲的齊白石因為戰亂，不得不背井離鄉來到北京法源寺住下。他在京城仍然賣畫刻印，但是因為戰亂很少有人問津，生活極為貧困。但是，生活的苦難也擋不住他對藝術的熱情。他不斷地從黃賓虹等人的畫中學習精髓，後來還創造了中國畫工筆草蟲和寫意花卉相結合的獨特風格。在他不斷的努力下，又經過陳師曾等人的多方提攜，齊白石的名聲是越來越響亮。在京城的十年，是他含辛茹苦、艱難探索，進行「衰年變法」的十年，也是他繪畫藝術大放異彩的十年。齊白石六十歲前後終於悟得漢印的妙處所在，他經過「十載關門始變更」，又得到「追求刻字之解義，不為摹、作、削三字所害」的巨變。有人評說他刻印而精篆法，如驚天霹靂，劈開了中國篆刻史上的新篇章。西元一九二六年，齊白石在北京跨車胡同十五號買了一處房子，他總算是在大大的北京城裡有了自己的住所。齊白石六十五歲時，被北京藝術專門學校聘為教授，專門教授國畫。在這裡，齊白石把自己幾十年的繪畫創作經驗毫無保留地都悉心傳授給了他的學生，而他自己在十多年中創作的作品已經達到了上萬幅。

西元一九三七年七七事變後，齊白石辭去一切教職，閉門在家。他屢次拒絕為日偽大小頭目作畫。西元一九四四年，抗日戰爭日益嚴峻，他就停止了賣畫，並以「壽高不死羞為賊，不醜長安作餓饕」的詩句，表示寧可挨餓，也不屈服諂媚於日本人。也是在這一年，他寫下了不少抒泄亡國之憤的詩。齊白石八十歲前後其篆法、章法、刀法都顯示出了「齊派」的鮮明特色，在他刀耕筆耘的六十年中，印作達到數千件之多，成為「印壇泰斗」。

日本投降後，齊白石才開始公開露面。在齊白石壽誕之日，他被光榮地授予了「人民藝術家」的稱號，在其頒發的榮譽狀上還這樣寫道：「齊白石先生是中國人民傑出的藝術家，在中國美術創造上有卓越的貢獻。」西元一九五七年，齊白石被任命為北京畫院名譽院長，同年九月十六日，齊白石在北京逝世。西元一九六三年，齊白石被評選為世界十大文化名人之一。

多才多情的才女們

柳如是：「秦淮八豔」之首

柳如是從小是不幸的，父親很早就去世了，之後她被賣到當時盛澤歸家院名妓徐佛家裡當養女，受徐佛教養。柳如是從小就聰慧靈巧，加上徐佛一心想把她打造成一位大家碧玉，所以一直在教她念書寫字作畫。常年下來，柳如是不僅樣貌絕美，才氣也是逼人，不出多久，就成了當時秦淮的名妓。

柳如是雖有著絕美的樣貌，但才氣過人的她卻宛如一個文人才子一樣喜歡穿著儒服男裝，跟文人談時勢論詩詞，唱和詩歌。她的一生中跟許多個男人有過比較接近的關係，柳如是曾跟南明復社領袖張溥等人友好，還有一位姓陳的公子，名曰陳子龍。這陳公子看中她，給她送來大把銀子要求作陪。柳如是拿了別人的銀子，先是只顧和他人喝酒玩樂，後來兩人有了較好的交流，柳如是勸說他既然文路無可報國，男子漢應該學武上戰場殺敵。而陳子龍還果真去從了武，後來不幸在抗清起義中戰死。柳如是一生接觸過不少男人，但她擇偶的要求很高。她的愛情和婚姻，是要從與東林領袖、文名頗著的大官僚錢謙益於崇禎十四年開始的戀情說起的。

在明崇禎十三年的一個冬日的午後，錢謙益在家鄉的住所「半野堂」裡閒著沒事坐著打盹。這年冬天非常冷，作為原朝廷禮部侍郎的錢謙益已經在家鄉閒著兩年了，也好久沒有人來探訪他了。這個午後突然有人來訪，拜帖上面寫著「柳儒士」。錢謙益心想這名字沒聽過，大概是哪個無名的晚輩慕名來訪吧，反正家裡冷情很久了，於是就讓家人請了進來。等到錢謙益走到客廳時，看到來客正在打量牆上的字畫。隨後，兩人行禮寒暄一番，錢謙益看著這白面書生一身清秀打扮，卻有些嬌小面熟，但怎麼都想不起來在哪見過。這書生看著錢謙益，不慌不忙地吟出一首詩：

草衣家住斷橋東，好句清如湖上風；

近日西冷誇柳隱，桃花得氣美人中。

錢謙益大驚，馬上認出來此人是柳姑娘，馬上命人看茶。兩人的相見還是在此兩年前，當時被貶職回鄉的錢謙益路過杭州，寄宿在杭州名妓草衣道家中，柳如是當時也恰好寄居在此。一日，錢謙益無意中讀到柳如是寫好擱在客廳的詩，甚是喜歡大力稱讚。草衣道看著他如此喜歡柳姑娘的詩句，於是就安排他們兩個見面。當時錢謙益大名鼎鼎，已年過五十，而二十歲的柳如是卻與他談得十分歡樂，錢謙益也對這嬌美卻滿腹經綸的奇女子生出許多憐愛仰慕之情，兩人就在遊船上對吟詩句。這次柳如是正是用一首當日吟過的詩喚起了錢謙益的記憶。錢謙益當日便留下柳如是在「半野堂」住上一些日子，柳如是也欣喜地答應了。

兩人在接下來的日子相處融洽，每日踏山觀林，吟詩作對，歡聲笑語，錢謙益還為柳如是蓋了一座小樓。那時柳如是雖然已經成名，但她自幼喪父，十五歲淪落風塵，也吃了不少苦，受人擺佈。錢謙益雖然年長她許多，但對她一片真情，柳如是十分感動，滿心相知之情。

就這樣，兩人相伴著遊山玩水，錢謙益帶著柳如是日日做伴好不快活。柳如是幾次想以身相許，但錢謙益心中顧慮，他想自己已經是個年過半百的老頭子了，怎麼能和這二十出頭大好年華的柳姑娘共結連理。於是，面對柳如是每次的刻意親密，他雖然激動地心潮澎湃，但每次都避開了。而柳如是對錢謙益已經是一片癡情，一定要嫁給這錢謙益。錢謙益眼見柳如是心意堅決，兩人又情投意合，只好從了，兩人便在這年夏天同友人在大遊船上辦了婚禮，將柳如是迎娶進門。

兩人婚後十分恩愛，遊山玩水，處處留下了相依相偎、打情罵俏的身影，羨煞旁人。錢謙益還為她在西湖美景旁蓋了「絳雲樓」，金屋藏嬌。

柳如是的愛國情結非常強烈。當時明朝遭遇清朝換代的衝擊，崇禎帝自殺，清軍入駐北京，柳如是就支持錢謙益在南京的弘光小朝廷當了南明的禮部尚書。可這樣僅僅過了一年，清軍就兵臨城下，攻破了南都，中華大地完全成了清軍的天下。錢謙益作為明朝遺臣，一方名士，正在面臨生死攸關的選擇。而這時明朝的政權被清朝一步步瓦解，柳如是親眼目睹了清軍破城而入掃蕩的種種景象，這讓她痛心不已。眼看著明朝已經完全破敗，內心悲憤的柳如是便要拉錢謙益一起投水殉國，以死來保持忠貞。錢謙益經過再三思量，沉重地點頭同意，兩人約好投西湖自盡。這個夏天的晚上，兩人搖一葉小舟到了西湖水面上，柳如是一臉嚴肅聖潔的表情，而錢謙益稍顯不安。兩人在月光下對飲，柳如是舉杯敬錢謙益說：「今生遇見錢君，妾身實在感激幸運，今日同死，今生無憾。」錢謙益一時也被柳如是激昂的情緒感染，可是到了柳如是要拉錢謙益一起投水時，錢謙益卻突然猶豫了，他將手放入水中，說：「今晚水太涼，老夫怕寒，我們明晚再來吧。」柳如是看著他，知道他心懷留戀，滿心悲切的柳如是無心勸他，只好退讓。自殺殉國的舉動最終被錢謙益勉強阻止，柳如是便與他商量退隱山林不問朝事。錢謙益雖然口頭上答應柳如是，但他功名心重一心降清想做官，把柳如是氣得不輕。有一天回家，柳如是發現錢謙益將頭髮梳成辮子，十分震怒，可錢謙益卻嬉笑著解嘲。此時的錢謙益，不顧柳如是的反對，已經答應了清廷召他進宮做官的事，想要謀得個高官厚祿。柳如是苦口婆心地勸說他回歸安靜的家園生活，但錢謙益還是一意孤行地去了北京。去了北京後，一心想當宰相的他只混得了個禮部侍郎的閒職，並不如意，加上柳如是接二連三的書信勸說他急流勇退，錢謙益動了心，後來像朝廷藉口病重辭了官還鄉。夫妻兩個人便開始在西湖邊過著悠閒的田園生活，順治五年，柳如是為錢謙益生了一個女兒，錢謙益晚年得女欣喜異常，一家享受著天倫之樂。

但是卻突然飛來橫禍，錢謙益的門生寫詩諷刺朝廷，導致錢謙益也被牽扯入獄，剛剛產完女兒的柳如是從床上爬了起來上書尚書府，冒死要求替丈夫受刑，後來在她的苦心誠意的努力下，加上錢謙益自身沒有反清行為，便被有驚無險地放了出來。自此，錢謙益對柳如是更是敬重。

錢謙益在清廷做官一直遭到柳如是反對，後來柳如是營救錢謙益出獄並鼓勵他與反清勢力聯合。柳如是認定自己生是明朝人、死是明朝鬼，她還資助反清勢力，力主抗清，她這種堅定不移、寧死不屈的民族氣節深受後人敬佩。

柳如是之所以稱為「秦淮八豔」之首，是因為她的確滿身美才，當之無愧。柳如是精通音律，善於歌舞，文學和藝術才華造詣頗高。她畫工精巧，她畫的《月堤煙柳圖》如今還在故宮被收藏，她的書法遒勁灑脫，深受讚賞。連大學者陳寅恪讀過她的詩後也覺得瞠目結舌，敬佩有加。

柳如是從小遭受不幸與波折，在嫁給錢謙益過了一段快樂日子後，西元一六六六年八十三歲的錢謙益去世，未滿五十歲的柳如是又開始遭遇厄運。錢謙益死後，家裡的族人看著只剩一個柔弱女子就想奪取錢謙益的家業，不停與柳如是為難，排斥柳如是。心愛的人走了，柳如是沒有了希望和牽掛，為了捍衛心愛的丈夫留下的家業，用自己的血寫下了遺囑，然後決然地懸樑上弔而死，此時距錢謙益死後才兩個月，柳如是的境遇悲慘至極令人惋惜。由於錢謙益死後與原配夫人合葬，她死後沒能與錢謙益合葬，只是一座小孤墳，小墓碑孤單地葬在了虞山下。可憐一代風流才女，風華絕代，一生為了心愛的男人耗盡氣力，落得個孤單獨葬的歸宿，但她的佳作佳話卻在世間長久流傳。

李香君：名噪一時的歌姬

李香君因一把桃花扇而聞名後世。遙想當年，美麗的秦淮河畔，李香君憑欄而立，手拿著一把絹扇，潔白的扇面上繪著一幅色彩濃豔的桃花圖，輕搖一下，彷彿能聞到桃花的淡淡香味。

李貞麗收養李香君後，又繼續收養了幾個孤女。她把這些小女孩兒調教得是琴棋書畫樣樣精通，之後，她就在秦淮河畔用自己的多年積蓄開了一座媚香樓。她訓練好的這些小女孩就以詩酒歌舞待客，在南京城裡也頗有些名氣。要說這媚香樓建得也是極為精巧別致，臨水而立，置身站在樓上可以憑欄遠望，看碧波蕩漾、畫舫織彩，整個秦淮河是盡收眼底。媚香樓在秦淮河畔算是比較高級的青樓，這裡的姑娘多是賣藝賣笑不賣身的。媚香樓裡最紅的姑娘，李香君也是如此。李香君長得嬌小玲瓏，眉目生輝，俏皮可愛，客人們都非常喜歡她。因其名字裡有個香字，再加上她的嬌俏可愛，客人們都戲稱她是「香扇墜兒」，這個戲稱真的很稱她。李香君在她十六歲那一年，碰到了她一生之中最重要的人，也因此，她以後的生命因他一再地轉變。這個人就是從河南商丘前來參加秋試的侯方域。

侯方域，字朝宗，河南商丘人。他的祖父侯執蒲是明朝的太常卿，父親侯恂做過戶部尚書，都是朝堂之上剛直不阿的忠臣。侯方域從小就跟隨名士倪元路學習詩書，他聰慧多才，長進極快。崇禎十六年，二十二歲的侯方域前來南京參加會試。來到了風景宜人的江南，自然要遊玩一番。侯方域經友人楊龍友的介紹，慕名來到媚香樓，想要一睹「香扇墜兒」李香君的風采。等到真的見到李香君後，便深深地被她所吸引，一顆真心為之傾倒。

一個是一表人才的翩翩少年郎，一個是蘭心蕙質的嬌嬌女，經過幾次交往後，兩人便雙雙墜入愛河，是難解難分。當時，社會有一個風尚，就是如果哪位客人看中了哪一個妓女，就可以出資為她舉辦一個隆重的儀式，然後再給妓院一筆重金，那麼這個妓女就可以專門為這一位客人服務了，這個程序被稱為「梳攏」。梳攏所需資金，因梳攏對象的地位不同而不同，像李香君這樣的名妓，梳攏時必須要邀請風流雅士中有頭有臉的人物來才行，越多越好。宴會自然也是高級別的，再加上還要付一筆豐厚的禮金給鴇母，才不至於失了紅牌的面子。可是，侯方域是來南京趕考的，身邊自然不會帶太多的銀子，他有心想梳攏李香君，可是卻又無能為力。正在此時，他的友人楊龍友雪中送炭，為他出資讓其梳攏李香君。侯方域當時就知道高興，幸福感已經充斥著他的大腦，除了李香君他再也想不起其它的事情。有錢自然好辦事，整個梳攏儀式辦得是順利漂亮。當夜，侯方域還將一柄上等的鏤花象牙骨白絹面宮扇送給李香君作定情之物，扇上係著侯家祖傳的琥珀扇墜。李香君被他的拳拳之心所感動，從此便留侯方域住在了媚香樓中。

不過，等侯方域回過頭細想整件事情後，他發覺事情有些不對勁。他知道楊龍友家中並不富裕，哪有這麼一筆錢來資助自己呢？他便將此事說與李香君聽，李香君聞之也覺得事有蹊蹺，便讓他去問個明白。剛開始，楊龍友還不肯說，可是經過侯方域的一番追問，終於是弄清了緣由。原來，那筆錢並不是楊龍友自己的，而是阮大鋮通過楊龍友贈送給侯方域的。阮大鋮是何等人物？那可是明神宗萬曆四十四年的進士，在朝中為官多年。此人陰險詭詐，與宦官魏忠賢是狼狽為奸，沆瀣一氣。之後，崇禎把魏忠賢給誅殺了。阮大鋮則作為逆賊同僚被朝廷削籍免官，遣返到南京閒居。閒居在家的阮大鋮，並不甘心就這樣了此一生。因此，他在南京是廣交能人異士，準備伺機東山再起。那他為什麼要送錢給侯方域呢？

原來，江南的義士陳貞慧、吳應箕等察覺了阮大鋮的野心，對他的陰謀進行了揭露，阮大鋮對此是惱怒又害怕，可是因為手中無權，只好閉門謝客，深居簡出。後來，他多方打聽到侯方域與陳貞慧、吳應箕等人是莫逆之交。又恰巧得知侯方域在南京正缺錢用，於是打通關節，讓楊龍友把錢送給了侯方域，為防止被侯方域拒絕，就讓楊龍友隱瞞了實情。瞭解事情真相後的侯方域十分氣憤，他素來痛恨阮大鋮的行徑，還曾為陳貞慧等人的口誅筆伐拍手稱快過。哪曾想，自己如今竟然還用了阮大鋮的錢，這怎能讓他不氣惱。雖然，他是事先並不知情，可是他還是決意立刻把錢退還給阮大鋮，以免上了奸人的賊船下不來。可是說的容易，這一時間讓他到哪裡去籌這筆錢呢？李香君很快察覺了他的心事，得知事情經過後，極力贊成他的做法。於是，李香君變賣了首飾，又向姐妹們那裡借了錢。總之，最後是把錢湊了出來。侯方域拿著李香君送來的錢，感動得是一句話也說不出來。他拿著這些錢，又經楊龍友的手退還給了阮大鋮。阮大鋮對此是恨得咬牙切齒，對侯方域他們是懷恨在心。

然而，世事就是這樣，你永遠不知道它下一秒會發生什麼樣的變化。李自成攻破了北京城，崇禎上弔殉國了，福王朱由崧在南京建立了弘光新皇朝，馬士英成了執政大臣，而與之較好的阮大鋮也很快被啟用，先是兵部侍郎，後來又升為兵部尚書。大權重握的阮大鋮此時感到非常的得意，他馬上將之前討伐他的陳貞慧、吳應箕等人抓捕下獄。侯方域得知消息後，知道自己很快就要遭難，為今之計只有走為上策。可是，他捨不得媚香樓裡的李香君。兩人自是難捨難分，可是，李香君知道，他非走不可，要不然就只能等著命喪黃泉了。她強忍淚水溫柔地安慰了他一番。終究，侯方域還是揮淚離開了南京城，渡江北上，投奔到正在揚州督師的史可法麾下。史可法是侯方域父親的門生，為人忠貞耿直，見到侯方域來投靠，便將他安排在身邊做了文書工作。期間，他與李香君頻頻鴻雁傳書，兩人的心靠得更加緊密了。

自從侯方域走後，李香君洗盡鉛華，閉門謝客，不問世事，只是每天拿著那把定情絹扇。可是，她這樣的舉動不僅沒有為她帶來安寧，反而引來了大麻煩。當時的僉都御史田仰是弘光帝身邊的紅人，他因督運漕糧從揚州來到南京。弘光帝就讓馬士英與阮大鋮為其舉辦了一個盛大的接風洗塵酒筵。田仰久聞秦淮名妓李香君豔名，在席間向二人透露想納她為侍妾的想法。他這想法可是甚合阮大鋮的心意，他早就想對侯方域和李香君進行報復了，可惜的是侯方域早就聞風遠走。如今，要是能把李香君送給田仰為妾，不僅能討好了田仰，還能解了自己心中的積憤，豈不是兩全其美！

於是，早已想下黑手的阮大鋮，第二天就派人攜帶重金前往媚香樓行聘，被李香君毫不客氣地拒絕了。可誰知那阮大鋮卻強娶李香君，不嫁也得嫁。被逼無奈的李香君只好佯裝答應，等到他們鬆懈的時刻迅速從視窗跳了出去。當媚香樓的姐妹手忙腳亂地把李香君抬回屋中後，又是一番忙亂。家住附近的楊龍友聞訊趕來，發現院中早已空寂無人，只有那把帶血的絹扇可憐地落在地上。楊龍友拾起絹扇，進屋探視了昏迷不醒的李香君後，就帶著絹扇離開了媚香樓。回到家中的楊龍友，拿出一枝不曾用過的羊毫筆，就著扇面上的血跡稍作點染，血跡便成了一朵朵鮮豔欲滴的桃花，再用墨色略襯枝葉，一副血跡桃花圖便完成了。楊龍友還在扇面上題下三個小字——桃花扇，準備等李香君傷癒後還給她。多虧媚香樓不高，跳樓後的李香君只是摔傷，而沒有其它嚴重的毛病，經過一段時間的精心調養後，身體總算痊癒了。此時，田仰已離開南京，娶妾之事自然是不了了之了。

可是，陰險惡毒的阮大鋮並沒有因此而放過李香君，他打著聖諭的幌子，將李香君強徵入宮中當歌姬。李香君人小力微，胳膊擰不過大腿，她懷揣著那把借鮮血畫成的桃花扇進了宮。她與侯方域的書信，早因戰亂而被迫停止了。兩人只能默默地在心裡想念對方。

不久，清軍攻下南京。城破之時，李香君隨著宮人一起趁夜色逃出了宮。當她來到秦淮河畔時，發現媚香樓早已是一片火海。李香君心裡頓時一沉，腦子裡一片空白，不知如何是好。

正巧，當年李香君的教曲師傅蘇昆生路過此地，發現了呆傻的李香君，便帶著她隨著人流一起逃難到蘇州。也是陰差陽錯，揚州兵敗後脫身返回南京的侯方域，因為掛牽著李香君的安危也在趕往秦淮河邊，當他看到媚香樓是一片火海後，就在媚香樓附近找了整整一夜，卻不見李香君的蹤影。其實，兩個人就相隔一橋之遠，無奈咫尺天涯。

李香君在蘇昆生的照顧下來到蘇州，因為身體上和精神上的雙重打擊，她身染重病。好在蘇州相對比較安穩，經過幾番周折，她找到了昔日好友卞玉京。卞玉京原本也是秦淮名妓，與李香君關係很好，她兩年前遷居蘇州，在虎丘的山塘買下了一座清雅的小院。見到好友逃難至此，卞玉京就讓李香君在小院裡住下，並為她請來名醫診治。這時，人們才知李香君染上的是肺癆，這種病在當時就是絕症，無藥可治。

病中的李香君還不忘侯方域，她日夜捧著那把血染的桃花扇，回憶著往昔的美好時光，不禁淚灑衣襟。她的師傅蘇昆生是個熱心腸，他就多方打聽侯方域的消息，後來得知他曾來南京尋找過李香君，沒找到就失望地回商丘老家去了。蘇昆生把得到的消息馬上告訴了李香君。看著纏綿病榻的李香君，蘇昆生決定親自北上商丘，要為這對有情人當一回鴻雁。

可是，時間無情。李香君在蘇昆生北上不久就開始咯血，病情日益嚴重。她知道自己等不到侯方域了，彌留之際，她讓卞玉京剪下了自己的一綹青絲，並小心翼翼地用紅綾包好，又把它綁在那比生命還珍貴的桃花扇上，然後交給了卞玉京，請她轉交給侯方域，並留下遺言，「公子當為大明守節，勿事異族，妾於九泉之下銘記公子厚愛。」

當侯方域得到蘇昆生送來的消息後，立刻啟程，一刻不停地趕到蘇州。可惜，老天還是讓這對有情人分開了。當他來到卞玉京的小院時，李香君已在前一天夜裡咽下了最後一口氣，只留下她的一片摯情。當卞玉京拿出那把桃花扇後，他更是傷心欲絕，悲痛難當。在收拾好心情後，他是興沖沖地來，失魂落魄地走。不過，名噪一時的香扇墜兒沒有因此而消失，在多年後，她又以一種嶄新的樣貌出現在了孔尚任的書中，香魂永在。

董小宛：絕世佳人

董小宛家自其祖輩就經營一家「董家繡莊」，做刺繡生意，生活還算寬裕。但董小宛十三歲那年父親暴斃，她家的情況便與日劇下。當時明朝戰亂，繡莊經營不下去還欠了很多債。母親在逃難中病倒，董小宛年紀輕輕，便要承擔起還債和給母親治病的重擔。沒有辦法，她便來到秦淮河畔畫舫中賣藝，以此為生。堅強的董小宛沒有被生活壓倒，內心還是堅持著一種孤高。

董小宛十六歲時，本是聞名秦淮風月的名妓。然而，自從她與一位男子相見後，便改變了她的一生。這個男子名叫冒辟疆，在當時也是一位風流奇才美男子。他們初次相見是在冒辟疆科舉考試失意後。雖說沒有一見鍾情，但當時的冒辟疆多多少少也被嬌美迷人的董小宛驚豔到了。不過，董小宛也只是把他當普通的風塵客接待，兩人第一次見面並沒有什麼火花樣出。

他們的第二次見面，實在是個巧合。當時冒辟疆誤打誤撞闖進了董小宛的住所，此時董小宛剛剛被惡霸搶奪，受了驚嚇生了病，房間裡擺滿了中藥的瓶瓶罐罐。在這驕人女子脆弱無助需要安慰的時候，冒辟疆出現在了她面前。董小宛記憶力甚好，一眼認出了三年前的那個風塵客。她以為冒辟疆是不辭辛苦特意來尋她的，一時百感交集。她激動地對冒辟疆說：「我十八天來昏昏沉沉，如同做夢一般，驚魂不安，現在一見到相公，便覺得神清氣爽！」

受到安慰的董小宛布置了酒食與冒辟疆在窗前對飲。冒辟疆在如此多情迷人的董小宛面前，在如此奇妙的緣分面前，瞬間就淪陷了。而落魄的董小宛在這男人的陪伴下，倍感溫暖欣慰，兩人便擦出了愛的火花。

在兩人的感情中，董小宛是極其主動的。她認準了冒辟疆，便一心一意想將終生託付給他。據冒辟疆在《影梅庵憶語》裡的自述，當晚董小宛一直勸酒，執意挽留，在冒辟疆的再三推脫下才願意放他走，還囑咐他明天再來。

等到冒辟疆要離開的時候，董小宛跟他一起上了船，堅持要送別他。癡情的董小宛足足送了他二十七天，在冒辟疆的再三勸說下也不肯離去。然而董小宛如此這般地主動投懷送抱，卻並沒有打動冒辟疆。送走董小宛之後，他還大出一口氣，覺得如釋重負。

董小宛極力想和冒辟疆完成的終身大事並沒有想像中的順利，她幾乎是死纏爛打的。

當初的董小宛執意要把自己託付給冒辟疆，然而冒辟疆推三阻四。這是因為董小宛當時欠了別人太多債，而冒辟疆也不是特別有錢。董小宛這樣放下矜持與尊嚴，難免會讓人懷疑是想讓男人幫他還債。但不管冒辟疆怎麼想，董小宛一意孤行，一心要嫁給他。她一個人從蘇州划船去找他，遇到強盜躲進了草叢三天，差點餓死。到了蘇州，冒辟疆此時剛剛落榜，心煩的他一味趕她回去。董小宛誓不放棄，回到蘇州後，找人告知冒辟疆，如果他不要她，她就一直穿著一件薄紗衣直到冬天，除非她被凍死。

冒辟疆的朋友們都指責他不知好歹，一個如此美貌癡情的女子這樣追求他，他卻一意推脫不解風情。直到冒辟疆的朋友錢謙出錢幫董小宛還清了債務，把她送到了冒辟疆身邊。時年董小宛十九歲，冒辟疆三十二歲。

董小宛這樣癡情不渝，實在令人歎服。她並不在意錢財勢力，榮華富貴。在真性情的董小宛心中，虛名和金錢、權力一樣，都要為愛情讓道。

董小宛做了冒辟疆的小妾後，洗盡鉛華，擁有一身優秀品質的她，簡直已經無法用賢妻良母來形容了。她努力學習紡織刺繡，為冒家老小縫製衣衫。她平日裡對待冒家家人比婢女丫鬟還盡職，時刻服侍在一家老小左右。當時已經是個大名人的冒辟疆，常有人求字索畫，董小宛才華洋溢，便用漂亮的小楷為他寫扇面。冒辟疆收集唐詩，她便為他整理抄寫。

董小宛自己還查索典籍，寫了一本描述女子化妝服飾及生活細節的《奩豔》，堪稱古代小女子的百科全書，可惜沒有流傳下來。董小宛努力地相夫教子，經常為孩子講解功課。她還是個很會過日子的女人，靈氣逼人的她對詩歌無所不解，她常讀《楚辭》以及李白、杜甫、李商隱的作品，心思細膩而又賢慧有加，能使瑣碎的生活充滿了情趣。她還挖空心思地為冒家做好吃的，她苦心鑽研廚藝，練就了一手好廚藝。像「董糖」、「走油肉」都出自董小宛之手。普通的食材一到了她手裡，就變成了極品美味。董小宛細心地為冒家理財，節省開支合理支出，常年下來，可謂為冒家嘔心瀝血。

可即便是這樣，冒辟疆還是對董小宛十分薄情。後來冒家逃難，冒辟疆一手攙著母親，一手扶著原配夫人，對董小宛大聲呵斥，甚至在途中打算將她託付給友人以免拖累。冒辟疆生病了，董小宛日夜守護，即使他發脾氣，她也哄著。幾個月下來，冒辟疆康復了，董小宛卻骨瘦如柴差點病倒。董小宛對冒辟疆癡情無比，但冒辟疆卻很明確地表達，董小宛在他心目中不足分量。董小宛這樣一心追隨他，他卻如此冷情，也只有董小宛這樣非一般的癡情女人能夠承受。

像董小宛這樣的才女，在別人眼中應該是高傲不凡的。但面對自己愛的人，或許就會甘願變得卑微。對於小心處世的冒辟疆，或許就是像她說的「敬君之心，實逾於愛君之身」這句話一樣，董小宛心裡滿存感恩和敬慕。在她一生對冒辟疆的愛慕中，董小宛甘願疲憊勞累。她在二十五歲那年為冒辟疆買了一個靈巧的十歲小女孩扣扣在身邊，就好像她早料到自己紅顏薄命一樣，早早地為冒辟疆準備了代替自己的接班人。董小宛二十八歲芳年早逝，死的時候還握著冒辟疆的「比翼」、「連理」四字金釧。葬在影梅庵，被一群梅花簇擁陪伴。癡情一生的她，將對冒辟疆的愛意帶進了泥土裡。

冒辟疆在董小宛死後又活了四十二年，一直活到八十二歲。董小宛買來的扣扣也真的成了冒辟疆的小妾，不過二十歲就病死了。冒辟疆接連娶了蔡氏、金氏、張氏等妾侍，雖都稱得上才女，但跟才色雙絕的董小宛比起來還是差遠了。

冒辟疆晚年是慘澹度過的，靠販賣書畫為生。深愛這位先生的董小宛若是看到他的這般光景，定會傷心落淚。

情的確是謎一樣的東西，竟能讓董小宛這樣一個絕世美人甘願一生為妾。

賀雙卿：驚為神女

賀雙卿最初的名字叫卿卿，因為名字裡又兩個卿，便被稱為雙卿。賀雙卿小的時候，家裡雖然窮，可是她的童年是很溫暖快樂的，父母勤勤懇懇，把她視若珍寶。她還有個在鄉間私塾教書的舅舅。賀雙卿從小便聰慧過人，舅舅常常帶她到課堂上讓她旁聽受教，也就在這段時期裡，小雙卿聽說了曠古絕倫的才女李清照，聽到了她「莫道不消魂，簾卷西風，人比黃花瘦」的千古佳句，給賀雙卿留下了深刻的印象。三年過去了，雙卿學會了寫字讀書吟詩作文，成了附近聞名的小才女，可是父母眼光短淺，到了一定年紀就不准她出門，等待著找個合適的人家讓她出嫁。

賀雙卿的不幸命運從她十八歲，她的父親去世開始。

當時賀父臨終前，將賀雙卿母女託付給自己的弟弟照顧。這個粗俗無知的叔父實在可惡，他心狠手辣地以三石穀子的聘禮將賀雙卿許配給了一戶貧窮的樵夫。丈夫周大旺是個粗俗暴躁的樵夫，動不動就呵斥毆打雙卿。雙卿的婆母楊氏是個心腸狹窄的惡毒老婦。雙卿嫁過來便做了苦力，苦活、累活、髒活都包在她身上，她孱弱的身體一度難以承受。她的丈夫只會上山砍柴，回來就要吃可口的飯菜，稍有不順就拳打腳踢。賀雙卿常常勞累一天之後還要被丈夫蹂躪，幾近崩潰。婆母每天也不停地唧唧哇哇罵個不停。每天經受這樣的痛苦，時間長了，賀雙卿也就忍了。

賀雙卿唯一快樂的時光就是在閒暇之餘，擺好桌案鋪上宣紙，研墨蘸筆寫上幾首詞，抒發心中感受，在此得到些安慰。但惡毒的婆婆看不下去了，她覺得一個農村人家的女人學什麼書香門第舞文弄墨！

她摔毀了賀雙卿的書寫用具，撕碎了寫滿了宣紙的美詞佳作，暴力呵斥。可憐的雙卿只能眼睜睜看著自己唯一的精神寄託被這惡毒的婆母摧毀，只能用幽怨的眼神看著，卻無能為力。這楊氏是摧毀雙卿詞作的罪魁禍首，因此流傳至今的不過十幾首。其中包含了雙卿所受的重重折磨，能讀出雙卿的血淚。

如果丈夫稍微溫柔體貼，婆婆仁慈寬厚，那麼在這靜僻鄉下山清水秀，也算是一種美好。可惜事與願違，賀雙卿只能每日每夜經受著折磨，流血流汗地幹活，不敢有一絲懈怠。即使是初夏到了，一派生機勃勃的美好季節，雙卿也開心不起來，還要隨時在家中經受丈夫婆婆的呵斥與鞭打。她只能把滿腔幽怨化做詞作，偷偷用粉筆寫在葉子上，免得被婆婆發現。也就是這樣，賀雙卿找到了一點點寄託：

「暖雨無晴漏幾絲，牧童斜插嫩花枝。小田新麥上場時。

汲水種瓜偏怒早，忍煙炊黍又嗔遲。日長酸透軟腰肢。」

雙卿的日子沒有溫暖沒有關懷，只有勞苦只有責罵。滿腹哀怨無可傾訴，賀雙卿帶著淚眼寫下了〈濕羅衣〉：

「世間難吐只幽情，淚珠咽盡還生。手撚殘花，無言倚屏。鏡裡相看自驚，瘦亭亭。春容不是，秋容不是，可憐雙卿！」

終於有一天，經受不住巨大的折磨，雙卿病倒了。在病中，她想起了舅舅說的才女卓文君、楊素歌姬紅拂女為愛情與知音私奔之事，心想，自己若有了知音，會不會有勇氣私奔？但她想想就有諸多顧慮。

這天，雙卿在病中為一直受傷的孤雁包紮，被惡毒的婆婆看到，硬逼賀雙卿拖著衰弱的身體下地幹活。深受折磨的她含著悲淚寫下了孤雁詞：

「碧盡遙天，但暮霞散綺，碎剪紅鮮。聽時愁近，望時怕遠，孤鴻一個，去向誰邊？素霜已冷蘆花渚，更休倩鷗鷺相憐。暗自眠，鳳凰縱好，寧是姻緣！淒涼勸你無言，趁一沙半水，且度流年，稻粱初盡，網羅正苦，夢魂易驚，幾處寒煙。斷腸可似嬋娟意，寸心裡多少纏綿！夜未闌，倦飛誤宿平田。」

雙卿在詞作中進行著血淚控訴，患著瘧疾的她一直被虐待，有時連飯都吃不上，衰弱的身體從未痊癒過。

故友韓西與雙卿相逢，同情雙卿，對她友善。雙卿受盡苦辱，在這故友面前失聲痛哭，痛訴心中傷忿。韓西常探望她，還向她請教字詞。雙卿有人作陪，難得一笑。韓西臨走時雙卿十分痛心，連作〈摸魚兒〉等幾首詞表達心中不捨的念想，並寫在蘆葦葉上相贈。分別時雙卿心情沉重，失聲痛哭，認為此次一別，她再無知音朋友。

〈摸魚兒〉：

「寸寸微雲，絲絲殘照，有無明滅難消。正斷魂魂斷，閃閃搖搖。望望山山水水，人去去，隱隱迢迢。從今後，酸酸楚楚，只似今朝。青遙，問天不應，看小小雙卿，嫋嫋無聊。」

正是賀雙卿的這篇詞，奠定了她清代第一女詞人的地位。堪與李清照的「尋尋覓覓，冷冷清清，淒淒慘慘戚戚」的如泣如訴，濃愁如怨如慕，只可惜，賀雙卿仍然要經受生活的煎熬。

賀雙卿也遇到過知音，但始終沒有勇氣衝破封建藩籬。《西青散記》中記載，賀雙卿的一個大知音叫史震林，江蘇金壇人，是乾隆初年的進士，著作頗豐。雍正十一年四月，史震林與友人郊遊，剛好見到正在倒垃圾的賀雙卿，為之驚豔。幾人對這窮鄉僻壤出此美女頗感興趣。他們發現賀雙卿所倒的垃圾盡是樹葉，上麵點點墨蹟。找來一看，上面全是詞作。眾人為雙卿的才華所驚歎。史震林在瞭解雙卿的苦命生涯後，深表同情。他常常與賀雙卿詩詞唱和，同時想救她於水火之中，但卻被守禮的賀雙卿拒絕。

可憐一代才女佳人，有人要帶她逃離牢籠，深受世俗禮教影響的她卻以粗俗鄙陋的「田舍郎」辯解，斷然拒絕，悲劇的命運自此不可改寫，一生痛苦。她和史震林雖然是知己，卻被沒有轟轟烈烈的火花愛情，清白如紙。

但在她深沉的內心世界中，對史震林是無限眷念的，只是她不敢於衝破世俗束縛，仍然留在家中受虐。她在史震林離開去科考後，思念之心劇烈，以一首詞寫道：

「終日思君淚空流，長安日遠，一夜夢魂幾度遊。

堪笑辛苦詞客，也學村男村女，晨昏焚香三叩首。

求上蒼保祐，天邊人功名就，早偕鸞儔。

應忘卻天涯憔悴，他生未卜，此生已休！」

史震林考中進士後，還專程探望過賀雙卿，但賀雙卿始終不願打破禁錮。丈夫與婆婆變本加厲地虐待她，終於在她進入周家的第五年，年僅二十三歲就含恨身亡。

賀雙卿是一位極具天賦才氣的女子，若她有勇氣衝破封建束縛，逃離那個虐待她的家，人生路途便能截然不同，也就不會遺留這麼多空悲恨。

顧太清：才貌雙絕的女性小說家

顧太清早有才名，是才色雙絕。她以詞名重於士林。人們推其為易安居士之次，足見其文采風流。然而，就是這樣一位大才女，她的早年經歷卻十分坎坷。顧太清的出生注定了她的不凡，剛出生就背上了歷史包袱。原來她家是宦門之後，不過不是正規的官宦之後，而是罪臣之後，最不幸的是還是那種永不能翻身的罪臣。在清朝，是有這樣的慣例的。如果祖上有罪，後代很難翻身。就像下了十八層地獄，永世不得超生。顧太清就是帶著沉甸甸的祖先「遺贈」出生的，她坎坷的早年經歷也由此開始。

顧太清的父母視女兒為掌上明珠，可是無奈家境窘困，想給她太好的生活環境那也是愛莫能助。等到了顧太清十歲時，她的父母先後亡故，她就被姑父母帶到蘇州。從此，開始了寄人籬下的生活。顧太清在江南雖說是寄人籬下，但其實並沒有吃過太多的苦頭。她的姑父母無兒無女，對顧太清很是用心憐愛，沒有絲毫的冷待。只是她的內心，總是思念故土，想念幼時的家，想念她的父親母親，因此夜裡常獨自流淚，滿懷愁思。顧太清的姑父是個漢族人，也是讀書萬卷，腹內頗有華采錦繡文章，是一個頗有才學的人。在姑父的耳濡目染下，顧太清也對詩詞漸漸地產生了濃厚的興趣，她的姑父也樂得將滿腹學識傾囊相授。於是，顧太清找到了另一種寄託，在姑父的苦心教導下，不出兩年光景，便小有成就，詞名鵲起。

顧太清雖然是旗人女子，但卻受到江南山靈水秀的浸潤與薰陶，她入鄉隨俗說得一口流利的吳儂軟語。再加上本身生得是窈窕秀麗，就是放在江南女人堆裡，也沒有人會想到這位美女是旗人閨秀，她展現的全是漢家女兒的風情。這一天，是農曆二月十二，是傳統的花神節。這在當地，也就是蘇州，無論大家閨秀，還是小家碧玉，都要聚集在一處，賞花觀景，吟詠賦詩。顧太清就與鄰近的幾位小姐，聚在虎丘外一個名叫繪春園的園子裡，慶賀花朝。繪春園裡，假山重疊，修竹掩映，花朵競放，鳥語花香，是一個真正賞心悅目的好地方。顧太清與幾位小姐難得出來放風遊玩，心情很好，不時有佳作流出。園外專有一些書院學生，徘徊侍候，一旦有佳作傳出，不消片刻就傳佈各個坊間學館，對其品高論低。

顧太清那日沉醉於眼前的早春景色，心中感慨頗多。當她看到這一派旖旎春光和這滿園的春色，忽然生出一種惜春憐花的感覺。這麼好的景色，可惜時光太短暫了，要是能夠挽留逝去的腳步，那該是多美的事情啊！因此，在別人都在賞春、贊春的時候，她卻寫出了惜春、歎春、悲花的文字：

「花開花落一年中，惜殘紅，怨東風。惱煞紛紛，如雪撲簾櫳。坐對飛花花事了，春又去，太匆匆。

惜花有恨與誰同！曉妝慵，特愁儂。燕子來時，紅雨畫樓東。盡有春愁銜不去，無才思，是遊蜂。」

毋庸置疑，顧太清是多愁善感的。別人面對著無限春光，都是在喜悅、在高興，無憂無慮沒有那麼的煩惱，可是顧太清卻煩惱多於喜悅。她的詞作一流到外邊，立刻引起了極大的轟動。首先就是立意新奇，其次就是語句精妙如珠，再有是她的感情真摯，讓人品讀之餘，心有戚戚之感，忽然生出一種落寞寂寥的情感。

當時，正好從京城裡來了一位宗室貝勒，他也無意間得到這副手抄，讀後不禁拍案稱奇。不禁想，能寫出這樣出眾文字的小姐，該是什麼樣呢？他在幻想著此人一定是那種讓人看了之後心生憐愛的人，他頓時生出要見這位小姐的想法。於是，他當即就前往繪春園。那時候閨中雅集，男兒是不能參加的，他卻不顧世俗的眼光，闖入繪春園中與顧太清相會。

看到外男闖入園中，這可嚇走了在場的眾位小姐。不過，唯獨顧太清沉穩自如，穩坐釣魚臺。貝勒恭敬地施禮向顧太清詢問〈江城子〉的作者是哪位，並且往哪個方向去了？顧太清見眼前這位男子，言辭懇切，不見一絲冒犯，長得也是眉目清秀，豐神俊逸，似乎有些像自己的一個老相識，便問他找那位小姐做什麼？而貝勒聽到回話後，才抬起頭來看，也發現亭子上的這位小姐，眼角眉梢，貌似在哪裡見過，感覺非常熟悉。他很是搜腸刮肚地找了一番後，突然靈光一現地想起來了，就問顧太清是不是西林家的春妹，並且還讓她仔細看看自己是誰。顧太清剛聽他喊的那一聲春妹，就心中一凜，再凝神打量一遍，便淚如雨下，泣不成聲，她認出了這是自己小時候的繪哥哥，兩人在京城裡也是一同長大的。只是後來分別，再沒有聯繫。顧太清問他，為什麼來蘇州。貝勒一激動，也是淚流滿面，他把眼淚擦乾，告訴顧太清自己為什麼來蘇州。之後，兩人自是一番你問我答。說道傷感之處，兩人都是紛紛垂淚。最後，顧太清竟淚如泉湧，如見到了親人一般的，不顧一切地撲到貝勒懷中，放聲悲哭。這一哭，把她這十餘年鄉愁與思舊的傷懷都哭了出來，壓抑了許久的感情此刻終於得以釋放。淚眼朦朧間，小時候的情景一幕幕一件件地又重新湧到了眼前，那是一段令她至今仍無法忘記的美好歲月。

要說起這位貝勒，也是頗有一番來歷的。他名叫奕繪，是風流皇帝乾隆的曾孫，他的祖父就是乾隆第五子永琪。相信提起永琪大家都不陌生，就是那部風靡大江南北的《還珠格格》裡面的五阿哥。其實，奕繪與顧太清還有一層親戚關係，因顧太清是奕繪的祖母也就是永琪的妻子西林覺羅氏的內侄孫女。這樣一來，兩人就有些跟《紅樓夢》中賈寶玉與史湘雲的關係相同了。而奕繪與顧太清之間的童年交往，也確實跟寶湘相類似。當年，奕繪府邸與西林家離得很近，都在西山的健銳營。平常兩家也是多有往來，奕繪與顧太清經常見面，一起玩耍。正是郎騎竹馬來，繞床弄青梅。他們之間是兩小無猜、青梅竹馬的感情。後來，要不是西林家突然發生了變故，說不定這親事早就成了。可是，誰知道世事難料，變數橫生。

如今，奕繪與顧太清兩人在蘇州重逢，自然是感慨萬千，難分難捨。奕繪本來到蘇州遊賞，就是利用公事的空當，自然時間不多。但是，他又因為與顧太清再次重逢，心底裡藏著的那份愛戀再次燃起，因而遲遲不肯離去。此時，奕繪早已娶了妻室，可他仍然想著要把顧太清帶回北京，娶她作側室。也許有人質疑，這是否是真愛。既然愛，那就應該娶其為正室，為什麼只是作個側室？其實，這也是有原因的。首先，當時的社會不允許。那年代，正室可都是要聽父母之命，媒妁之言的，都是與家族門當戶對的，於家族利益有關。一旦將正室離棄，另娶顧太清為正室，不但會引起奕繪父母的強烈反對，就是家族也不會允許他這樣做。更何況，還會遭到社會輿論的譴責，被批判得體無完膚，永無抬頭之日。另外，還有最重要的一點就是，顧太清是戴罪之身。她本身雖然沒有罪行，但其祖先的罪責一直影響到她。奕繪能夠冒天下之大不韙娶她做側室，已經是困難重重，還不知道能不能成功呢，何談娶她做正室？再說，顧太清不是現代穿越女，不講究一夫一妻，她也不忍將奕繪置於絕地。在她看來，奕繪能夠提出來娶她做側室，她就已經十分感動，心滿意足了。現實情勢不得不讓她低頭，退而求其次，側室也行，只要兩人能夠長相廝守，她別的也不多求了。這已經是老天對她的格外開恩了，雖然有小小的遺憾，但顧太清卻並不後悔。

奕繪再次見到顧太清很是興致高昂，他為了顯示對顧太清的深深愛戀，寫了不少飽含濃情的詞作。這些詞最後都收入到了一個專門為顧太清所作的集子裡面，名叫《寫春精舍集》。其中有一首〈念奴嬌〉這樣寫著：

「十分憐愛，帶七分羞澀，三分猶豫。彤管瓊琚留信物，難說無憑無據。眼角傳言，眉頭寄恨，約略花間過。見人佯避，背人攜手私語。

誰料苦意甜情，酸離辣別，空負琴心許。十二碧峰何處是，化作彩雲飛去。璧返秦庭，珠還合浦，縹緲神仙侶。相思寢寐，夢為蝴蝶相聚。」

這首詞是在奕繪要離開蘇州返回北京的時候寫的。當時，奕繪已經下定決心無論如何也要迎娶顧太清。這裡不得不說一下宗人府的規矩，宗人府規定罪臣之後是不能嫁入宗室的。如果奕繪想娶顧太清，還必須先回北京到宗人府打點一番才行，否則一切免談。再難捨，也要分開。好在這次短暫的分手，是為了長久的相聚。奕繪也不那麼難過了，他現在恨不得馬上飛到北京，解決問題後馬上來迎娶顧太清。所以，他買船北上。相比奕繪的輕鬆來說，最難捨的就是顧太清，短暫相聚，匆匆別離，也不知道前路如何，便百感交集，心裡頗不是滋味。顧太清親自到碼頭為奕繪送別，她含著淚，心裡明白奕繪的一片苦心，雖千萬難捨，也只好心酸地分別。顧太清望著遠去的船影，淚水迎風而落，她的人雖然站在這裡，但是她感覺到她的心似乎跟著奕繪一同回到了北京。

奕繪回到京城後，馬不停蹄地找人拉關係，花費重金才將宗人府打點好。最後，得以在宗人府的簿冊上，讓顧太清隨了姑父的姓氏，然後洗清了罪臣之後的案底，這才算完。宗人府打理完了，顧太清有了新的身份，可是她還不能嫁過來。因為奕繪父母和妻子的工作還沒有做好呢？後來，奕繪是絞盡腦汁，費盡唇舌，才讓家裡人同意。可以說，奕繪娶顧太清是在頂著社會輿論和家庭的雙重壓力下完成的。

北京這邊的障礙都在奕繪的努力下一一掃平了，這回他是高高興興地再次來到蘇州，同上回來蘇州不一樣，上次是遊玩，這次可是接顧太清進京，他是精神煥發，神采奕奕。顧太清知道自己能夠得償所願，心裡也自然欣喜異常。兩人辭別了姑父母，登船北上。一路上遊玩，談情，賞不盡這沿途的美景，看不夠這碧海藍天。顧太清心有所屬，心有所安。不再像以前那樣感到飄零無依，她知道自己找到了自己的那個可以停靠的港灣。到了北京後，兩人舉行了一個簡單的儀式，奕繪便正式迎娶了顧太清為側室。不久之後，奕繪的正妻去世，奕繪沒有再續娶。以奕繪對顧太清的寵愛，實際上也與正室無異，足見奕繪對顧太清的情深意切。婚後不久，顧太清為奕繪生下二男。奕繪的全副心思也都放在了顧太清身上，對於顧太清的感情他沒有絲毫的辜負。奕繪與顧太清的婚姻生活，自然是美滿幸福，時人都道他們過著神仙般的日子，是神仙眷屬的典範。他們的新府邸就坐落在北京西城太平湖畔，兩人每天不是吟風弄月，就是優遊林泉，時常還會聚友文會，是酌飲酬唱，飄然世外，過著瀟脫悠閒的小日子。

在平淡的生活中，他們總能自娛自樂，他們非常珍惜相處的時光，從不虛度人生。因為，他們知道，他們之間等待得太久，相愛得太難，則更加顯得兩人相處時間的彌足珍貴。一次，南谷清風閣新建落成，夫妻之間詩詞唱和，往來不絕，為平靜的生活平添了許多樂趣，也為後人平添了一段佳話。

奕繪先寫了一首詞：

「山樓四面敞清風，俯深林，戶牖玲瓏。雨後憑欄，直望盡海雲東。欄干外、影接垂虹。夕陽轉，滿壑松濤浩浩，花露濛濛，擁鄴侯書架，老我此樓中。

從容。啟雲窗高朗，微涼夜、秋緯橫空。襟袖拂星河，雞三唱、曉日通紅。同志者，二三良友，侍立青童。問茫茫宇宙，屈指幾豪雄。」

顧太清就接著韻和道：

「群山萬壑引長風，透林皋，曉日玲瓏。樓外綠陰深，憑欄指點偏東。渾河水、一線如虹。清涼極，滿谷幽禽啼嘯，冷霧溟蒙。任海天寥闊，飛躍此身中。

雲容。看白雲蒼狗，無心者、變化虛空。細草絡危岩，岩花秀、媚日承紅。清風閣，高淩霄漢，列岫如童。待何年歸去，談笑各爭雄。」

顧太清的詞，自然俐落，絲毫沒有女兒忸怩造作之態，彷彿渾然天成。就連同為詩詞大家的奕繪也對她是刮目相看。如果拿出來放到某個豪放派大家的集子裡，誰也說不出這是別人的作品。

有人還說，他們夫妻倆常常並馬而行，到西山故地遊覽。顧太清是「作內家裝，於馬上撥鐵琵琶，手白如玉，見者咸謂王嬙重生。」可見，他們婚後的生活多麼風光愜意。有一首〈鷓鴣天〉就專門描寫夫妻二人同遊之樂的，詞中這樣寫著：

「南郭同遊上巳天，小橋流水碧灣環。海棠婀娜低紅袖，楊柳輕盈蕩綠煙。

花豔豔，柳翩翩，斷魂花柳又春殘，夕陽影裡雙飛蝶，相逐東風下菜田。」

如此只羨鴛鴦不羨仙的日子，讓顧太清忘卻了憂愁和煩惱。可是，天總是有不測之風雲的。他們婚後的第九年，奕繪忽然得了一場重病，僅短短不到一個月的時間，他便不能飲食，挨過了一兩天光景，就離開了他深愛著的人，那時奕繪還不滿四十歲。這場突如其來的變故，把顧太清一下子從幸福的雲端摔下了萬丈深淵，真真是天塌地陷，她一下子感覺生活再也沒有光輝，再也沒有意義了。是不是老天太嫉妒他們的生活，所以收走了她的愛人？顧太清每天不幹別的，只是沉浸在往昔的回憶中，甜蜜、痛苦、悽楚、憂傷，如海嘯般陣陣襲來，讓她無從招架，無所適從。她就這麼渾渾噩噩地過了好長時間。雖然傷能撫平，可是傷痕永遠會在，不會因為時間的消逝而抹去。可是，風雨欲來風滿樓，樹欲靜而風不止。就在奕繪故去的第二年，一件事情打破了顧太清平靜哀思的生涯，這就是清朝有名的「丁香花公案」。

要說這件事，還要從杭州文人陳文述向顧太清索詩一事談起。陳文述本是杭州一介文士，最喜歡吟風弄月，他還專收閨中女兒或青樓藝妓為弟子，教授她們一些吟詩填詞的技藝。有一年，一時興起的他出資重新修葺了葬於西湖畔諸位才女的墳塋，這在當地引起了不小的轟動。他的這些女弟子紛紛題詩對其進行贊詠，而陳文述也把這些詩詞收集起來，編成了《蘭因集》。可是，這集子畢竟不是什麼名人大家所作，他為了抬高集子的身價和名望，就特意給顧太清寫了一封信，索要大作。在當時，顧太清的詞名卓著，可與納蘭性德並列，要是能將她的作品收入集中，自然可為陳文述的集子大為增色。可是顧太清本人十分的潔身自好，她看到陳文述的來信，得知情況後，不願將自己的作品與藝妓之作放在一起。因此，就拒絕了陳文述。但是顧太清沒有想到，等《蘭因集》刊刻行世後，她發現陳文述竟在她不允許的情況下，還是載錄了她的〈春明新詠〉。這讓顧太清大為惱火，她認為陳文述很是無理，於是就寫詩譏誚。當陳文述看到顧太清這首詩後，也是極為氣惱，對顧太清懷恨在心，總想要伺機報復。

光陰似箭，轉眼又過去一年。顧太清慢慢地從喪夫之痛中緩解出來，她重新開始往日的生活。她與京中文人雅客往來唱和，與之相交為朋友。其中，她與做出「我勸天公重抖擻，不拘一格降人才」的大詩人龔自珍關係很好。龔自珍是浙江人，顧太清也在江南呆過，兩人之間的話題更多，更談得來。龔自珍才華橫溢，詩作獨步一時，顧太清對其很是欣賞。龔自珍曾作「落紅不是無情物，化作春泥而護花」，此句更是被顧太清引為知己。當時，龔自珍供職於宗人府，每日沒有什麼事做，很是清閒。於是，龔自珍就寄情於詩詞中。因為與顧太清的關係很好，就經常出入她的家中。顧太清雖然是孀居，但因其秉性純潔，家中常有文人來往，一時間之間，到沒有流言飛語傳出。可是，這只是暴風雨前的寧靜，有人在窺視著，在伺機而動。

龔自珍在乙亥年做了一組雜詩，其中有這樣一首：「空山徒倚倦遊身，夢見城西閬苑春。一騎傳箋朱邸晚，臨風遞與縞衣人。」詩後有一個小注寫著：「憶宣武門內太平湖之丁香花。」

原來在距離奕繪府邸不遠的地方，有一個太平湖，湖畔坡堤上種滿了丁香樹。每當花開的時節，花香襲襲，空氣中充滿了丁香花怡人的味道。每到這個時節，龔自珍都會在公事之餘，在此駐足觀賞，流連忘返，也因此有了這篇詩作。

當時，陳文述正在京中，剛好讓他得到了這首詩，他靈光一閃，臉上露出了獰笑，知道他等待的機會來了。於是，他糾集了一幫與他臭味相投的文人，對這首詩展開了仔細、認真的研究。最後，他們得出結論，詩中的「縞衣人」指的就是顧太清；而「朱邸」是的就是貝勒府；閬苑春中的「春」字就正好是顧太清的名字。這「夢見城西閬苑春」，不正吐露出龔自珍與顧太清之間的曖昧關係嗎？於是，這首詩就被他們這樣歪解研究完畢。之後，陳文述便將他們的研究結果公佈了出去，後來以訛傳訛，竟傳成了一樁緋聞公案。

顧太清也因此被奕繪的嫡子載鈞趕出了貝勒府，她只能靠租房居住，生活十分艱辛。而另一位主角龔自珍，也在強大的社會輿論壓力下，黯然離京。其實，顧太清與龔自珍之間根本就是清白的，這不過是因為顧太清的清高，引來了無恥之徒的報復，純屬無稽之談。不過，事情到這裡還沒有結束。二十年後，奕繪的嫡子載鈞病逝，因其身下無子嗣，就過繼給了顧太清的孫子為嗣，顧太清也得以重返貝勒府。那時，顧太清已經五十九歲。她晚年多病，但仍筆耕不輟，曾以「雲槎外史」之名，著成二十四回《紅樓夢影》，成為第一個續寫《紅樓夢》的人。她在續書中借鳳姐之口，強烈地抨擊了那些口中無德、壞人名節的無恥文人，她這樣寫著，「色之一字，更是要緊。只圖一時之樂，壞了他人的名節，壞了自己的行止。還有那嘴角兒上的陰騭，更是要緊，斷不可談論人家閨閣曖昧。」這些話就像一把利劍，直接刺向了無事生非者。

顧太清在七十八歲時病逝，她死後就葬於奕繪墳墓之側。兩個相愛的人總算能夠以這樣的方式長相廝守了。

吳藻：清高孤傲的寂寞美人

吳藻從小生活在商業氛圍濃厚的家庭裡，但她卻不喜歡這樣的生活，覺得這不是她想要的生活。有詩有酒，悠閒自在，恣意瀟灑，就像魏晉名士那樣，才是她想擁有的生活。因此，她自懂事後就經常埋怨自己是個女兒身。因為，在封建社會，女人的地位是十分低下的，悲哀地說身為女兒就意味著悲劇，這一點都不誇張。吳藻就對此很悲哀，她所悲的不是生死離別式的小悲，而是終極的生不逢時的巨悲。這樣的情愫始終縈繞在吳藻的心中。雖然吳藻不喜歡家裡的生活，但不可否認，正是因為家裡經商才帶給她一個甜美幸福的童年時光，沒有讓她過早地見識到生活的艱難困苦。像她這樣的女兒家，如果是生在貧困人家，早就迫於生計年紀小小地就要幹活，或是嫁人或是流落青樓，只有她二十幾歲了還優渥地養在家中，每日裡只是以讀書填詞作畫為樂。

吳家有一位名叫厲鄂的鄰居，此人可不得了，是清代著名的大詞人。吳藻有這樣一個大名鼎鼎的芳鄰，自然受到薰陶不淺，她的詞風就深受厲鄂的影響。在她的心目中，能夠成為厲鄂一樣的詩詞大家，是她一生的理想。不過，等到吳藻漸漸長大後，才發現周圍的世界與自己理想的人生相去甚遠。父母經商，商人逐利，跟她沒有共同語言，就是平常也很少有閒暇的時光跟女兒一起談心說話。然後，家裡的僕人侍女都是粗人，就更加無話可說。因此，她漸漸地鬱悶了起來，理想和現實為什麼會存在這樣的差距？吳藻每每從書上看到古代的文人墨客常常聚到一起品詩論詞，掃雪煮茶，她便心生羨慕，還常常感歎自己為什麼不生在那個時代。豔羨之餘，再看看自己生活的小天地，不免又是一陣惆悵。都說書中自有顏如玉，書中自有清涼界，可那些都是存在於書中的，是文字，不是現實。可是，吳藻偏要在現實世界中尋找理想的烏托邦的世界，難怪她會鬱悶。只能說，她太會做白日夢了，家人也把她保護得太好了，讓她始終不能面對現實，她是生活在夢中的女人。

吳家的所在地是一個小縣，信息不是很暢通，文風不興，很少舉行詩文會。即便是舉行了，也大多是男兒參加，很少有女兒家拋頭露面，那樣是會被笑話的。心靈上的孤獨和寂寞，讓吳藻寫出了一首〈蘇幕遮〉，她在詞中傾訴自己的心聲：

「曲欄干，深院宇，依舊春來，依舊春又去；一片殘紅無著處，綠遍天涯，綠遍天涯樹。柳絮飛，萍葉聚，梅子黃時，梅子黃時雨：小令翻香詞太絮，句句愁人，句句愁人句。」

即使吳藻過得再不開心，日子也悠悠地轉了過去。已經二十二歲的吳藻仍待字閨中，這可是那個時代的黃金剩女了，也因此愁壞了她的父母。別家的女兒愁嫁，是因為貌醜無才，而吳藻愁嫁，卻是因為父母的眼光高以及她自己的心氣高。左挑右選的，挑花了眼，還把吳藻的婚事給耽誤了。要知道在那個年代，女子十五歲之前要是嫁不出去，父母便急得火燒眉毛了。吳家有錢好，就是再養吳藻十年八載，也照樣養得起。可關鍵是養得起，聽不起，因為輿論壓力太大。到了這時，吳藻的父母也開始真正地著急起來。

不過，相比她父母的緊張而言，吳藻自己倒是不著急。她只是為自己愁悶，自怨自憐，感歎她傾國傾城的貌，如花似玉的身，無人欣賞。如果把吳藻比喻成一朵花，我想水仙花非常合適，天生有自戀情結。吳藻的白馬王子始終沒有到來，她心灰意冷，決定聽天由命，由父母做主吧！放下了心理負擔後，她也覺得輕鬆下來，不僅她輕鬆了，她的父母也長籲一口氣。很快，吳藻的父母就給她物色了一個好丈夫。此人姓黃，是當地行商輩的後起之秀，手中掌握著巨額的絲綢貿易，家中資產頗豐，能與吳家相媲美。這些條件吳藻父母都很滿意，畢竟門當戶對。父母滿意了，可吳藻卻有一點不滿，就是這位她未來的丈夫不讀書，身上充滿了銅臭市儈的味道。可是，已經到了這個地步，她也只好認了。如果是時光倒退六七年，吳藻是無論如何也不會同意的。

白居易有句詩「老大嫁作商人婦」，吳藻就深有感觸，她雖沒有淪落風塵的經歷，出身富家，但卻也是個可憐的命，在「老大」的年紀嫁給了商人。商人有一點最不好，他們經常要到各地跑來跑去，經常是一年三百六十五日，絕大多數都在外面，在路上。也因此，誕生了一大批閨中怨婦。不過，好在吳藻的丈夫不是這樣的人。吳家在當地商界還是很有威望的，她丈夫也許是懼怕吳家聲勢，也許她丈夫本身就是個老實的商人，只知道掙錢，不喜外邊的風景。總之，他是在家待得很老實，關於這一點，吳藻很滿意，也省了不少心。雖然她丈夫不讀書，但為人卻很體貼，尤其是對吳藻，那是關懷備至。從來不違逆老婆的意願，哪怕要求很過分，行為很出格，他都能理解、包容。平心而論，婚後的生活，吳藻是幸福的。有那麼一個人無條件地對她寵愛，誰都會感動。每當她作了新詞時，她的丈夫便會露出傾慕讚歎的眼光，為此，吳藻很受用。也許他根本不懂什麼意思，可是他看到自己的妻子那麼高興，他也覺得滿足。雖然他們夫妻之間缺乏心靈上的共鳴，可是這並不妨礙他愛她。

吳藻的丈夫平時因忙於生意，能陪伴她的時間不多，所以他就給予吳藻極大的自由。錢隨便花，想做什麼就做什麼。可以說，吳藻是過著天堂般的生活，就是放到現在不知道要羨煞多少人。但是，吳藻並不知足於現狀。她也知道丈夫很愛她，可是他們之間缺乏溝通，缺少共同語言。他雖然體貼她、愛護她，給她自由，可是她的丈夫卻不知道她真正需要什麼。她想要一個能夠停下腳步，陪伴在她旁邊，坐在花園裡吟詩作賦，暢談理想的人，而這些她的丈夫都做不到。由於吳藻不堪忍受孤單寂寞，在徵得丈夫同意後，她便在家中舉辦「文藝沙龍」。她把當地愛好文藝的少女、少婦都請到家中，大家圍一起談詩論詞。後來，還經常到別人家裡參加類似的聚會。再後來，甚至經常女扮男裝地參加男人們組織的詩文酒會，與男人一起登樓望遠，一起雅談暢飲，舉杯高歌。

其實，吳藻的這些作為，在現今社會看起來沒有什麼大不了，可是在當時，那可是超出了世俗的眼光，可以說是驚世駭俗的。可即便是如此，她的丈夫依然毫無怨言，對她包容體貼，只要吳藻想做、願意做，那就讓她做。因為有著丈夫的縱容支持，吳藻越發我行我素起來。有時候，吳藻真的非常恨自己是個女兒身，常常感歎自己如果是個男兒那該有多好。她在一首〈金縷曲〉中表達了再生為男兒的訴求，她這樣寫道：

「生在青蓮界，自翻來幾重愁案，替誰交代？願掬銀河三千丈，一洗女兒故態。收拾起斷脂零黛，莫學蘭臺愁秋語，但大言打破乾坤隘；拔長劍，倚天外。人間不少鶯花海，盡饒他旗亭畫壁，雙鬟低拜。酒散歌闌仍撒手，萬事總歸無奈！問昔日劫灰安在？識得天之真道理，使神仙也被虛空礙；塵世事，復何怪！」

在一個風和日麗的日子，吳藻把自己打扮成男兒模樣，換好了儒巾長袍，離家外出參加一個聚會。本來她就是一副窈窕高挑身材，再穿上一襲長袍，更是風度飄飄，儼然就是一個風流倜儻的英俊小生。她到了之後，先是與眾位志同道合的詩友海闊天空地閒聊一番。之後，有人提議到風月場中逛一逛，男人嘛，在所難免。可是男人如此，吳藻也跟著欣然前往。她不僅跟著他們一起來到青樓，她還叫了一個林姓妓女作陪。席間，她是談吐高雅，舉止俊逸，最後竟引得那個作陪妓女的傾心。吳藻也不知是喝了酒上了頭，總之興致是越發高漲，她還頻頻與那妓女耳鬢廝磨，竊竊私語，如親密情侶一般。最後，那位林姓妓女竟提出來以身相許。吳藻是仰天大笑，滿口應承，並作〈洞仙歌〉一篇以表心跡：

「珊珊瑣骨，似碧城仙侶，一笑相逢淡忘語。鎮拈花倚竹，翠袖生寒，空谷裡，想見個依幽緒。蘭釬低照影，賭酒評詩，便唱江南斷腸句。一樣掃眉才，偏我清狂，要消受玉人心許。正漠漠煙波五湖春，待買個紅船，載卿同去。」

有一詞叫「放浪形骸」，吳藻此時就有些那個意思了。

吳藻的詞，仔細品讀會發現，她大多都是以男兒的口氣來寫的。想來，能寫出這樣文字的，也應該不是普通的男兒，應該是她心目中的理想男兒。吳藻生活的年代，女性是弱者，地位十分低微。男人是社會的主角，而女人只是附屬品有時連配角都算不上。吳藻的女性身份限制了她不能像男人一樣去建功立業，可是她骨子裡卻流淌著熱烈如火的熱血。掩藏在內心深處的熱血，也會因時間的消磨而最終轉成一腔的絕望，之後失落又轉化為火山，她通過自己的筆噴發出她所有的悲憤。吳藻這種超越古人的觀念，其實也是女權主義的抬頭，她就是女權運動的先驅，她在高呼男女平等，她想有自己的一片天。

吳藻不僅這樣寫，也是這樣做的。她在詞中高唱《離騷》，在現實中她也將《離騷》編入雜劇，沒料到一下子還成為當時非常流行的劇作。那個劇本名叫《飲酒讀騷》，裡面的描寫洋溢著男女平等的思想，她也藉此抒發了鬱結於胸的憤懣之情。故事講的是有這樣一位大才女，她名叫謝絮才，出身名門，喜歡讀書論史，不過常常因自己是女兒之身而自慚形穢。她不施鉛華，不弄粉黛，行為舉止都與男子類似。謝絮才有著遠大的志向，總是幻想著能夠有一天能夠翱翔萬里長天，不過奈何女兒身，就像籠中之鳥，沒有自由，沒有飛翔振翅的那一天。這位才女每天自怨自艾，自歎自憐。有一天，她為自己作畫，將鏡中的女兒服色畫成了男兒衣履，手中捧著《離騷》，旁邊放著酒杯，欣然題曰：《飲酒讀騷圖》。第二天，她真的就換穿男裝，來到書齋，將這幅畫張掛起來，對著畫像，飲酒讀騷，如畫中一樣，自我憑弔。而後，狂飲痛哭，霎時天灰地暗，萬物蕭然。

細細琢磨，瑞然情節稱不上曲折，故事也不見有多好，但這卻是吳藻自身的寫照。更何況，她的文采之精妙，情辭之懇切，動人心弦，吳藻滿腔的不平躍然紙上。此劇一出，很快便流行起來。當時名流許乃谷曾讚歎：「鬚眉未免兒女腸，巾幗翻多丈夫氣。」還有藝術工作者將故事譜成曲調，四處傳唱。譚正璧在《女性詞話》中評價吳藻的《飲酒讀騷》，說：「因為丈夫的俗不可耐，於是對於一切男性俱加鄙棄。她想將這個文藝的世界，統治在女性的威權下，使一切男子俱來拜倒。可是這個時代離她很遠，迎頭痛趕也不是一時三刻所能趕到。於是，她茫然了，更懊喪了，在狂歌當哭百無聊賴之餘，畫出她的男裝小影，寫成她的《飲酒讀騷》，以寓她的深刻偉大之志。」

就這樣，在丈夫的庇祐包容下，吳藻過得是肆意快活。後來，她的丈夫病死。吳藻發現，她的丈夫雖然庸俗，卻是一個這麼難得的人。他對自己的那份包容與體貼，是誰也給不了的。因此，她第一次為逝去的丈夫流下了眼淚。要說人總是在失去後才知道珍惜，吳藻也不例外。吳藻後悔了，她後悔自己為什麼這麼漠視丈夫的存在？對丈夫沒有過體貼關心，她一直在領受丈夫的關心和愛護，卻沒有對丈夫付出過關心和愛。她真的悔恨了。在她的詞中，首次出現了故去丈夫的身影：

「門外水粼粼，春色三分已二分；舊雨不來同聽雨，黃昏，剪燭西窗少個人。小病自溫存，薄暮飛來一朵雲；若問湖山消領未，琴樽，不上蘭舟只待君。」

後來，吳藻竟憂思過甚病倒了。她在生病時，常以《紅樓夢》自娛。《紅樓夢》的作者曹雪芹稍早於吳藻，他的很多思想正好與吳藻引起共鳴，吳藻認為這是一部奇著、名著。曹雪芹在書中把女兒擺到了一個前所未有的高度，在當時是絕無僅有的。而這恰合吳藻的心意，她自能心領神會，感歎雪芹為隔世知己。她在一首《乳燕飛·讀〈紅樓夢〉》中寫道：

「欲補天何用？盡銷魂、紅樓深處，翠轉香擁。呆女癡兒愁不醒，日日苦將情鍾。問誰個、是真情種。頑石有靈仙有恨，只蠶絲、燭淚三生共。勾卻了，太虛夢。喁喁話向蒼苔空。似依依、玉釵頭上，桐花小鳳。黃土茜紗成語讖，消得美人心痛。何處弔，埋香故冢。花落花開人不見。哭春風、有淚和花慟。花不語，淚如湧。」

吳藻晚年移居到了南湖。經歷那麼多的世事滄桑的變化後，她終於有了超然世外的想法。於是，她按照佛教經典，取香山南、雪山北之意，築香南雪北廬，詞集也以香南雪北為名。她想就這樣青燈古佛了此殘生吧！她的結局也確實如此。她曾這樣總結她的晚年生活：

「一卷離騷一卷經，十年心事十年燈，芭蕉葉上幾秋聲！欲哭不成還強笑，諱然無奈學忘情，誤人在自說聰明。」

可見，她的確在青燈古卷間找到了自己的歸宿。

昌明文庫 · 悅讀人物　A0603016

細說清朝風雲人物

編　　著　宋璐璐
責任編輯　蔡雅如

發 行 人　陳滿銘
總 經 理　梁錦興
總 編 輯　陳滿銘
副總編輯　張晏瑞
編 輯 所　萬卷樓圖書股份有限公司
排　　版　百思威信息技術有限公司
印　　刷　百通科技股份有限公司
封面設計　曾詠霓

出　　版　昌明文化有限公司
桃園市龜山區中原街 32 號
電話 (02)23216565
發　　行　萬卷樓圖書股份有限公司
臺北市羅斯福路二段 41 號 6 樓之 3
電話 (02)23216565
傳真 (02)23218698
電郵 SERVICE@WANJUAN.COM.TW
大陸經銷
廈門外圖臺灣書店有限公司
電郵 JKB188@188.COM

ISBN 978-986-93560-7-7
2016 年 9 月初版
定價：新臺幣 380 元

如何購買本書：
1. 劃撥購書，請透過以下郵政劃撥帳號：
帳號：15624015
戶名：萬卷樓圖書股份有限公司
2. 轉帳購書，請透過以下帳戶
合作金庫銀行 古亭分行
戶名：萬卷樓圖書股份有限公司
帳號：0877717092596
3. 網路購書，請透過萬卷樓網站
網址 WWW.WANJUAN.COM.TW
大量購書，請直接聯繫我們，將有專人為您服務。客服：(02)23216565 分機 10

如有缺頁、破損或裝訂錯誤，請寄回更換

國家圖書館出版品預行編目資料

細說清朝風雲人物 / 宋璐璐編著. -- 初版. -- 桃園市 : 昌明文化出版 ; 臺北市 : 萬卷樓發行, 2016.09　面 ;　公分. -- (昌明文庫.悅讀人物)
ISBN 978-986-93560-7-7(平裝)
1.傳記 2.清代
782.17　105018319